全国财经专业（新课程标准）精品教材

电子商务概论

DIANZI SHANGWU GAILUN

主　编　樊春利　刘德华

浙江工商大学出版社
ZHEJIANG GONGSHANG UNIVERSITY PRESS

图书在版编目(CIP)数据

电子商务概论 / 樊春利,刘德华主编. — 杭州：
浙江工商大学出版社,2016.5
ISBN 978-7-5178-1469-6

Ⅰ. ①电… Ⅱ. ①樊… ②刘… Ⅲ. ①电子商务—高
等学校—教材 Ⅳ. ①F713.36

中国版本图书馆 CIP 数据核字(2015)第 309834 号

电子商务概论

主　编　樊春利　刘德华

责任编辑	王　英　李相玲
封面设计	宣是设计
出版发行	浙江工商大学出版社
	(杭州市教工路 198 号　邮政编码 310012)
	(E-mail:zjgsupress@163.com)
	(网址:http://www.zjgsupress.com)
	电话:0571-88904980,88831806(传真)
排　版	奥创工作室
印　刷	北京文良精锐印刷有限公司
开　本	787mm×1092mm　1/16
印　张	16.25
字　数	416 千
版 印 次	2016 年 5 月第 1 版　2016 年 5 月第 1 次印刷
书　号	ISBN 978-7-5178-1469-6
定　价	35.00 元

编 委 会

前　言

当今，"互联网＋"的发展浪潮冲击着全球各个行业，同时也变革了传统行业。互联网代表了一种新的社会形态，其创新成果深度融合于经济、社会各领域之中，使全社会的创新力和生产力得到提升。在这个发展过程中，电子商务的发展使互联网得到了有效支撑，并使互联网真正实现了跨界融合、创新驱动、重塑结构，等等。

本书对电子商务领域所涉及的基本知识、应用技术等内容进行了详细阐述。每章章前有"学习目标"和"案例引入"，章后以思考题和实践题结尾，知识点前后呼应，有助于加深理解和记忆。本书内容全面，体系完整。

全书共分十章。第一章为电子商务概述，主要介绍电子商务的概念、分类及发展；第二章为电子商务的商业模式，从电子商务的价值链讲起，进而引出电子商务商业模式的概念，并详细介绍了电子商务商业模式的分类、电子商务的盈利模式，以及电子商务商业模式的创新、选择与应用；第三章为电子商务法律法规，系统介绍了有关电子商务的基本法律制度和相关法律制度；第四章至第七章，分别从技术角度介绍了电子商务技术基础、电子商务的体系结构与系统建设、电子支付与网络金融、电子商务安全与防范等知识；第八章阐述了电子商务的物流技术、运作模式及供应链管理，从时代发展的需要出发，提出了电子商务物流的重要性及发展趋势；第九章结合当前的发展形式，详细介绍了移动电子商务的定义、特征、主要业务领域和技术等知识；第十章为网络营销，主要从应用的角度出发，对网络市场、网络广告，以及常用的网络营销方法进行系统的阐述。通过本书的学习，读者可以对电子商务有一个整体的认识，了解电子商务的基本原理和关键模式，具备电子商务创新应用的相关技能。

在编写过程中，借鉴了大量的中外专著、教材及网络资源，由于篇幅有限，未能一一列出，在此向各位作者表示真挚的感谢。

由于作者水平有限，加之编写时间仓促，书中难免有缺陷和不足，恳请广大读者批评指正，以促使我们将本书日臻完善。

编　者

目录
Contents

I

第一章 电子商务概述

学习目标

1. 掌握电子商务的概念。
2. 理解电子商务的特点。
3. 掌握电子商务的分类。
4. 了解电子商务的发展现状与趋势。

案例引入

"双十一"主流电商销售额有望破 1500 亿

今年"双十一"当天,主流电商销售额有望再度刷新纪录。根据天猫、京东、苏宁易购、国美在线等电商公布的最新数据(截至 12 日零时),各家销售额较去年"双十一"涨幅均超过 50%。业内普遍预测,11 日当天,国内主流电商的销售额有望突破 1500 亿元。

根据各家电商提供的数据显示,截至 11 日 21 时,天猫交易额突破 800 亿元;截至 11 日 17 时,京东订单量突破 2000 万;截至 11 日 11 时,苏宁易购全网订单量同比增长 304%;截至 11 日 12 时,国美在线交易额同比增长 418%,流量同比增长逾三倍;截至 11 日 12 时,银联线上消费类商户总交易笔数同比增长近 50%,交易金额同比增长 15%。

业内认为,"双十一"当日主流电商销售额再创新高,显示国内消费仍将保持强劲增长。随着新技术的应用、新商业模式的普及、新电商服务的推出,网络消费正成为拉动经济增长的强大引擎。

中国信息通信研究院预测,2015 年我国电子商务交易规模将向 15 万亿元大关发起冲击。工信部、发改委等权威部门预测,"十三五"期间,我国电商交易规模还将保持年均 20% 的增长。据此预测,到"十三五"末,我国电商交易规模有望达到 30 万亿元水平。

资料来源:经济参考报,(2015 - 11 - 12)[2016 - 1 - 7]
http://dz.jjckb.cn/www/pages/webpage2009/html/2015 - 11/12/content_12105.htm,有删减

电子商务经过近些年的发展,已经深入人心,有着欣欣向荣的发展前景。同时,移动互联网的发展也助推电子商务行业不断迈向新的台阶。下面我们就来学习电子商务的有关知识。

第一节　电子商务的概念及特点

一、电子商务的定义

电子商务(electronic commerce,EC),顾名思义,其内容包含两个方面,一是电子方式,二是商贸活动。简单地讲,电子商务是指利用互联网络进行的商务活动。但电子商务的定义至今仍不是一个很清晰的概念。各国政府、学者、企业界人士都根据自己所处的地位和对电子商务的参与程度,给出了许多表述不同的定义。比较这些定义,有助于我们更全面地了解电子商务。

1. 世界电子商务会议关于电子商务的概念

1997 年 11 月 6 日至 7 日在法国首都巴黎,国际商会举行了世界电子商务会议(The World Business Agenda For Electronic Commerce),将电子商务的概念阐述为:电子商务是指对整个贸易活动实现电子化。从涵盖的范围方面可以定义为:交易各方以电子交易方式,而不是通过当面交换或直接面谈的方式进行的任何形式的商业交易。从技术方面可以定义为:电子商务是一种多技术的集合体,包括交换数据(如电子数据交换、电子邮件)、获得数据(如共享数据库、电子公告牌)以及自动捕获数据(条码)等。

2. 政府部门的定义

欧洲议会关于电子商务给出的定义是:"电子商务是通过电子方式进行的商务活动。它通过电子方式处理和传递数据,包括文本、声音和图像。它涉及许多方面的活动,包括货物电子贸易和服务、在线数据传递、电子资金划拨、电子证券交易、电子货运单证、商业拍卖、合作设计和工程、在线资料以及公共产品获得。它包括了产品(如消费品、专门设备)和服务(如信息服务、金融和法律服务)、传统活动(如健身、体育)和新型活动(如虚拟购物、虚拟训练)。"

3. 权威学者的定义

美国学者瑞维·卡拉科塔和安德鲁·B·惠斯顿在他们的专著《电子商务的前沿》中提出:"广义地讲,电子商务是一种现代商业方法。这种方法通过改善产品和服务质量、提高服务传递速度,满足政府组织、厂商和消费者降低成本的需求。这一概念也用于通过计算机网络寻找信息以支持决策。一般地讲,今天的电子商务通过计算机网络将买方和卖方的信息、产品和服务器联系起来,而未来的电子商务通过构成信息高速公路的无数计算机网络中的一条将买方和卖方联系起来。"

4. IT(信息技术)行业的定义

IT 行业是电子商务的直接设计者和设备的直接制造者。很多公司都根据自己的技术特点给出了电子商务的定义。虽然差别很大。但总的来说,无论是国际商会的观点,还是惠普公司的 E. World 和 IBM 公司的 E. Business,都认同电子商务是利用现有的计算机硬件设备、软件设备和网络基础设施,在通过一定的协议连接起来的电子网络环境中进行各种各样商务活动的方式。

纵览上述定义可以看出,它们没有谁对谁错之分,人们只是从不同的角度各抒己见。从电子商务应用与发展的实际出发,我们一般将电子商务的概念分为狭义的电子商务和广义的电子商务。

狭义的电子商务(electronic commerce,EC)也称为电子交易,是指人们利用电子化手段进行以商品交换为中心的各种商务活动,如公司厂家、商业企业、工业企业与消费者个人利用计算机网络进行的商务活动。

广义的电子商务(electronic business,EB)是指各行各业,包括政府机构和企业、事业单位各种业务的电子化、网络化,可称为电子业务,包括电子商务、电子政务、电子军务、电子医务、电子教务等。

二、电子商务的特点

相对于传统的商务来说,电子商务具有以下特点。

(1)没有许多的中间商,甚至可以采取直销的形式,减少了中间环节。电子商务的兴起,让许多制造商有机会建立统一、直接的销售渠道来面向消费者。

(2)不受地域的影响。电子商务可以借助互联网跨越国界,为企业创造更多的贸易机会,可以做到全球商品交流。

(3)电子商务将传统的商务流程电子化、数字化,一方面以电子流代替了实物流,可以大量减少人力、物力的投入,降低成本;另一方面突破了时间和空间的限制,使得交易活动可以在任何时间、任何地点进行,从而大大提高了效率。

(4)便于收集各种电子信息,能够及时获取最新的信息。

(5)通过互联网,商家之间可以直接交流、谈判、签合同,消费者也可以把自己的反馈建议反映到企业或商家的网站;而企业或者商家根据消费者的反馈及时调整产品种类及服务品质,从而实现客户和生产厂商的良好互动。

第二节　电子商务的分类

一、按电子商务参与交易的主体分类

(1)企业对消费者(business to customer,BtoC 或 B2C)。这是人们最熟悉的一种电子商务类型。最近几年随着互联网的快速发展,这类电子商务也迅速发展,大量的网上商店利用互联网提供的双向交互通信,完成网上购物。例如,在互联网上目前已出现许多大型超级市场,所出售的商品一应俱全,从食品、饮料到计算机、汽车等,几乎包括了所有的消费品。由于这种模式节省了客户和企业双方交易的时间和空间,大大提高了交易效率,节省了各类不必要的开支,因而这类模式得到了人们的认同,获得了迅速的发展。国内知名的当当网就属于这种类型。

(2)企业对企业(business to business,BtoB 或 B2B)。有业务联系的公司之间相互用电子商务将关键的商务处理过程连接起来,企业利用计算机网络向它的供应商进行采购,或利用计算机网络进行付款等。这一类电子商务,特别是企业通过私营或增值计算机网络采用电子数据交换系统(electronic data interchange,EDI)方式所进行的商务活动,已经存在多年。这种电子商务系统具有很强的实时商务处理能力,使公司能以一种可靠、安全、简便、快捷的方式进行企业间的商务联系活动,并且达成交易。典型网站有阿里巴巴(www.1688.com)等。

(3)企业对政府(business to government,BtoG 或 B2G)。这种模式包括企业与政府之间进行各种手续的报批;政府通过互联网发布采购清单,企业以电子化方式响应;政府在网上发布管理条例,以电子交换方式来完成对企业的征税等。这些都属于电子政务的一部分。在电子商务中,政府还有一个重要作用,就是对电子商务的管理、规范和推动。

B2C、B2B 和 B2G 三者的关系可以用图 1-1 表示。

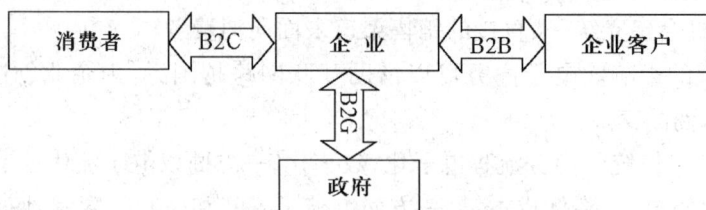

图 1-1 B2C、B2B 和 B2G 三者的关系

(4)消费者对消费者(customer to customer,CtoC 或 C2C)。实际应用中较多的是个人物品拍卖。互联网为个人经商提供了便利,任何人都可以"过把瘾"。各种个人拍卖网站层出不穷,形式类似于"跳蚤市场"。国内的淘宝(www.taobao.com)、易趣(www.eachnet.com)都是目前比较活跃的 C2C 网站。

(5)消费者对政府(customer to government,CtoG 或 C2G)。这类电子商务活动目前还不多,但应用前景广阔。居民的登记、统计和户籍管理,以及征收个人所得税和其他契税、发放养老金、失业救济金及其他社会福利,是政府部门与社会公众个人日常关系的主要内容。随着我国社会保障体制的逐步完善和税制改革,政府和个人之间的直接经济往来会越来越多。

二、按交易的商品内容分类

(1)有形产品(或称间接)电子商务。有形产品指的是实物商品,这种商品交付不能通过计算机网络实现。这种商品虽然可以实现网上的电子订货和付款,但它仍然需要一些传统的流通通道和物流的配合。

（2）无形产品（或称直接）电子商务。网络本身具有传递的功能，又有信息处理的功能，因此，无形产品，如信息、计算机软件、视听娱乐产品等，往往可以通过网络直接向消费者提供。

三、按电子商务活动的支付手段分类

（1）支付型电子商务。所谓支付型电子商务，指的是有关银行参与商务活动的全过程并实时地进行资金的流动。由 VISA、MasterCard 等公司建立的 SET 协议是目前最完整的网上交易和网上支付协议。

（2）非支付型电子商务。所谓非支付型电子商务，指的是有关银行不参与商务活动的全过程，而是通过其他渠道进行结账，如货到付款等。

四、按照使用的网络分类

（1）EDI（electronic data interchange）电子商务。EDI 电子商务是指利用 EDI 技术，通过公共 EDI 网络，自动交换和处理商业单证的过程。EDI 的使用，代替了传统的纸张文件的交换，大大地节省了纸张的消费，减少了错误的发生，也提高了效率。

（2）互联网（Internet）电子商务。互联网电子商务是指利用连通全球的网络开展的电子商务活动。

（3）内联网（Intranet）电子商务。内联网电子商务是利用企业内部网络开展的商务活动。内联网只有企业内部的人员可以使用，信息存取只限于企业内部，并在安全控制的条件下连接互联网。

（4）移动电子商务。移动电子商务是近几年产生的电子商务的一个新分支。移动电子商务利用移动网络的无线连通性，允许各种非 PC 设备，如手机、个人数字助手（PDA）、便携式计算机等，在电子商务服务器上检索数据、开展交易。目前，移动电子商务已经成为电子商务的新亮点。

第三节　电子商务的发展现状与发展趋势

一、电子商务的发展现状

（一）世界范围内电子商务的发展现状

在世界范围内，各主要发达国家的电子商务市场都保持着持续快速的发展态势。2012年全球网络零售交易额首次突破 1 万亿美元。伴随着各种新兴互联网技术和应用的普及，电子商务的交易模式也在不断推陈出新。尤其是 2006 年之后社交网络在全球的广泛应用，

使得社交模式成为电子商务发展的重点。此外,全球化合作趋势也日益明显。易贝、亚马逊、阿里巴巴等电子商务平台之间、电子商务平台与生产销售企业之间的强强联合案例已经屡见不鲜。同时,全球电子商务发展地区差异逐步减小。虽然欧美等发达国家仍旧是电子商务市场的主力军,但是中国、印度、巴西等发展中国家异军突起,日益成为国际电子商务市场的重要力量。特别是中国电子商务市场交易规模已经超越美国,位列世界第一。

拓展阅读

阿里巴巴上市

综合媒体报道,2014 年 9 月 19 日阿里巴巴在美国纽约证券交易所首次公开招股(IPO),发行价为每股 68 美元,当天开盘盘价高达 927 美元,创下美国历史上首次公开募股的最高融资记录。据此测算,阿里巴巴市值轻易超越亚马逊和易贝,成为全球最大的电子商务企业。40 天后阿里巴巴股价已经超过每股 100 美元。

阿里巴巴此次首次公开招股是一个里程碑事件。之前,全球电子商务的核心一直在美国,而亚马逊是美国最知名的在线零售商。阿里巴巴的上市标志着中国电子商务已经将触角伸向世界。

(二)中国电子商务的发展现状

1997 年,中国化工信息网正式在互联网上提供商务服务,这被人们看作是我国电子商务的正式发端。十几年以来,伴随着我国国民经济的快速发展以及国民经济和社会信息化发展的不断进步,我国电子商务行业虽然历经曲折却仍然取得骄人成绩。艾瑞咨询统计数据显示,2014 年我国电子商务交易规模为 12.3 万亿元,增长 21.3%,预计未来几年将保持平稳快速增长。

二、电子商务的发展趋势

Web 2.0、移动互联网、云计算、物联网等一系列新技术与应用的出现,进一步驱动了电子商务的模式创新,为电子商务注入了新活力。

拓展阅读

Web 2.0

Web 2.0 的概念最初由奥莱利媒体(O'Reilly Media,以计算机图书成名的美国出版社)在 2004 年提出。身为互联网先驱和奥莱利媒体副总裁的戴尔·多尔蒂(Dale Dougherty)指出,Web 2.0 能用新的方式,例如社交网络、维基网站、网络通信工具等帮助用户编制、控制信息,利用网络相互合作,分享信息。Web 2.0 注重用户的交互作用,用户既是网站内容的浏览者,也是网站内容的制作者。

（一）移动电子商务

随着 4G 网络的商用,智能手机的进一步普及,移动终端现在已经成为媒体终端、工作终端、主流终端,成为全新的生产生活平台。移动电子商务展现出了极大的发展空间。电子商务移动化趋势呈现如下三大特点。

一是利用移动终端进行购物、支付、交易、商务往来、金融活动,以及相关的综合服务等活动。随着移动互联网的普及,各类移动微商务的市场规模不断扩大。根据京东公司的统计数字,2014 年 11 月京东移动客户端用户数量已经突破 1 亿,来自移动终端的订单比例接近 20%。

二是移动支付。支付标准政策的出台、移动支付需求的快速增长、移动支付应用试点的市场拓展,以及多样化解决方案的推出,直接催生了移动支付行业的快速成长。

三是移动社交。通过网络移动平台快速发送语音短信、视频、图片和文字,支持包括微博、微信、陌陌等移动社交应用,人们的碎片时间正在被拼贴,移动社交逐渐渗透到人们的工作和生活中,也将带来生活方式的变化。

本书第九章将会对移动电子商务展开深入的讨论。

（二）大数据技术的应用

电商平台在长期的经营过程中,积累了大量关于用户的蕴藏潜在经济价值的数据,这些数据来自电商平台的营销体系、广告推送、捕获系统、销量预测系统、物流配送调用乃至其移动终端。要发现、利用这些海量数据的经济价值,就必须对其进行全面系统的挖掘。然而,从技术上讲,要对存储在云计算中心的这些海量数据进行处理,需要经过清洗、分析、建模、加密、搜索、制作等一系列环节,而所有这些环节都属于整个"大数据"处理的一个流程。

对电子商务而言,大数据处理的应用主要体现在两个方面。

首先是电商平台的综合应用。例如,把握平台自身的宏观数据,即供应商规模、能够供应的产品服务种类、每天的交易规模、供应商与需求者的细分领域及其特征等,从而为自身的综合决策奠定基础;这些数据结果一方面服务于电子商务应用企业,帮其分析市场需求,另一方面也服务于其他电子商务服务业伙伴,例如广告、市场调查与分析等。

其次,大数据将通过广告实现电商平台的产品服务供给者与潜在需求者之间的直接关联,通过这种精准营销减少市场的信息不对称及其社会交易成本。

（三）云计算技术的应用

云服务有三种:一是软件服务,即在线访问的软件应用;二是基础设施服务,即向用户出租服务器,按时间计费;三是平台服务,即提供平台工具。以超级计算能力、海量存储和网络带宽为主要特征的云服务,不仅是一种技术汇聚,而且还是一种商业模式。

云会引发电子商务三个方面的变革。

一是新技术架构。技术架构是电子商务得以实现的基础。云条件下,电子商务的技术架构由传统的自行架设转为租用云计算的硬件和软件服务,采用"用多少,付费多少"的付费方式,云改变了原有的信息基础设施架构,节省了硬件投资,充分利用了信息资源。

二是新经营模式。云计算的特殊性在于硬件、软件、数据和基础架构都被作为服务提供给下游的电子商务运营商,这种服务是基于用户的需求而产生的,而且可以根据需求的变化进行自定义。电子商务运营商通过互联网从丰富的云资源中选择和获取服务,这样就出现了新的服务理念和经营许可模式。

三是新竞争优势。云计算的发展将导致信息技术成为普遍的、廉价的公共资源,对所有人都是一致的,因而信息技术不再具有核心竞争优势。电子商务运营商将其主要精力和资源集中在经营管理上,提高产品和服务质量,以构建非信息技术的核心竞争力。电子商务产业资源将重新进行优化组合。

(四)泛在化

以传感器、无线射频、智能感知等技术为核心的物联网(Internet of things)已经逐步进入商业实践领域。物联网扩展了网络节点的类型,将所有物品纳入网络节点,彼此之间能够进行信息交互,进而形成一个"无处不在"的网络环境。"无所不在"即所谓的"泛在"(ubiquitous)。

例如,基于二维码的购物、移动支付等商业行为已经在部分地区开展和使用。这些商业活动推动物联网产业从技术理念走向日常公共应用服务。泛在化电子商务的应用包括:商品的自动识别、面向消费者的个性化营销与推荐、智能谈判议价、基于位置的商务等。

拓展阅读

物联网

物联网(internet of things,IOT),在我国也称为传感网。通俗地讲,物联网就是"物物相连的互联网",是将各种信息传感设备通过互联网把物品与物品结合起来而形成的一个巨大网络。这包括两层意思:第一,物联网是互联网的延伸和扩展,其核心和基础仍然是互联网;第二,其用户端不仅仅是个人,还包括各种物品。

(五)协同商务

网络技术的迅速发展,使得企业内部部门之间、企业与企业之间的分工协作发生了变化,从而引起企业的组织形式、组织文化、管理方式、决策过程发生变化,相继出现了虚拟企业、动态联盟等企业组织形式。企业的生产、经营、管理等均需协同技术的支持,包括产品协同设计、协同产品商务、工作流协同管理、产品和过程的集成技术、分散网络化制造、面向协同工程的友好的人机界面和通信。协同商务也不再仅仅是一个概念,而是与企业业务紧密结合在一起。

（六）跨境电子商务

电子商务交易在很大程度上克服了地理空间对商业的限制。在全球经济一体化进程日益加快的今天,跨境电子商务成为推动国际贸易的重要手段。跨境电子商务不仅冲破了国家间的障碍,使国际贸易走向无国界贸易,同时它也正在引起世界经济贸易的巨大变革。对企业来说,跨境电子商务构建的开放、多维、立体的多边经贸合作模式,极大地拓宽了进入国际市场的路径,大大促进了多边资源的优化配置与企业间的互利共赢;对于消费者来说,跨境电子商务使他们非常容易地获取其他国家的信息并买到物美价廉的商品。

关键词

狭义的电子商务　广义的电子商务　B2C　B2B　B2G　C2C　C2G　移动电子商务
云服务　物联网

思考与讨论

1. 谈谈你对电子商务的理解。
2. 电子商务的类型有哪些?
3. 电子商务的发展对你的生活有什么影响? 你觉得它还有哪些需要完善的地方?
4. 谈谈电子商务未来发展的趋势,以及产生这些趋势的原因。

实践练习

1. 访问京东,完成以下操作。
(1)搜索一件商品,分别按销量、评价、价格等条件排序,观察排序结果。
(2)选择一件商品加入购物车,了解整个购物流程,并查看相关的退货说明。
(3)完成一次网上购物。
2. 访问中国互联网络信息中心(http://www.cnnic.cn/)、中国电子商务研究中心(http://www.100ec.cn/)、阿里研究院(http://www.aliresearch.com/),了解有关电子商务、移动互联网的最新发展情况。

第二章 电子商务的商业模式

学习目标

1. 了解实体价值链、虚拟价值链,以及传统价值链与虚拟价值链的区别。
2. 了解电子商务商业模式的含义、特点和框架。
3. 理解几种典型的电子商务商业模式和电子商务盈利模式。
4. 理解电子商务商业模式创新的必要性。
5. 理解电子商务商业模式的选择方式及注意事项。

案例引入

电商创新商业模式——人人快递

"我们不是快递公司,我们是众包服务。"人人快递创始人谢勤一再表示。众包平台是一种新的商业模式,即企业利用互联网将工作分配出去、产生创意或解决技术问题,具备完成任务技能的公众志愿者通过解决他人的问题赚取小额报酬。

与其他互联网同城配送平台相比,人人快递网最大的特色在于众包模式和信用体系,通过整合社会闲散资源,利用社会大众在城市内穿梭行程,为他人提供同城正品代购、外卖配送、点对点捎带等服务。

支撑人人快递的核心是自由快递人,经过实名认证、绑定银行卡、拍照存档等操作才能成为自由快递人,人人快递则从自由快递人服务中提取佣金,但自由快递人不隶属于人人快递。

2014年11月,人人快递获得了来自腾讯和高榕资本的1500万美元的A轮融资。

资料来源:发商机网,2014年八大电商创新商业模式(摘选),(2015 – 01 – 03)[2016 – 01 – 08]

http://www.fashangji.com/news/show/3613/

随着电子商务的飞速发展,商业模式创新势在必行。为了不断创新发展,我们有必要学习电子商务商业模式的基础知识。

第一节 电子商务价值链

企业所处的价值链或价值网络是相对简单的。但随着网络化生产组织方式的出现,互联网环境下的价值链结构变得复杂,并且呈现出价值网络形式。

实践表明,价值链思想是研究和分析企业竞争优势的有效工具。基于价值链的分析一般包括三个方面:第一,企业内部价值链,用于划分企业的主要价值活动;第二,外部产业价值链,从战略高度分析、考虑是否可以利用产业链的上游、下游来帮助企业进一步降低成本,或者调整企业在整个产业价值链中所处的位置;第三,分析竞争对手的价值链,对于电子商务企业而言,研究竞争对手的价值链是明确企业竞争地位和竞争优势的重要途径。

一、价值链理论

1. 实体价值链(physical value chain,PVC)

价值链概念是由美国哈佛大学商学院教授迈克尔·波特于1985年在其所著的《竞争优势》一书中首次提出的,即"每一个企业在设计、生产、销售、配送和辅助其产品的过程中进行种种活动的集合体,所有这些活动都可以用价值链表示出来"。整个社会生产按照产品的形态可以分为有形的和无形的,有形产品如物质产品,无形产品基本上包括服务和信息(知识)。按照波特的理论,从产品形态出发,可以将价值链分为有形产品价值链和无形产品价值链。

(1)有形产品价值链。波特的价值链分析以制造业为原型,按照物质产品生产过程中所涉及的流程和职能域,将企业的增值活动概括为两种类型,即基本活动(如进货物流、生产作业、出货物流、营销、销售和客户服务)和辅助活动(如采购、技术开发、人力资源管理和企业基础活动)。波特将价值链视为一系列连续完成的活动,是原材料转换成一系列最终产品并不断实现价值增值的过程。波特的价值链通常被认为是传统意义上的价值链,偏重于以单个企业的观点来分析企业的价值活动,企业与供应商、顾客可能的连接,以及企业从中获得的竞争优势。

按照波特的价值链理论对生产过程进行优化,我们会发现,为了获得更高效率,每个企业必须高度专业化,最终,企业的各种生产活动将进一步分化独立,每个企业占据价值链的一个独立节点。

(2)无形产品价值链。主要包括服务和信息产品的特性、生产过程及其价值链。

服务的目的在于获得顾客满意:确切地知道顾客的需求,并在适当的时间和地点,以客户满意的方式满足顾客。信息产品基于数据、信息、知识的整理、综合和深层次的挖掘。它们体现出的最主要特征是知识化。它们的生产相对不受时空的限制,过程也相对单一,特别是互联网的出现使信息的收集、加工、传递变得简单。但是我们必须正视一个现实,知识的最终价值在于能够指导我们的物质生产,只有依附于实物才有存在的价值,所以服务和信息产品的生产仍然属于价值链的一个环节。也就是说,无形产品的生产过程在价值链中的地位和作用与有形产品的生产过程是一样的,其本质没有超出价值链涵盖的范畴。

2. 虚拟价值链(virtual value chain,VVC)

20世纪90年代以后,随着信息技术特别是网络技术的发展,人们把信息技术应用到价值链的管理中,使得价值链的每一个环节最优,整个价值链的效率最高。这时传统的价值链开始发生变化,一方面价值链纵向延伸,除提供产品外,还能为客户提供满意的服务,从而把顾客纳入价值链的管理;另一方面横向延伸,企业之间进行联合、兼并,形成企业联盟或者战略联盟,取得在某行业或某领域的优势。价值链上的每个企业之间的关系也发生了变化,维系它们的不仅仅是实物形态的价值链,更多的是基于业务信息的传递、处理、共享。信息的创造和利用也逐渐成为价值链的组成部分。电子商务逐渐成为企业的运行方式。

杰弗里·雷波特和约翰·斯威尔克莱敏锐地发现了这个变化,于1995年提出了"虚拟价值链"的概念,认为当今每个企业都在两个世界中竞争,即管理者可感知的物质世界以及由信息构成的虚拟世界,而后者是指电子商务这一新的价值增长点。在深刻思考信息技术对商业模式的影响后,进一步指出虚拟价值链不仅是价值增值活动中的支持元素,还能创造价值。

虚拟价值链在任一阶段创造价值均包括信息的收集、选择、组织、合成和分配等五项活动。虚拟价值链与实体价值链(即传统的基于实体市场的实物价值链)平行运作。虚拟价值链可用于实物价值链的各阶段,水平地使价值增加,只是虚拟价值链需要在互联网上操作,即供应商等利用互联网创造新的企业,供应商通过互联网销售产品可以取得新的市场。

随着全球竞争的加剧、市场环境和顾客需求的快速变化,壁垒森严的劳动分工、面向职能的管理模式面临严峻的挑战,离散的单个活动不能使顾客得到满足,只有当各种价值活动有序地集合在一起时,才能为顾客创造满意的价值。有些价值活动是企业的优势所在,有些是薄弱环节,通过不同企业在虚拟价值链上相同价值活动的互补、整合或不同价值活动的合作、共享,才能扩展价值链满足顾客需求的能力。相对于竞争来说,处于电子商务虚拟价值链各价值点上的企业之间更需要合作和协同。

3. 传统价值链与虚拟价值链的区别

虚拟价值链是产品虚拟化、主体虚拟化、过程虚拟化的结果,并且随着产品、主体、过程数字化程度的增加,虚拟价值链的作用空间也不断增加。虚拟价值链与传统价值链有很多不同,表2-1从经济管理、管理内容、增值过程、信息的作用等几个方面对两者进行比较。

表2－1　虚拟价值链与传统价值链的比较

比较项目	传统价值链	虚拟价值链
经济管理	边际效益递减	边际效益递增
管理内容	实物产品	数字产品
增值过程	活动是连续的	活动是非连续的
信息的作用	辅助因素	创造价值
中介	物理中介	传统中介减少,信息中介兴起
客户角色	产品接受者	参与产品制造者
关注焦点	产品、服务可察觉的核心价值	信息交流

　　随着电子商务的迅速发展,数字产品的范围不断扩大,各种信息中介蓬勃发展。伴随着企业信息化的进程,企业业务流程中信息技术的使用越来越广泛,虚拟价值链在价值创造中的地位更加重要。因此,实体价值链向虚拟价值链迁移这个现象凸显,当然,这里说的迁移并非无限制的迁移,因为任何时候一个运行良好的电子商务系统必定是两者的巧妙平衡。实体价值链向虚拟价值链的迁移如图2－1所示。随着产品、主体、过程三个维度虚拟化程度和数字化程度的加深,虚拟价值链的作用空间不断增加。

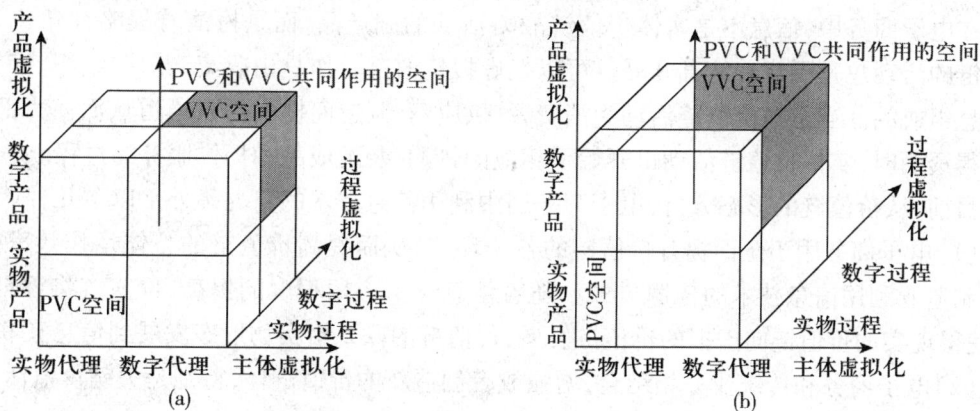

图2－1　实体价值链向虚拟价值链的迁移

　　传统价值链的基本准则是标准化、大批量和大众沟通,而虚拟价值链的基本准则是客户导向、小批量和一对一沟通,即生产系统和沟通系统高度灵活的统一。传统价值链在向虚拟价值链迁移的过程中,为了能与每个客户形成一条沟通渠道,构建者要提高沟通的灵活性;供货者要改变过分依赖标准化生产的战略,考虑到客户个性化的需求,提高生产和物流的灵活性;操作者要不断进行系统更新,使产品和沟通达到客户导向的要求。

　　然而不管是信息技术介入带来的一系列价值链变化(产生了虚拟价值链),还是产品和服务形式的增多带来的价值链变化,价值链的内涵从本质上讲都没有发生变化,它所描述的仍然是价值创造的过程。

二、电子商务价值链

根据实体价值链的定义,我们对电子商务价值链理解如下:电子商务价值链是指在电子商务环境下,各实体在进行产品和服务的设计、开发、生产、推广及售后等一系列价值创造和价值增值活动过程中形成的价值链。伴随着电子商务的发展和新技术的出现,电子商务环境下的价值链对传统价值链的突破和创新日益扩大,带来更多的价值创造和增值方式。而传统企业在价值链中的地位和作用也会发生很大的改变。

电子商务价值的创造取决于由供应商、制造商和消费者组成的各种价值链活动,取决于这些当事人交易信息的大量流动。例如,通过在互联网上提供各种支付形式的订购,消费者能很快地订购产品,而购买信息能实时地发送给制造商和供应商。实时的事务处理提高了企业的竞争力和效率,通过对信息的组织管理,企业还可以发现消费者的潜在需求。通过跟踪消费者信息,企业能比它的竞争者更早了解消费者的偏好,从而提供更有针对性的产品和服务。

基于以上分析可以看出,电子商务的发展使商务价值不断建立在以高科技和通信技术为手段的数据、信息和知识的基础之上,可以说电子商务本身是技术发展的产物,因此电子商务产生价值的核心价值链,就是从传统的实体价值链中分化出的虚拟价值链,虚拟价值链成为分析电子商务给行业带来变化的重要工具。

在电子商务中,信息不是实体价值链战略活动的副产品,而是扮演着战略性角色,虚拟价值链的活动总是围绕着信息开展。可以把虚拟价值链看作是由收集、选择、组织、综合、分配信息组成的。当虚拟价值链活动为消费者、供应商、制造商提供信息通道从而使大部分交易变得透明时,实体价值链活动也开始了相应的订购、装配成品和提供服务的过程。

目前,从价值链的形态分析,电子商务当中利用信息技术的情况不外乎以下几种。

(1)电子商务用于全面提升价值链的各个环节,从而提高价值链的整体运作效率,这是目前制造业利用信息技术的普遍方式。随着信息技术应用程度的提高,价值链将逐渐地分化,使得现实的价值链向虚拟的价值链发展,价值链的联系由实物形态发展到信息互联。

(2)电子商务和传统业务相结合,增强或者创造新的价值链环,特别是关键价值活动,从而强化竞争优势。

(3)电子商务企业大量涌现,以提供电子商务平台和电子商务服务为关键价值活动。

目前比较成功的淘宝网,其价值链源自参加网上交易的买卖活动,它为交易双方提供了安全、便捷的中介服务。

(4)借助互联网对信息进行收集、加工,提供信息咨询的新兴公司。

伴随着世界经济一体化、信息网络化和企业信息化的进一步深化,电子商务企业面临新的环境:电子市场的进一步完善和扩展,全球客户的激增和电子商务应用范围、区域的扩大;企业业务外包需求的增加和各种电子应用服务系统的完善;消费者日趋成熟,其需求的个性化、多样化以及品牌的全球化;企业(群)间在服务、质量、创新和反应速度上的竞争日趋激烈;企业内部信息化和企业外部动态联盟的不断发展。在这种经济背景下,各企业在电子商务中的定位决定了其在价值链中的位置和商业模式。

值得注意的是,电子商务的价值链不在于技术本身,而在于它所依附的商业模式,以及信息技术与传统商业模式的结合。具体商业模式的运用和价值的获得最终取决于人们对信息技术的利用程度,包括信息的收集、分析、传输和共享。可以预见电子商务应用的最高境界,应该是知识和信息的生产、共享和传递不受时间和空间的限制,企业的主要活动不再是降低成本、提高效率,而是创造价值和寻找新的价值增长点。

第二节 电子商务商业模式概述

早在20世纪70年代,在计算机及商业管理界,人们就开始使用"商业模式"一词,并赋予其特定含义。直至90年代以前,商业模式主要是指计算机或系统建模。随着互联网的发展以及数字经济的来临,"商业模式"一词在1990—1994年间至少被赋予11种含义,除之前的计算机/系统建模外,还有电子商务、商业战略、商业计划乃至全球化等。进入20世纪90年代后期,商业模式的"价值创造"这一含义呈现出主导之势,虽然各种表述之间有差异,但其他含义都与价值创造密切相关或者是价值创造的某个方面。事实上,2000年前后,越来越多的人开始逐步达成共识,认为商业模式的含义是指企业价值创造的基本逻辑,即企业在一定的价值链或价值网络中如何向客户提供产品和服务并获取利润,通俗地说,就是企业如何盈利;同时认为商业模式的核心是如何在变化的商业环境中创造价值。

一、商业模式的定义

1. 商业模式的几种表述

"商业模式"(business model)一词随着互联网在商业领域中的普及应用而流行起来。商业模式的特点与其在价值链中的定位关系密切。具体而言,商业模式是一个系统,由不同组成部分、各部分的连接关系及其系统的动力机制三方面组成。

创建商业模式的一般思路和过程如图2-2所示。由此可见,商业模式是以目标价值为核心,以实现目标价值的各种流为主要脉络,以实现流的各种使能性实体为基础的层次体系。

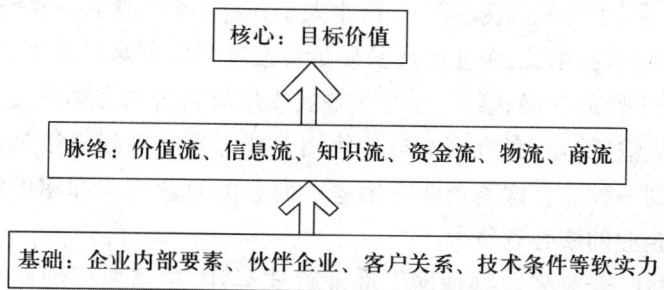

```
┌─────────────────────┐
│  核心:目标价值       │
└─────────────────────┘
          ⬆
┌─────────────────────────────────────────────┐
│ 脉络:价值流、信息流、知识流、资金流、物流、商流 │
└─────────────────────────────────────────────┘
          ⬆
┌───────────────────────────────────────────────────┐
│ 基础:企业内部要素、伙伴企业、客户关系、技术条件等软实力 │
└───────────────────────────────────────────────────┘
```

图2-2 商业模式的层次体系

2. 商业模式的定义

著名电子商务专家、美国北卡罗来纳大学奥斯汀分校的迈克尔·拉帕教授给商业模式下的定义是:商业模式是公司维持自身发展(即取得收入)所采取的商务经营方法,通过指明公司在价值链中的位置来阐述它如何赚取利润。

欧盟电子商务委员会负责人保罗·蒂姆斯给出的商业模式的定义包含以下内容。

(1)产品、服务和信息流的体系架构,包括各商务主体及其任务的描述;

(2)各商务主体潜在利益的描述;

(3)收入来源的描述。

商业模式的设计是商业策略(business strategy)的一部分,将商业模式运用到公司的组织结构(包括机构设置、工作流和人力资源等)以及系统(包括IT架构和生产线等)中去则是商业运作(business operation)的一部分。商业模式和商业模式设计是指在公司战略层面上对商业逻辑(business logic)的定义。

究竟什么是商业模式? 本书结合以上研究和定义,对商业模式做出如下定义:商业模式是指企业在某一领域经营时,确立的市场定位和盈利目标,以及为满足顾客主体需要所采取的一系列整体战略组合。

二、电子商务商业模式的概念

1. 电子商务商业模式的含义

通常把企业在网络环境下的商业运作模式称为电子商务商业模式,它是企业运用信息技术,特别是网络技术,从事企业生产经营和服务活动,创造利润以维持自身生存与发展所采取的方法与策略的战略组合。电子商务商业模式一般是通过对企业经营方式和价值增值过程的仔细分析,确定企业应该采用哪种技术手段将网络信息技术与其生产经营活动紧密结合,以实现企业的利益最大化而采用的企业战略组合。

企业通过网络环境下的具体商业运作方式产生收益来维持生存。电子商务商业模式意味着一个企业如何在价值链中定位从而获得收益。企业以其核心竞争力提供效益最大化的增值服务是其成功的关键。在国际贸易中,若让每个企业都拥有独立的电子商务环境,既不经济也不现实,但是在竞争激烈的市场环境下单独让企业从事进出口业务则很难满足国际市场快速变化的要求,主要是因为:第一,企业太小,在全球环境下一般鲜为人知,品牌知名度不高,很难被客商发现;第二,企业的产品质量可信度和服务水平未被大众接受和认同,影响产品交易和服务工作的开展;第三,中小企业要想依靠自身的力量建设规范的电子商务交易系统并与银行、运输、保险、商检以及与其他相关部门建立网际链接是极其困难和不经济的。因此,需要找到一种适合这类企业应用电子商务的商业模式和建设电子商务的应用系统平台,发挥中小企业的核心竞争力。

在网络经济时代,企业采取哪种网上商业模式运作,是需要仔细研究并认真对待的问题。网络环境下的企业生产经营模式与传统市场环境下的市场运作模式不同,需要企业根据自己的业务发现这两种模式的差异,并对价值增值过程加以发掘,找到适合企业自身的电子商务商业模式。

2. 电子商务商业模式的内涵

根据电子商务商业模式的定义,电子商务商业模式包括三层内容:

(1)商务活动内容。首先要了解企业的生产经营,明确维持企业生存与发展的业务内容是什么。不同的企业,其生产经营的内容是不同的,为提高企业核心竞争力所做的工作分析得出这样的结论:企业开展的商务活动内容应围绕提高企业核心竞争力,生产型企业主要是推出满足消费者需求的产品并提供优质服务,服务型企业主要是从事产品贸易并提供相关服务,例如,外经贸企业主要从事进出口贸易并提供相关的服务。

(2)价值增值方式。企业业务不同,获取利润的方式也不同。生产型企业依靠产品的附加值获取利润;服务型企业分为两类,即流通型和增值型,流通服务型企业通过经销产品的批零差价获取利润,而增值服务型企业通过各种增值服务赚取利润。例如,外贸企业主要通过提供进出口贸易代理服务,为其他生产型企业提供市场信息、产品设计指导、营销、采购、咨询等一系列相关的增值服务获取利润。此外,对自营进出口业务的企业来说,以产品销售差价或代理佣金的形式从代理客户或接受服务的企业那里取得相应的劳动所得,是它们主要的价值增值方式。在应用电子商务以后,这类外贸企业主要凭借通过电子商务综合服务平台为其他企业代理业务、提供服务、自营业务等多种方式获取利润。

(3)应用系统建设。应用系统建设包括硬件与软件环境的建设,如计算机系统的选型、网络设备的安装与调试、系统软件与应用软件的开发与应用等。电子商务商业模式的应用主要是基于电子商务业务模式的价值增值的具体过程,以及实现这个过程的电子商务应用系统的框架建设。

如何确保商务活动在互联网中正常运行并创造出更大的价值,一直是应用系统建设需要重点考虑的问题。

3. 电子商务商业模式的特点

电子商务商业模式是企业商业模式在网络经济环境下的具体应用和创新,其特点体现在三个层次上。

(1)目标价值层次。在传统经济中,企业商业模式的构建以企业利润最大化为目标,对于顾客利益和价值链中其他企业的利益通常考虑较少,因此存在着供需矛盾和企业之间的矛盾。供需矛盾会因牛鞭效应而放大,主要是因为供应链企业之间的供需关系不透明;企业之间的矛盾,主要是因为价值网络中扮演同一或相近角色的企业之间存在竞争,导致无法实现本来可以通过协作实现的高效率。在电子商务模式下,这种状况得以改变,企业利用电子商务平台实现信息共享、快速沟通,能够对顾客的价值需求加以理解、满足,并且能够在供应链之间实现信息快速交换;供应链企业间的信息和资源都实现共享,企业能够彼此谅解,通过协商、谈判等沟通方式以达成价值目标最大化的共识,在此基础上进行协同作业以实现利益分享和价值增值最大化。

拓展阅读

牛鞭效应

"牛鞭效应"是经济学中的一个术语,是指供应链上的一种需求变异放大现象。信息流从最终客户端向原始供应商端传递时,无法有效地实现信息的共享,使得信息扭曲而逐级放大,导致需求信息出现越来越大的波动。此信息扭曲的放大作用在图形上很像一根甩起的鞭子,因此形象地称为牛鞭效应。

(2)"流"层次。基于目标价值的电子商务商业模式的核心在于建立一个规范的电子商务环境,并不断提升电子商务技术的应用能力。在电子商务商业模式中,"流"层次中各种"流"的作用和地位与传统商业模式不同。价值流、信息流和知识流成为主要关注的对象,基于"流"的处理能力表现为不断采用新的理论和方法。先进的技术方法能使信息以更快、更稳定的方式流动;知识能够在更广的范围内共享和使用。通过对价值流的分析和重新设计,在整个价值网络中可以从两个方面来增加价值:一方面通过消除无效或效率低下的运转环节,大幅降低交易成本;另一方面增加已存在的商业活动的价值以提升整个产品或服务的价值。

(3)使能性实体层次。在电子商务环境下,企业向外延伸扩展,必然会导致企业伙伴关系网络的拓展,也会提升企业协同作业机制在使能性实体层次中的地位。使能性实体是上层结构实现的基础。

表2-2是电子商务商业模式与传统企业商业模式的对比。

表2-2　电子商务商业模式与传统企业商业模式的对比

商业模式的特点	传统企业商业模式	电子商务商业模式
目标价值层次	企业利润最大化	兼顾企业利润、顾客利润和上下游合作方利润
"流"层次	资金流、物流、信息流	价值流、信息流、知识流
使能性实体层次	功能性	使能性

事实上我们发现真正在电子商务上获得成功的企业,无论是网络公司还是传统企业,都将电子商务的全新模式创造性地与企业的核心竞争力结合起来,创造出自己独特的价值链和商业模式。英特尔每年通过网络达成的产品销售额为300亿美元,并在网上发展了遍及30多个国家的代工生产(OEM)合作伙伴。戴尔由于在电子商务上领先一步,其资金流动率和利润率均居全行业之首,迅速跃升为全球第二大个人计算机厂商。

拓展阅读

代工生产

代工生产(original equipment/entrusted manufacture,OEM):基本含义为品牌生产者不直

接生产产品,而是利用自己掌握的关键核心技术负责设计和开发新产品,控制销售渠道,具体的加工任务通过合同订购的方式委托同类产品的其他厂家生产。之后将所订产品低价买断,并直接贴上自己的品牌商标。这种委托他人生产的合作方式简称 OEM。承接加工任务的制造商称为 OEM 厂商,其生产的产品称为 OEM 产品。

这些在电子商务上取得初步成功的企业,除了它们自己作为 IT 企业在技术上具有先天优势之外,更重要的是它们通过电子商务将自身的核心竞争力进一步发挥出来。电子商务的作用是对价值链进行重组,创新原有的商业模式,使得信息资源的流动更快捷顺畅,并且强化和发展企业的核心竞争力。仔细分析这些在电子商务上取得成功的企业,可以发现它们的商业模式均基于以下几个方面。

（1）以产品为重点。这些企业一般都是制造企业,库存、制造就是它们的关键价值过程,因此它们的电子商务模式是在企业内部(如 ERP 等管理软件平台)运行,从而优化企业的各种资源,降低运作成本,提高企业的生产效率。海尔就是以产品为重点的典型企业,在行业内乃至全国企业信息化和电子商务开展方面都居于领先地位。

（2）以客户为重点。这类企业的关键价值一般都在价值链的前端,主要是在销售或者服务环节。为顾客提供快速、及时、适当的服务是它们的价值所在。比如电信、金融、零售行业的企业拥有大批集中的客户,它们的电子商务模式就是进行客户关系管理,利用信息平台获得客户信息,增加客户价值。

（3）以信息服务为重点。这类公司的产品就是信息。企业没有完整的价值链形态,处于价值链的某个节点。它们在这个节点上具有专项优势,因此通过自己的产品服务于整个价值链。著名的旅游综合类网站携程网就是典型的例子,它向客户提供旅行相关信息和服务。

目前,企业之间的新一轮竞争主要集中在对客户需求的反应和商务运作速度上,基于信息网络的电子商务将成为企业参与竞争的必备条件之一。但是,无论企业选择何种方式进入电子商务领域,比如直接构建电子商务平台、与同业合作构建电子商务平台、收购网络公司、利用动态服务器网页(ASP)现成的平台,更关键的战略决策都在电子商务领域之外。能否将信息技术融入企业的整体战略中,找准在价值链中的位置,打造自己独特的价值链以获得竞争优势,才是电子商务商业模式成功的关键。

三、电子商务商业模式的框架及建立

1. 电子商务商业模式的框架结构

企业的电子商务大多表现为利用电子的方式在客户、供应商和合作伙伴之间进行在线交易、协同商务与价值交换,提高交易流程的效率与企业效益是其追求的目标。将企业信息系统、供应商关系管理、供应链管理、客户关系管理及电子交易市场等进行系统集成与信息融合,形成统一的商用系统服务平台,实现从原材料采购到产品销售和最终社会服务的一体化运作,是电子商务的目标。一般电子商务商业模式的框架结构如图 2-3 所示。

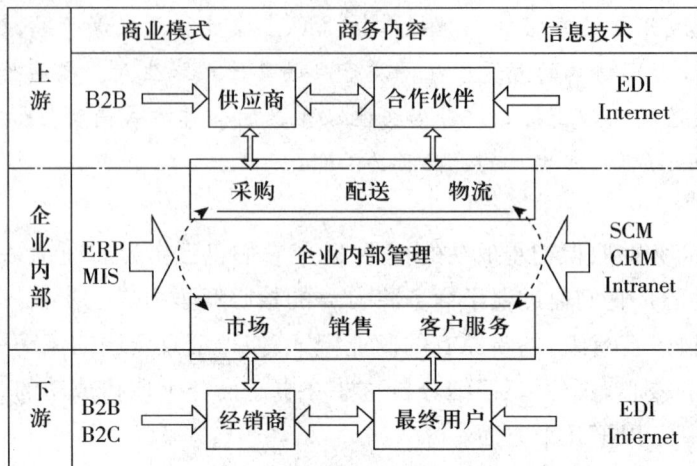

图2-3 电子商务商业模式的框架结构

2. 电子商务商业模式的建立

电子商务商业模式为电子商务进行系统规划与设计提供框架性指导。构建电子商务商业模式框架要完成两项任务。第一,确定业务模式的核心内容,即理清企业应该采用什么样的商业运作方式来获取收益,以及企业为谁服务,服务内容是什么。这是电子商务运行的前提,也是电子商务系统实现的基础。例如,如果企业的服务对象是消费者,那么它未来的商业模式基本上是一种B2C的应用模式,而在电子商务系统实现时,应着重考虑如何将电子零售或电子服务功能做得更加贴近客户。相反,如果服务对象是企业,则运用B2B模式实现电子商务系统时,主要从电子交易市场如何满足企业间的各种交易要求来提高服务功能和服务质量,考虑的关键问题自然会落到业务模式的分析与价值链增值模型的构建上。第二,明确网络环境下商业模式实现的途径。例如,一家汽车销售企业在电子商务系统的哪个环节实现与业务伙伴或商业代理的联系,业务流程和信息流程应该按照什么样的方式运转,这些问题都需要在电子商务商业模式框架中加以解决。

具体而言,电子商务商业模式的建立包含以下几个方面的内容。

(1)业务模式确立,即分析企业的核心业务流程,确定商务活动的基本模式类型,确定企业未来商务发展的模式,包括企业的服务对象、核心业务和盈利模式、核心竞争力以及价值链增值模型(图2-4)。对于生产型企业来说,核心业务流程需要梳理,根据企业目标对业务流程进行重组再造,构建新的组织结构与管理体系。从自供应商或合作伙伴那里购进原辅材料组织生产开始,到产品生产出来以后,通过代理商、分销商和零售商将产品销售给最终用户结束。整个过程中,客户需求是业务起点,也是价值链增值的重点,客户关系管理是业务模式的核心。对于服务型企业来说,通过批零差价和提供增值服务使价值链增值,使业务标准化、规范化与信息化,并在统一的标准化服务平台上工作,提高服务效率与效益是商务信息管理的目标。

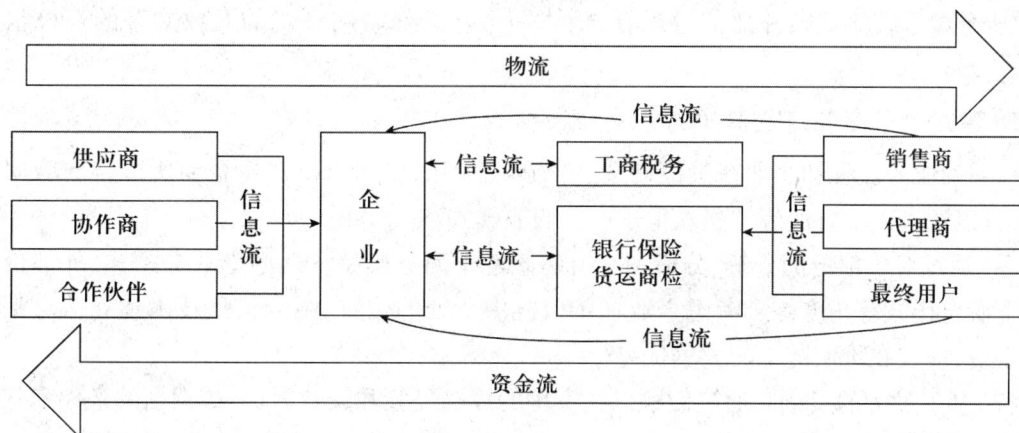

图2-4 业务模式

（2）价值链增值模型，即通过对企业核心业务流程进行分析，以缩短企业产品供应链、加速客户服务响应、提高客户个性化服务、实现企业信息资源的共享和增值为目标，抽象企业业务流的基本逻辑组成单位，并界定其相互关系。包括分析利用信息技术手段对企业业务活动各环节的影响，分析企业内部信息系统在企业商务信息管理过程中的支持作用，确定与企业外部信息系统的交互接口，抽象企业商务信息管理模型中的基本组成单位等环节。

在价值链增值模型（图2-5）中，确定价值增值的环节是重点。将上下游企业整合到一个服务平台实现资源优化配置是价值链增值模型构建的主要思想。生产、销售或生产销售一体化的企业，价值链增值集中体现在供应商管理、供应链管理、客户关系管理与对营销渠道的选择上。将各增值环节集中在统一的贸易服务平台上进行一体化运作，是企业价值链产生增值的源泉。

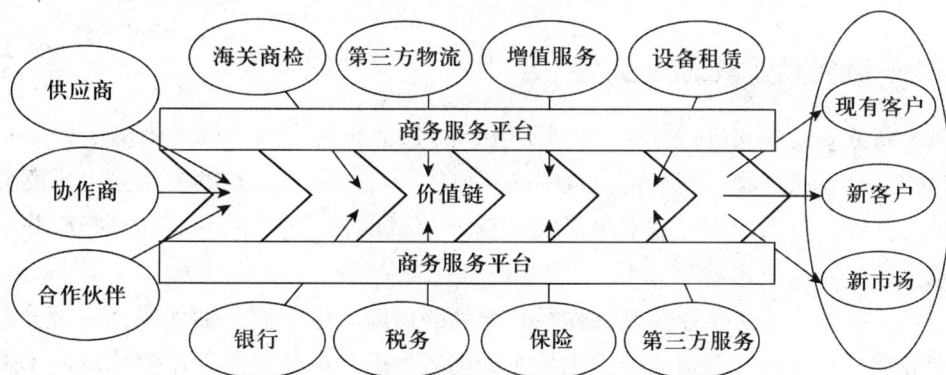

图2-5 价值链增值模型

（3）应用系统框架建设，即从电子商务目标及整个价值链增值过程来看，需要将信息系统规划实施方法与企业业务处理过程结合起来考虑，这样使应用系统框架结构的设计能够和实际要求相吻合，也就是将业务内容与CRM、SCM以及电子交易市场等系统在统一的服务应用平台上进行集成以实现商务信息的融合，使各系统相互联通、信息共享。在企业的网络环境下，进一步与企业资源管理系统和管理信息系统集成以实现管理信息的融合，利用浏览器/服务器系统实现与外部信息融合,构建一个基于互联网环境的开放共享的有机整体系统。

3. 建立电子商务商业模式的方法

在明确业务流程和企业在价值创造、价值增值中的作用以及选择企业所适合的应用系统时,可以通过以下方法逐步建立电子商务商业模式。

(1)通过对价值链的分解、分析和重组建立电子商务模型。从内部业务模式、外部价值链上下游合作方等角度综合考虑企业在价值链中所处的位置,结合信息技术建立信息系统统一平台,形成在价值链中的竞争优势。

(2)基于过去的案例。通过回顾以往案例的成功经验和失败教训,依据新的条件和状况建立新的商业模型。该方法通过比较、分析不同的商业模型,针对不同的模型设计需求,采用文字描述、图形表示、计划、报告等各种可视形式表现新的商业模式。

(3)运用评估法。例如,使用平衡计分卡方法对模型各组成部分的重要性进行打分评估,从而建立针对具体情形的模型。

(4)运用情景模拟法。该方法在处理未来商业环境的不确定性方面具有很强的能力,核心工具是使用模型模拟器。管理者可在无任何风险的实验环境下对模型进行模拟和实验,情景的动态性有助于企业对环境的变化预先做出反应,并制订相应的计划。

第三节　电子商务商业模式的分类与应用

一、电子商务商业模式的分类依据

对电子商务商业模式进行分类,有利于电子商务企业运用一个或多个电子商务商业模式进行运营。企业通过确定其在价值链中的地位找到自己获取收益的方法是电子商务商业模式分类的基础。各国的研究者对电子商务商业模式的构成进行了不同的划分,并以此为依据对电子商务商业模式进行分类。

迈克尔·拉帕教授从企业获利的途径和产品的角度对电子商务商业模式进行分类。欧盟电子商务委员会保罗·蒂姆斯教授则从业务创新程度和电子商务功能集成度两个方面对电子商务商业模式的体系结构进行规划,将电子商务商业模式划分为 11 个类别,用纵坐标描述功能集成度的复杂性,横坐标表示创新程度,直观地图解了电子商务商业模式不同类别之间的关系及分类体系,同时指明电子商务商业模式由低级向高级的演变过程实际上就是电子商务商业模式推陈出新的过程。

图 2-6 描述的是保罗·蒂姆斯的电子商务商业模式分类体系结构,在每个具体模式旁都标出了相对应的具有代表性的企业名称。

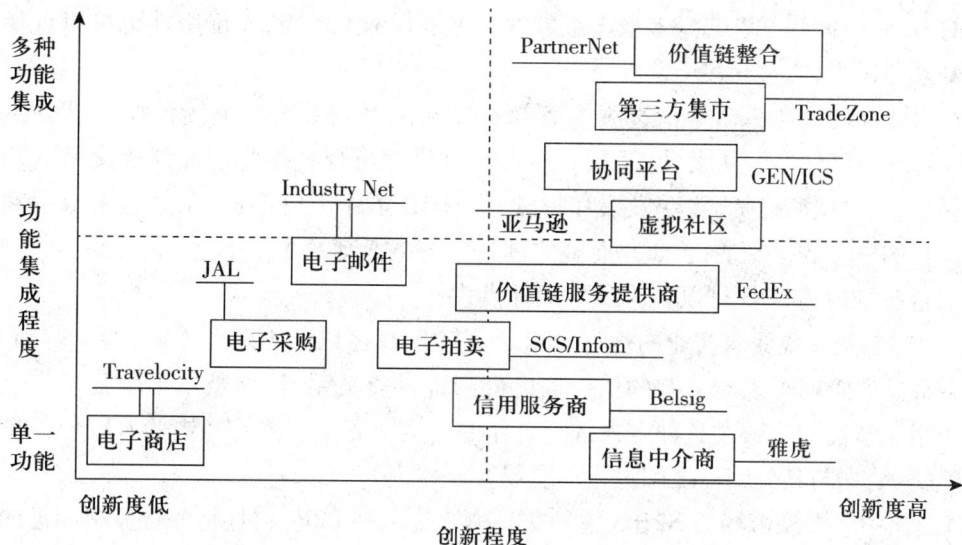

图2-6 电子商务商业模式分类体系结构

雷纳·阿尔特和汉斯·迪特尔·齐默尔曼从模型分析的对象和模型的实际用途两个角度划分电子商务商业模式。雷纳·阿尔特把电子商务商业模式分为市场与角色模型、部门与行业模型以及收入模型三类,而汉斯·迪特尔·齐默尔曼把电子商务商业模式分为实际模型、参考模型和仿真模型三类。

皮特·马丁内斯以市场范围(服务单一或多个市场)和主要的关注焦点(关注内容或交易)为划分标准将电子商务商业模式分为5个大类和11个小类(此外还有混合模型)。杰弗里·雷波特等人认为一个商业模式由四个部分组成:价值取向或价值链、市场供给、独特并且可靠的资源体系和财务模式。对应的电子商务商业模式分别是以提供内容为基础的电子商务商业模式、广告驱动的电子商务(将浏览量转化为收入流)商业模式、以交易为主体的电子商务商业模式和以建立长期客户关系为基础而谋取利润的第四代电子商务商业模式。

综观上述电子商务商业模式分类,可以看出电子商务商业模式基本上是根据价值关系进行分类的。

二、基本电子商务商业模式

电子商务初期,商业模式主要是以交易对象作为区分依据的,在某种程度上可以说是传统商务模式的电子化,主要有以下几种模式。

1. 企业与企业之间的商务模式(B2B)

B2B是非特定企业间或者特定企业间的商务活动。非特定企业之间的电子商务是指在网络环境下,为每笔交易寻找最佳交易伙伴,与交易伙伴进行从订购到结算的全部交易行为的过程。这种交易行为虽说是非特定多数,但加入到网络环境中的企业仅限于需要这些商品的企业,比如限定为某种行业的企业。与特定企业之间的商务活动所不同的是,它不以持续交易为前提。例如,图书供应商(如出版社)和销售商(如当当网)之间的关系即非特定企业之间的 B2B,销售商可以选择多家出版社的图书进行网上销售,而出版社也可以选择多家图书商城进行销售。

特定企业间的商务活动是指过去一直存在交易关系或者今后继续保持交易关系的企业,为了共同的经济利益,从设计、开发到对市场及库存进行全面管理的商务交易活动。比如,通过网络向供应商订货、接受发票和付款等。B2B 运作历史很长,尤其是在专用网或增值网上运行的电子数据交换,一直是企业之间进行商务活动的主要平台。

目前企业采用的 B2B 可以分为以下两种模式:

(1)面向制造业或面向商业的垂直 B2B。垂直 B2B 可以分为两个方向,即上游和下游。生产商或商业零售商可以与上游的供应商之间形成供货关系,比如戴尔电脑公司与上游的芯片和主板制造商就是通过这种方式进行合作的。生产商与下游的经销商可以形成销货关系,比如思科公司与其分销商之间进行的交易。

(2)面向中间交易市场的 B2B。这种交易模式是水平 B2B,它是将各行业中相近的交易过程集中到一个场所,为企业的采购方和供应方提供交易的机会,像阿里巴巴、环球资源网等。

2. 企业与消费者之间的商务模式(B2C)

B2C 类似于联机服务中的商品买卖。它是利用计算机网络让消费者直接进行商务活动的高级形式。这种形式等同于电子化的零售业务。随着万维网的深入应用,网上商业中心不断涌现,提供从鲜花、图书到计算机、汽车等各种消费商品和服务。

按照 B2C 经营内容的不同,可以将其具体的模式细分为以下几种。

(1)综合商城模式。网上商城,在人气高、产品丰富、物流便捷的情况下,其成本优势日趋明显,并在网上交易市场中扮演越来越重要的角色。淘宝商城就是一个典型代表。

(2)垂直商店。这种商城的产品存在着更多的相似性,要么满足某类人群,要么满足某种需要。比如,女装内衣类的麦考林(http://www.m18.com)、婴儿用品类的红孩子(http://www.redbaby.com.cn/)。

(3)服务型网店。为了满足人们不同的个性需求,服务型网店越来越多,甚至包括帮客户排队买电影票。许多消费者已不满足于直接进入 B2C 网站购物了,购物前还希望浏览一些导购网站,因此出现了导购引擎型服务网站。随着 B2C 电子商务的发展,一定会出现更多服务形式的网店以满足日益增加和复杂多样的消费者需求。

3. 企业与政府之间的商务模式(B2G)

B2G 商务活动覆盖了企业与政府组织间的很多事务。美国从 1997 年 1 月起要求政府通过 EDI 完成年度采购任务,并在 1999 年取消了政府采购使用的纸质单证,政府采购清单都是通过互联网向外发布,企业用电子化方式在网上回复。在公司税征收上,政府通过 EDI 方式实现网上报税交税。

目前,我国许多省、市政府已经开始在互联网上发布采购和招标信息、下载文件,或对其他交易方式的采购公告、网上中标或成交信息等进行披露。虽然一部分招标代理机构、工程交易中心引入了招标项目管理和办公系统,但主要还是应用在项目信息管理和辅助招标上,对于招投标各环节各角色的参与缺乏有效整合。此外,目前市面上的招投标软件和系统(如竞价采购系统、招投标管理软件等),基本上都与系统分离,缺乏系统的集成与整合,其产品成熟度有待提高。

总的来说,我国的B2G模式总体上处于起步阶段,目前还缺乏具有信息管理、流程管理、交易管理、政府监管等功能且能协同运作的电子交易管理平台。我国在这方面的应用还比较少,随着政府信息化进程的加快,利用政府行为推进电子商务的发展,相关业务会迅速发展。

4. 消费者与消费者之间的商务模式(C2C)

C2C也叫网络拍卖,是指消费者与消费者之间进行的电子商务活动,网站通过为买卖双方提供在线交易平台,使卖方可以主动提供商品上网拍卖,而买方可以自行选择商品进行竞价。

C2C模式的特点是在网站上搭建一个24小时的交易平台,供买卖双方在这个平台上自由交易,网站对每个交易收取一定的手续费。参与网上拍卖或竞买的个人只要到拍卖网站注册为会员,便可以参与网上竞价交易。其最大特点在于网站本身不参与交易,既不接触商品,不参与货币结算,也不负责库存和负担运费,这样不但可以降低网站的经营风险,而且能获得较多的利润。

三、典型电子商务商业模式

随着互联网的蓬勃发展和电子商务的日新月异,各种新的盈利点显露并被发掘出来。单纯依靠交易对象来划分已经不足以全面概括电子商务商业模式,因此,我们从电子商务各参与者在价值链中所处位置和所提供的服务对电子商务商业模式进行划分,通过分析现有的电子商务应用对电子商务商业模式加以归类。

电子商务的商业模式应用至今,基本固定并且可靠运行下来的,能够确定为电子商务商业模式的大致有五大类共18种(表2-3)。

表2-3　电子商务商业模式的分类

模式种类	子类别	说明
网上商店/服务 (online store/services)	销售商的网上商店(B2B,B2C,C2C)	批发商和销售商的在线销售
	制造商的网上商店(B2B,B2C)	制造商通过该模式直接出售产品并提供服务
	在线服务	传统服务业的在线实现
	网上采购(B2G)	网上产品与服务的买方主动模式

模式种类	子类别	说明
网络经纪商/代理模式 (network brokers mode)	信息中介	为撮合买卖双方的交易建立信息发布平台
	电子拍卖/需求收集系统	传统拍卖的在线实现或反向拍卖
	第三方交易市场	由第三方建立的网络交易平台,常为行业性的交易场所
	商盟模式/电子购物中心	汇集众多电子商店,为消费者提供类似商场的购物环境
	金融经纪商	金融业务的网上经纪与咨询
	其他服务经纪商	旅游、保险等服务行业的网上经纪模式
价值链服务 提供商 (value chain service provider)	订阅模式	有偿提供高质量的内容订阅服务或网络互联服务
	网上银行	支持网络交易的电子支付和资金划拨
	第三方物流	由第三方建立,支持网络交易的物流配送的商业模式
	软件支持	为网络交易的实施提供软件支持
	通信服务	为交易者的网络接入与维护提供支持服务
	CA(certificate authority)认证机构	提供网上安全电子交易认证、签发数字证书等服务
虚拟社区(virtual community)		网上论坛,互联网用户沟通与交流的场所
广告模式(advertising model)		以网络广告为主要收入的模式

在以上这些模式中,成功的企业大多采用一类或几类电子商务商业模式复合运作。通过了解这些模式,可以从中找出企业成功运作电子商务商业模式的奥秘。电子商务商业模式反映的内在关系是价值链上的增值,了解了电子商务商业模式构建中的各层次关系,就能对电子商务商业模式的价值实现和价值增值过程有一个全面的认识,这对于今后在实际运用中如何套用恰当的电子商务商业模式具有重要的意义,也有利于建立新的商业模式,知道如何在已有商业模型中创新并从新的模型中获取更多的利润。

前面详细介绍的几种基本电子商务商业模式按照新的归类方法,属于网上商店/服务这一大类,这里不再赘述。下面是对表2-3中几类电子商务商业模式的具体介绍。

1. 网上商店/服务

这类电子商务商业模式又称为商贸模式(online store)。该模式模拟传统的商品和服务的批发商和零售商。该模式的特点是在销售的中间环节形成规模效应,实现资源在新的价值网络上的重新分配,消除无效的或效率低下的销售环节。网上商店多基于电子商务初期的 B2B,B2C,B2G,C2C 等模式,随着网络技术的发展,这几种模式有了创新和发展。

(1)虚拟商家(click and mortar)。这种模式又称"鼠标 + 水泥""网络砖瓦""虚拟与实体通路整合""传统实体店铺加虚拟网络商店"等,其实质仍然为传统的 B2B 或 B2C 模式。一个仅通过 Web 进行操作的企业,销售传统的或 Web 上的商品或服务的方法可以是价格列表或拍卖。Facetime 公司是一个很好的例子,它是一个服务商,称自己为"应用服务提供者"。虚拟商家为电子商务网站提供有力的客户支持。类似虚拟商家模式的还有"网上店面 + 传统实体零售"(brick-and-mortar)模式。该模式应用比较成功的企业是美国图书经销商巴诺公司(http://www. barnesandnoble.com/)。我国比较成功的企业如主要经营图书音像的当当网(http://www. dangdang.com/)。

(2)比特卖家。这种模式适用于仅提供数字产品或服务的商家,完全通过网络处理产品或服务的销售与配送。比较典型的例子是苹果 iTunes Music Store(http://www. apple.com)。

(3)厂商模式/直销模式(direct model)。直销模式是指产品从生产商直接到销售商再到消费者的商业模式。

该模式能够最大限度地发挥网络的力量,使厂家不需要通过代理商、批发商和零售商即可直接接触消费者,销售渠道更加简单。这种模式是基于效率和效益构建的(节约成本从而减轻消费者负担),能够提高客户服务水平,更好地理解客户的喜好,为客户提供个性化的服务,适应市场快速变化的要求,这些都为网络直销模式奠定了基础。

从价值链的角度分析,在价值网络中直销模式的优势,首先是由于分销渠道减少,无效或效率低下的中间销售环节被取消,销售成本得以降低;其次是能够充分了解并满足客户的个性化需要,加强与客户的联系,运用客户关系管理保持客户忠诚度,在价值链的终端环节上形成竞争优势。直销模式按照具体经营方式的不同可以分为产品直销和特许经营两种。

①产品直销模式。这是一种产品所有权从卖方向买方转移的产品销售模式。比较典型的是大家熟知的戴尔电脑(http://www. dell.com/)网络直销模式。

②特许经营模式。这种经营模式是买方仅仅获得产品的使用权,卖方依据"使用条款"仍保留产品的所有权,软件产品的特许使用就属于这种经营模式。

2. 代理模式

代理是市场的缔造者,通过代理服务平台将买卖双方撮合到一起。增加贸易机会、提高贸易效率是代理模式的主要任务。该模式中的代理商提供电子商务服务平台,为交易各方提供中介代理服务。交易的各方在交易系统下可以进行 B2B,B2C,C2C 业务,代理商从其撮合成功的每笔业务中收取包括酬金、佣金、中介费等各种费用,获取一定的利润。交易费用的计算方法和收取规则是代理模式运营成功的关键。

下面就表 2 - 3 代理模式子类的前四种进行简单价绍。

(1)第三方交易市场(the third market)。市场在交易过程中是为买卖双方提供全方位交易服务的场所,提供的服务内容包括市场评估、交易协商、合同履行、交易结算以及交易信息等。市场交换是 B2B 市场中的通用模式,在此交换模式中,代理向卖方收取基于销售额的交易费用。采用这种模式运作的企业有 Orbitz 公司(http://www. orbitz.com/)、Chem Connect

公司(http://www.chemconnect.com)以及中国制造网(http://cn.made-in-china.com)。

(2)需求收集系统(demand collection system)。该模式又称为反向拍卖模式(reverse auction)。预期的买方为某商品或服务报出最终价格,由于买方对卖方企业背景、产品品牌、产品特性没有特定要求,代理中介将这些商品或服务的最终价格(具有法律约束力,必须遵守)发给多家卖方。买方可在多个卖方反馈的意向中选择中意的交易对象,同时卖方在不影响现有分销渠道和产品零售体系的条件下可以获得额外收入。需求收集系统模式的代理收取的费用是报价和成交价之间的差额,或者是处理费用。应用该模式的公司有 Priceline(http://www.priceline.com)。当 Priceline 公司发现卖方给出的信息能够满足买方需要后,运用买方驱动的"报出你的价格"(name-your-price)模式撮合交易成功,因此称为"需求收集"(demand collection)和"请求销售"(shopping by request)。目前,国内还没有专门做需求收集比较成功的电子商务企业。

(3)信息中介(infomediary)。电子商务使厂商之间的距离、厂商与消费者之间的距离缩短,有人认为中间商没有存在的必要,其实不然。电子商务并不能消灭中间商,而是产生了新的中间商——电子中介/信息中介。中介模式极大地降低了交易成本,缩短了供应链,提高了整个社会的效率。中介的介入使商业竞争更加激烈,竞争的形式由过去的价格竞争过渡到质量和服务竞争。概括地说,信息中介就是为电子商务活动提供交易平台和服务的机构。中介将买卖双方集中到一起,以提供建议、个性化服务或者其他形式的内容来增加价值。中介既可以作为一个消费者的集合体,也可以作为一个商家的宣传者。

信息中介模式使得一些公司充当信息中介来帮助买卖双方了解特定市场,是一种比较成功的模式。在此模式中,有关消费者及其购物习惯的相关信息极具价值,当这些信息被仔细分析并用于指导企业定位市场活动时更是如此。中介将收集到的生产者的产品或服务信息出售给消费这些产品或服务的企业是非常有价值的。

对有效需求信息的利用可以减少企业在经营活动中的盲目性,消除无效的生产经营环节,降低无效活动成本。对于卖方企业来说,按照消费需求的变化不断创新产品和服务,能够使企业在不断满足消费者利益的同时使自身的产品和服务得到持续稳定的增长。

从中介提供信息服务的具体内容来看,可以将信息中介分为用户评估服务和客户激励模式两种。

①用户评估服务。这种模式通过向企业提供网上用户市场的研究报告的形式得以实现。采用这种模式经营的企业有 Nielsen-Netratings(http://www.nielsen-netrating.com/),国内的艾瑞咨询(http://www.iresearch.cn)也是比较成功的案例。

②客户激励模式。在此模式下,通过客户忠诚计划的实施,访问者可以得到企业的优待券(coolsavings)或可兑换的币值(my points),用于在限定的零售商处购物,这些优待券或币值可以刺激消费者不断地消费。信息中介在这一过程中帮助收集客户数据,然后将这些数据出售给相关企业以从中获利。运用这种模式的企业很多,如 Coolsavings 公司(http://info.coolsavings.com/)、Greenpoints 公司(http://www.greenpoints.com/)。

(4)专业集市模式/商盟模式(busmess alliance)。专业集市模式又称为集市模式,是为各种资源进行有效配置而专门构建的交易市场。在这个市场中，各种资源有效组合和重新配置，比一个企业仅通过自身配置资源获得更大的效益。该模式的业务领域不局限于产成品交易，需求信息、生产、知识和物流等各种形式的资源都可以通过专业集市完成配置。

专业集市通过互联网将所有企业虚拟集中起来，进行企业间资源的重新组合，从而可以解决产成品集市交易对象范围狭窄的问题，还可以解决目前其他资源配置方式在资源配置覆盖面上存在的问题。企业不再仅仅追求交易成本的降低，而是通过资源配置优化获得超额利润。

这种策略适合大型电子商务企业，但值得一提的是，一个行业中的第二名、第三名也可以凭借这种策略反超，从而成为行业领先者。现有的一些由政府和企业联合推出的大商会都是商盟模式的典型代表。

3. 价值链服务提供商

（1）订阅模式（subscription）。订阅模式即通过为用户提供所需的有价值的信息或赋予用户某种权利而获利。用户要为访问的站点付费，高附加值的内容是订阅模式最基本的要求。一般的新闻内容已被证明不适合订阅模式。用户订阅服务可以采用周期性（日、月或年度）付费，订阅费用与实际使用率无关。一般来说，站点既提供免费内容，又提供额外收费的内容（具有高附加值，仅提供给订阅者或会员）。订阅模式比较适合经常访问的固定用户。

订阅模式不再追求单一网站的高访问量，它通过扩大规模增加企业和顾客的接触面，拓展贸易渠道，增加市场机遇，充分利用网络环境为模式的生存与发展提供有利条件。

①内容订阅。向用户提供包括文本、音频和视频在内的各种内容。代表性的公司是Listen（http://www.listen.com/）以及Netflix（http://www.netflix.com/）。"我的杂志网"（http://www.myzazhi.cn/）是国内专业提供在线杂志搜索、订阅和浏览的网站。

②互联网服务提供商（ISP）。ISP提供按月订购的网络互联及相关服务。比较著名的ISP是美国在线公司（http://www.corp.aol.com/）。国内的ISP主要有中国电信、中国网通、中国铁通等。

（2）网上银行。银行是传统的价值链服务提供商，互联网的广泛应用促使其将业务延伸到网络，为电子商务的开展提供资金方面的服务。它使用电子货币，即电子钱包、电子信用卡、电子现金等，通过标准化的电子票据和数字签名等技术手段实现资金的无纸化操作和银行机构的虚拟化，为网上交易的资金支付和划拨提供支持。

（3）第三方物流。主要是指由第三方（既非买方也非卖方的企业）在买卖双方进行交易时，为商品的包装、运输、仓储、配送等提供支持服务，保证网络交易的物流配送商业模式，也可以称为供应链模式。代表性的公司主要包括EMS快递、E-speed、申通快递、圆通快递等。物流是电子商务重要的支持环节，随着电子商务的发展，物流市场逐步完善，物流业的服务意识有了很大提高。

"第三方"是指物流交易双方的部分或全部物流功能的外部服务提供者，从某种意义上说，它是物流专业化的一种形式。随着物流行业的发展，已经出现了第四方物流，甚至有更多层次的物流模式参与其中。

（4）软件支持。软件支持模式的主要特点是为网络交易的实施提供软件支持。在互联网诞生之前，最重要、最典型的电子商务软件是电子数据交换系统，互联网普及后，一种新的软件行业兴起，即应用服务提供商（application service provider, ASP），随着电子信息技术的发展和管理理念的提出，更多的应用软件应运而生，为电子商务的发展提供技术支持。

（5）通信服务。通信服务提供商为在线进行交易的企业或个人提供通信服务，主要是互联网接入服务。它包括骨干网路运营商、ISP/在线服务提供商（Online Service Provider, OSP）等。骨干网路运营商在中国主要是指电信、联通、广电等；ISP向消费者或企业提供网络接入服务，OSP在提供接入服务的同时，还向订阅者提供信息；它们为企业电子商务的开展与消费者参与网上交易奠定了物理基础。

（6）CA认证机构。CA认证机构是提供网上安全电子交易认证服务、签发数字证书并确认用户身份的服务机构，主要任务是受理数字证书的申请、签发及管理数字证书。在互联网的价值网络中，CA认证机构的存在及其功能是互联网交易的信用基础。

4. 虚拟社区

虚拟社区实质上就是一个网上论坛。它与广告模式一样不属于价值链的基本元素，但是它能够为整个价值链或价值网络增加信息交换量。经营者依赖于社区成员的忠诚，不断投入各种资源，发展其与社区成员之间的关系，广告和内容定制服务是其收益的主要来源。虚拟社区也可以作为其他商业模式的辅助功能，为客户提供交流的平台或咨询的场所，例如，医疗服务网站中的健康论坛、网络教学的咨询社区等。

社区模式的生存依赖于特定用户群体的忠诚度。用户在网站社区中投入了大量的时间和感情，社区收入主要来源于辅助产品或服务的销售以及自愿捐献。

在某些情况下，用户是有规律的内容和金钱的提供者。持续浏览站点的用户群为广告、信息中介或专业化的站点门户提供了机会。该模式主要通过人才汇集和知识共享获得人气，达到网络资源的最佳配置，实现网络社区整体效益的价值增值。具体而言有以下两种模式：

（1）源码开放。一种为全球程序开发者提供自愿开放、共享软件代码服务的模式。社区从相关服务（如系统集成、产品支持、用户指南和用户文档）中获得收入，而不是收取软件的使用费或许可费等。典型的案例有红帽子公司（http://www.redhat.com/）。

（2）知识网络。该模式提供基于专家的信息资源或其他一些用户的经验。站点以论坛的形式开展，社区成员可以在网络上共享知识。访问者可以搜索信息、提出问题、获得专家意见，专家可以是雇用的职员，也可以是相对固定的志愿者，或者在某种情况下仅仅是Web上愿意回答该问题的一般用户。采用这种模式运作的企业有很多，如Deja，ExpertCentral等，具有代表性的企业是AllExperts公司（http://www.allexperts.com/），此外还有Xperts公司（http://www.xperts.com/）。有问必答医学网站（http://www.120ask.com/）是国内较大的健康咨询互动网站，提供医学、药物、健康等方面的在线咨询和专家反馈。

5. 广告模式

这是由传统媒体广告模式发展而来的。几乎每个网站都提供免费服务内容，同时也产生了插入式广告。人们在使用电子邮件、聊天室、论坛等免费服务时都能看到这种"免费"服务广告。广告以横幅广告(banner)形式最为常见,它是网站企业广告收入来源的重要渠道之一。

采用广告模式运营的企业需要具备两个条件:一是站点网页浏览量非常大;二是网站经营高度专业化。只有在此条件下经营,企业才有可能获得理想的广告收益。互联网广告受众面广,无论企业采用自身广告还是代理广告,都能获得比较好的收益。近年来各大门户网站的广告收入便能证明恰当的广告模式能够使网站成为其业务拓展的重要资源。

根据广告投放的网站类型不同,可以将广告模式分为以下两种。

(1)门户网站(portal)。通常提供多种内容的服务,包括信息和搜索引擎等内容。门户网站的用户数量庞大,其广告收益放大效果显著,为服务的进一步多样化创造了条件。门户网站为了吸引眼球,提高网页浏览量,往往会不断推出一系列免费的内容和服务给用户,如电子邮件、股票信息、电子公告牌、聊天室、新闻组和本地信息等。

常见的门户网站有以下几种类型。

①利基门户(niche portal)网站,又称垂直门户(votal)站点。这种模式注重锁定目标用户群(如高尔夫球爱好者、家庭购物者或新婚夫妇等),对网页浏览量的要求退居次位,能达到每月50万~500万次的浏览量即可。

②个性化门户网站。提供用户定制网站的浏览界面和内容的服务,以增强客户的忠诚度。主要通过观察客户浏览的信息量和信息价值来决定广告投放力度和频度。雅虎是门户网站的典型代表。对于个性化门户网站来说,"My Yahoo!"和"My Netscape"都允许用户对界面和内容进行个性化的处理。

(2)广告网络。在广告网络的成员单位站点之间交换横幅广告来实现广告传递效果的拓展。广告客户通过互换广告形式不但能够在更大的市场活动空间下开展规模庞大的市场宣传活动,而且有助于收集广告受众的反馈数据以用于分析市场活动的效果。运用这类模式经营的公司有 DoubleClick(http://www.doubleclick.com/)。

依据广告网络的收费方式,可以将其分为以下两种。

①点击付费模式。站点依据用户点进次数(click-through),向其他成员站点计数付酬。

②收入分享模式。站点依据用户点进次数,向其他成员站点支付一定百分比的销售额。

四、其他电子商务商业模式

随着电子商务的发展,在基本和典型电子商务商业模式的基础上,出现了很多新的电子商务商业模式及其应用。特别是由于大数据时代的到来,各国纷纷投资大数据领域,大数据技术从商业行为上升为国家科技战略。美国政府将大数据定义为"未来的新石油"。大数据是加速企业创新的利器,"大数据战略"是当下领航全球的先机,如何抓住这一先机,是摆在电子商务企业面前的机遇与挑战。大数据技术为电子商务商业模式的发展提供了新的思路。

1. 线上到线下的商务模式(O2O)

线上到线下的商务模式即 Online to Offline,简称 O2O,也就是从在线到离线。简单地讲就是"线上拉客,线下消费",它是线上渠道和线下渠道有效结合的一种形式。O2O 是指以线上营销、线上购买、线上支付来带动线下经营和线下消费,即将线下商务机会与互联网技术结合在一起,让互联网成为线上和线下交易的前台。

O2O 与传统的 B2C 和 C2C 模式相比有很大的不同。B2C 和 C2C 的交易对象主要是实物类商品,需要经过网上挑选商品、线上下单、物流和配送等环节。O2O 模式以本地化生活服务为交易对象,如餐饮、娱乐、旅游、住宿等,通过提供商家信息、在线预订服务、价格折扣等方式带动线下经营和线下消费。其次,O2O 模式的交易流程仅涉及网上挑选服务、在线支付、线下消费体验三个环节,不受物流瓶颈的制约。最后,"O2O 是先支付后消费,很容易评判线上推广效果,企业可以通过定制信息跟踪和支付数据挖掘提升客户关系管理和服务创新能力"[①]。我国 O2O 模式最典型的应用就是于 2010 年兴起的网络"团购"。对于 O2O 模式来说,其核心理念是把线上用户引导到现实的实体商铺中,通过在线支付,实体提供优质服务,实时统计消费数据提供给商家,再把商家的商品信息准确推送给消费者。

O2O 模式与 B2C,C2C 一样,均是在线支付,不同的是,通过 B2C,C2C 购买的商品是被装箱快递至消费者手中,O2O 则是消费者在线上购买商品与服务,在线下享受服务,这是支付模式和为店主创造客流量的一种结合。

O2O 商务模式主要有以下几个环节。

(1)线上撮合:消费者在线上获取商品或服务信息,做出选择并进行评估,最后做出购买决策。

(2)线上支付:经线上撮合后,消费者通过网络银行或第三方支付等工具进行在线支付,支付成功后,领取数字凭证。

(3)线下消费:消费者凭借数字凭证或优惠券到线下实体店去消费所购买的商品或服务。

(4)消费反馈:消费完成后,与交易相关的数据得到实时处理,平台把分析的消费数据提供给商家,并把商品信息和消费反馈信息准确推送给消费者,这些准确的信息为消费者再次购买商品或服务提供依据。

线上撮合、线上支付、线下消费和消费反馈四个环节形成一个完整的闭环交易流程。

用户数据的暴增与数据的社会化在很大程度上模糊了 O2O 电商企业数据的边界,这些由用户创造的海量数据远远超出目前人力所能处理的范畴。庞大的数据量使得数据过载、数据冗余、数据捕获成本快速增长、数据价值不易获得成为 O2O 电子商务面临的新问题。如今世界已经进入到"大数据"时代,但用户数据作为 O2O 电子商务核心资源的商业价值远未被挖掘。未来,随着数据处理技术的不断发展,电子商务数据,尤其是用户数据中所蕴涵的价值越来越容易被挖掘出来。电子商务企业已经意识到,最准确的商务决策来自事实,即

---

① 蒋侃,金鑫,黄袁芳,何薇薇:《O2O 电子商务商业模式构建研究》,《电子商务》2013 年第 9 期。

数据支持。大数据技术的应用必将成为 O2O 电子商务深入发展的重中之重,将为其带来巨大的商业价值。

2. 企业面向市场营销的商业模式(B2M)

在企业面向市场营销的商业模式(business to marketing,B2M)中,企业指面向市场营销的电子商务企业(电子商务公司或电子商务是其重要营销渠道的公司)。电子商务公司以客户需求为核心建立起营销型站点,并通过线上和线下多种渠道对站点进行推广和规范化的管理,从而使站点成为企业的重要营销渠道。B2M 注重的是网络营销市场和企业网络营销渠道的建立,是针对企业网络市场营销而建立的电子商务平台,通过接触市场、选择市场、开发市场,不断扩大对目标市场的影响力,从而实现销售增长和市场占有,为企业找到新的增长点。

B2M 模式具有如下特点:

(1)B2M 网络营销托管是企业的重要营销渠道。B2M 网络营销托管服务商不是网络营销的广告商,不是企业简单的互联网窗口,也不是对产品进行宣传的机构,而是以客户需求为核心,对产品和服务进行整合,并对客户需求进行引导的营销型服务机构。

(2)B2M 服务渠道至少占企业营收的 10%。B2M 作为企业的一种重要营销渠道,必然肩负着开拓市场、获得销售收入和扩大企业知名度的重大责任。对 B2M 营销服务渠道下达营销任务成了企业衡量 B2M 营销服务的重要指标,也是企业是否构建 B2M 营销网站的重要标准。

3. 生产厂家对消费者的商业模式(M2C)

生产厂家对消费者的商业模式即 Manufacturers to Consumer,简称 M2C,也就是生产厂家直接向消费者提供自己生产的产品或服务的一种商业模式。其特点是流通环节减少至一对一,销售成本降至最低,这和传统的分销模式相对应。因为地理区域的阻隔,商品和信息流通受到限制,厂家很难完全掌握和控制对普通消费终端的销售,所以需要建立分级的渠道分销体系,通过委托或代理来完成区域销售的工作。互联网的兴起和大物流的建设打破了地域上的制约,信息可以低成本无障碍地流动,交易跨越时空随时随地发生,这为制造和消费直接对接提供了物理基础,使得 M2C 从理论到实际操作成为可能。

图 2-7 是 M2C 电子商务执行操作的简要过程,引入截止时间量值,在一定阶段可以强行成交,有利于保护消费者的权益。消费者在购物前即可获知最长的等待时间,在估量等待成本是否值得该拼单收益时,决定是否加入订单组合,订单的参数由制造商在衡量自身生产能力和销售能力后制定,所以在制造商和消费者之间形成博弈,磨合一段时期后最终会达成共识。

M2C 的执行方案中对消费者融合了类似期货的概念,消费者支付定金订购商品,并为此承担机会成本,享受团购拼单的收益。在一定时间内订单强行成交可以确保消费者权益。制造商可以将销售转由 M2C 的电商平台组合完成,在订单成交后才会组织批量生产和发货,有助于专注生产,提升其制造能力。

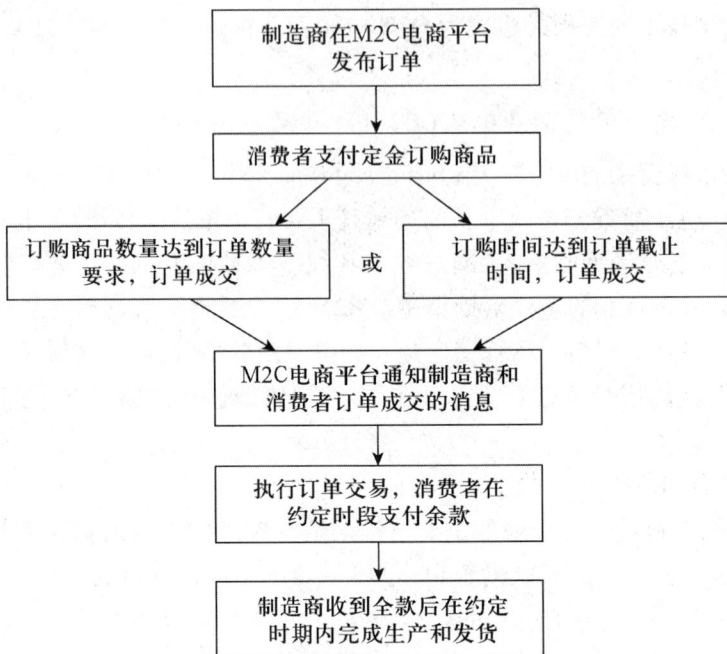

图 2 - 7　M2C 的执行操作方式①

4. 消费者对行政机构的商务模式（C2A 或 C2G）

消费者对行政机构的商务模式即 Consumer to Administration 或 Consumer to Government，简称 C2A 或 C2G，指的是政府对个人的电子商务活动。这类电子商务活动目前还没有真正形成。然而，在个别发达国家，如澳大利亚，政府的税务机构已经通过指定会计师事务所用电子方式为个人报税。这类活动还没有达到真正的电子化，还是消费者对行政机构电子商务的雏形。

随着商业机构对消费者、商业机构对行政机构的电子商务的发展，政府将会为个人提供更为全面的服务。政府各部门向社会纳税人提供的各种服务，例如社会福利金的支付等，将来都会在网上进行。

第四节　电子商务盈利模式

盈利模式是寻求企业经营活动的利润来源、生成过程和产出方式的系统方法，对盈利模式的分析就是探讨如何获得最大利润。电子商务的盈利模式在本质上并没有偏离这一概念，对其进行探讨有助于企业明确经营方向和重点，获得更多的利润。

---

① 黄洪程，周山，王璞：《电子商务模式之争和 M2C 的思考》，《生产力研究》，2012 年第 12 期。

一、电子商务盈利模式及其特点

一般而言，经营利润可以用这样一个数学公式表示：

$$总利润 = \sum(单位利润率 \times 销售额)$$

盈利模式包含三个关键组成部分：第一是价值发现决定利润的来源；第二是价值匹配决定盈利水平的高低；第三是价值管理决定盈利水平的稳定性。

任何行业的利润都是基于企业盈利要素"价值匹配度"的不同而分成不同区域的，如高利润区、平均利润区、低利润区和无利润区。不同利润区的盈利模式完全不同，利润状况也不同；与此同时，企业处于何种利润区是由盈利模式决定的。因此，一个企业只有在盈利模式设计完成的前提下，才能进行业务规划设计、营销模式规划、财务预算、人员管理考核方式设计等相关运营层面的规划，否则就会出现各种脱节。

电子商务盈利模式是指各经营主体探讨电子商务环境下企业的利润来源、生成过程和实现方式的系统方法。电子商务盈利模式的形成和确定仍然要明确三个方面的内容，即：企业发现电子商务中新的价值源泉，形成企业与新的价值发现的较高匹配度，提高实现持续盈利的能力。

电子商务盈利模式根据其形成过程可以归纳为如下几个特点：

1. 创新性

企业电子商务需要在实践中发掘，并能在激烈的市场竞争中寻找新的盈利点，因此电子商务盈利模式具有创新性。

2. 差异性

由于各企业性质不同、资源不同、经营管理方式不同，其盈利模式各具特色，因此企业盈利模式的差异化能够为其创造竞争优势。

3. 适应性

企业的盈利模式要和企业的资源相适应，盈利模式应该是企业资源的有机整合。企业要依据反馈通过不断的调整以找到最佳契合点，充分利用和发挥资源的集体优势。

4. 持续性

成功的电子商务盈利模式应该有稳定的根基、持续的盈利能力和良好的前景，因此，电子商务盈利模式具有持续性。

二、电子商务盈利模式的分类

电子商务环境给企业盈利模式的确定创造了更为广阔的空间，人们对商务活动电子化的动机源自网络化，这创造了新的利润源泉。前面我们分析了电子商务在价值链上的不同运行模式，相应地，根据利润在价值链上的来源环节，可以把电子商务的盈利模式分为以下几类，以从利润规律角度分析盈利模式的本质。

1. 产品盈利模式——基于生产成本的降低

产品盈利模式是指在一个企业的经营管理中,经营者始终以产品作为利润生成的载体。换句话说,采用产品盈利模式的企业,所有经营要素都是围绕建立产品差异化核心竞争力进行培植与配置的。

企业通过开展内部电子商务,提高企业的素质和管理水平,从而压缩库存,减少制造成本,提高生产效率,最终降低总的运营成本而获利。这种电子商务的盈利模式应该成为我国企业和国民经济发展的主要方向。例如,美国生产重型机械的卡特彼勒公司实行电子商务之后,库存从40亿美元减到10亿美元,从而降低了成本,增加了利润。

2. 渠道盈利模式——第三方利润

渠道盈利模式利用渠道的专有特征或者竞争对手的弱点,建立别人所不具有的经营能力和势力范围,依靠这些能力形成一种交换资本,进而通过为需求方提供服务而产生盈利。

企业通过电子商务,实现业务伙伴之间的供应链集成管理,绕过中间商,精简中间环节,缩短采购周期,从而减少采购成本和销售费用,降低运营成本,开发新的渠道,创造新的利润来源,我们称之为第三方利润。美国通用电气公司的照明部自从将大部分手工采购转向电子采购后,产生了积极的效应,服务质量明显改善,同时还节省了劳动力和原材料成本。如此一来,企业靠深度分销得到的信息数据建立了全面及时的市场控制信息系统,随时监控每个片区的整体情况,能够对异常情况做出及时反应。

3. 产品互动盈利模式——创造顾客价值

产品互动盈利模式是指企业的生产综合消费者需求及企业生产能力两方面要素,以需求为起点,提升企业自身研发和生产能力,结合营销推广而实现盈利。

企业在电子商务模式下,通过价值链的整合,建立更快速的市场反应体系,制定真正的以客户为中心的"有效客户反应"战略,从而准确获得消费者的需求并给予满足,提供个性化的产品和服务,实现产品生产与顾客需求的互动,进而获得超额利润。

4. 服务盈利模式——提供信息服务

服务盈利模式是指企业建立健全服务内容和提升服务质量,提供差异化服务,将服务变成盈利来源,以点带面,实现企业盈利。

作为第四大传播媒体的互联网,涉及政治、经济、科技、法律、文化及人类社会的各个方面,成为人们获取知识的主要渠道,因此企业可以利用电子商务的平台,开展网上信息服务。例如,一个美国青年开发了全美汽车批号数据管理系统,用于二手汽车交易,任何人只要支付10美元的信息费,就可以了解汽车出厂后几年的运行和修理状况,对于价值几百美元的汽车来说,10美元显然微不足道。互联网的商机是无限的,随着我国工业化进程的发展,互联网不仅提供更多的信息服务,也创造更多的机会。

5. 规模盈利模式——建立战略合作联盟

规模盈利模式是指在企业或者商业的发展过程中,把扩大市场空间或者经营范围作为应对竞争、获取利润的基本保障。特别是在发展最好和最坏两种情况下,企业家所擅长的盈利办法是扩大生意规模。

通过结盟的形式快速打开市场,这是目前一些电子商务企业所采用的快速开发市场的方式,从而实现低成本集团化和产业链联盟化。

电子商务盈利模式严格来说只有成功和不成功之分,就是能不能持久地帮助企业获取利润。现有的电子商务企业存在各种各样的盈利模式以及若干种盈利模式的组合。总而言之,网站的盈利就是通过销售产品或销售服务,或者两者结合的方式实现,区别是可能销售别人的产品也可能销售自己的产品。

表2-4总结了各典型商业模式的盈利模式。

表2-4 典型商业模式的盈利模式

模式种类	子类别	盈利模式
网上商店/服务 (online store/services)	销售商的网上商店	主要是传统的产品盈利模式,同时结合其他盈利模式,利润来源:销售利润、广告收入、会员收入
	制造商的网上商店	
	在线服务	
	网上采购	
网络经纪商/代理模式 (network brokers mode)	信息中介	服务盈利模式、渠道盈利模式及规模盈利模式的综合,利润来源:服务提供费、成本降低、效率提高
	电子拍卖/需求收集系统	
	第三方交易市场	
	商盟模式/电子购物中心	
	金融经纪商	
	其他服务经纪商	
价值链服务 提供商 (value chain service provider)	订阅模式	产品互动盈利模式、渠道盈利模式等,利润来源:服务提供费、信息产品销售利润
	网上银行	
	第三方物流	
	软件支持	
	通信服务	
	CA认证机构	
虚拟社区(virtual community)		服务盈利模式,利润来源:服务提供费、广告费
广告模式(advertising model)		服务盈利模式,利润来源:广告收入

虽然表2-4对各商业模式所对应的盈利模式进行了大概的区分,但实际情况是,盈利模式是对企业所有经营资源的协同,不是单一要素能够持续的,所以难以严格区分开来。企业要想实现长久的持续经营,就要选择合适的商业模式,找到盈利点,形成持续的盈利能力。

电子商务盈利模式说到底是一种资源的认识和使用模式的设计过程,不同的企业基础不同,执行能力各有差异,只要将资源的使用模式设计得能够扬长避短,同样可以达到盈利状态,从商业的最终目的来说,能实现盈利的模式就是有效的模式。电子商务盈利模式也是一样,只要企业能够找准电子商务下新的价值需求,并进行有效匹配,达到盈利效果即可。这个匹配的过程可以随着企业对成本的承受能力而不断提升,最终达到最优化。

第五节　电子商务商业模式的创新

一个高回报的行业或者商业模式总是会引起其他人的兴趣,于是纷纷模仿,而先行者往往会被后来者赶上,先前的市场份额很快被瓜分。我国电子商务的发展现状和目前电子商务的环境导致电子商务商业模式的专利化很难成型。因此,如何实现电子商务商业模式的创新,克服商业模式易复制性的弊端,探索电子商务的持续盈利策略,是当下许多电子商务网站面临的主要问题。

一、电子商务商业模式创新的必要性

如今商业环境变化越来越迅速,顾客变得越来越强大,其购买决策更复杂,并且他们的需求也在不断地发生变化。竞争不单纯是某个环节、某项职能的竞争,而是整体商业模式的竞争。由于商业模式建立在对外部环境、自身资源的假设基础之上,因此没有一个商业模式适用于任何企业,也没有一个商业模式永不过时。

行业内的企业出于对成功的追求从而相互模仿,往往会导致趋同现象,从产品同质化到战略趋同、商业模式趋同,例如,由于缺乏核心技术的研发能力和非理性的竞争思维,很多家电企业采取大致相同的商业模式,提供类似的产品,争夺相同的消费者,营销手段基本靠价格战。面对趋同,企业需要对商业模式进行创新,改变其中的某些要素或者环节,甚至彻底再造商业模式,以差异化经营获取超额利润。随着外部环境的变化,原来运作良好的商业模式也会失效,表现为顾客不断流失,盈利能力急剧下降,这时候需要对商业模式进行创新。许多企业正是摒弃了行业常用的商业模式,创造出全新的商业模式,或者改造企业原有的商业模式,才取得了巨大的成功。

例如,在金融服务领域,美国的资本一号公司(Capital One)成功地创造了"从产品到客户知识"的商业模式,改造信用卡行业,最终使公司变成金融服务业的巨人;美国班奥鲁森公司(Bang & Olufsen)提出了"从产品到品牌"和"客户重新定义"的商业模式,进而在市场竞争中获利。还有一些公司,产品和服务不是最有特色的,成本不是最低的,但是,这些产品和服务可以很好地集成在一起,给目标客户提供最完备的解决方案。例如,美国通用电气公司的商业模式是为客户提供最终的解决方案,从销售传统的产品变成提供包括产品、融资、保险、咨询和管理在内的全方位服务,同样取得了成功。大量的案例说明,在任何行业中,可能有完全不同的商业模式存在。新的市场假设正在取代旧的市场假设,旧的商业模式在向新的商业模式转换。一个成功的商业模式是对现有方法的改进或突破,也是对存在于所有业务中的一般价值链的完善。它也许能给零散的顾客群体带来更多的价值,完全取代旧方法,成为有待下一代企业家突破的新标准。

二、电子商务商业模式的创新机制

市场和企业内部不断变化的力量(如互联网和移动通信技术的发展、终端设备的发展、顾客行为、商业结构、竞争环境以及制度等)迫使内容提供商改变其商业模式,对创新做出反应(图2-8)。

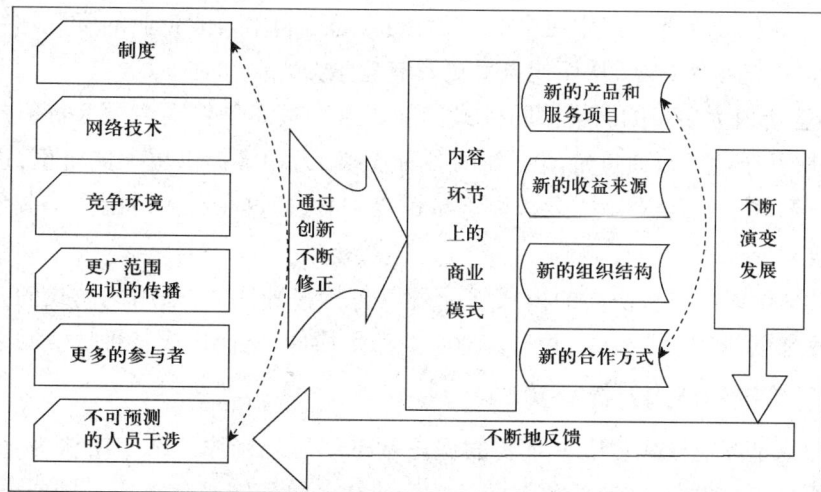

图2-8 电子商务商业模式的创新

电子商务商业模式演变的结果是新的产品、新的服务项目、新的收益来源、新的组织结构、新的合作方式,这些结果反过来会影响市场和企业内部。内外力量的持续循环影响了企业的商业模式,导致其持续渐进地演变,这就是共同演变的概念。

1. 基于商业模式的创新

商业模式的创新实际上是一种高层次的企业创新行为,它与传统意义上的产品创新、技术创新、制度创新和观念创新有很大的不同,包括企业从内部到外部的资源、制度、模式的整合。此外,模式创新还必须实现价值创造的目的,包括顾客、供应商、股东和企业在内的各方都应获得更大的价值或价值预期。因此模式创新涉及企业运作的方方面面。曾涛在《企业商业模式研究》中,从商业模式的结构模型出发,归纳出以下几种模式创新的方法和路径[1]:

(1)重新定义顾客需求的模式创新。通过数据分析和其他技术工具的使用,挖掘顾客新的需求和利润增长点。

(2)重新定义产品/服务的模式创新。这种创新的特点是企业为满足顾客需求而提供产品和服务,由此出发进行整个商业模式的创新设计。任何一种产品和服务在市场中都有一定的生命周期,都要经历如生物体的"诞生—成长—成熟—衰亡"的生命历程。因此,产品和

---

[1] 曾涛:《企业商业模式研究》,西南财经大学博士论文,2006年。

服务的重新定义是一种常见的商业模式创新方式。

（3）重新定义顾客接触方式的模式创新。顾客接触方式涉及顾客界面的设计和选择，包括两个基本方面：一是企业的产品和服务如何送达给顾客；二是企业与顾客之间如何进行信息传递和沟通。在这两个方面，企业与顾客以不同的方式进行各种接触。顾客接触方式既反映了企业的商业模式的运行现状，也反映了企业与顾客之间的关系价值。

（4）重新定义供应链组织方式的模式创新。在经济全球化的竞争环境下，企业的成功不再依赖于传统的纵向一体化程度，而是依赖于企业积聚和使用知识为产品或服务增值的能力。因此，企业在核心业务上集中更多的资源，同时通过利用其他企业的资源弥补自身的不足，构建新的供应链组织方式，从而使自身更具有竞争力。

（5）以顾客价值为中心的网络协同模式创新。这种模式创新围绕顾客价值的实现方式和价值内容进行，企业可以通过价值创新的各种手段，为顾客提供更大的价值，进而获得竞争优势。要做到这一点，企业就需要以顾客价值为中心，通过在更大范围内与其他企业之间产生的协同效应展开模式创新。

企业与其他组织间进行协同的模式创新可以包括多种形式，采用该模式的企业从顾客价值需求出发来创新其商业模式，并与其他企业产生协同，从而构成某种价值网络。

2. 基于价值链的模式创新

价值链理论是商业模式理论中重要的理论基础和思想来源。泰尔斯认为，商业模式应基于价值链的分割和重组，或者价值链的结构和重构。价值链被分解成不同成分，通过新的联络点和新的市场，以各种不同方式重组这些成分。

从本质上讲，电子商务商业模式是对企业全部价值活动进行优化选择，并对某些核心价值活动进行创新，然后重新排列、优化整合而成的。但电子商务商业模式形式众多，难以把握，我们将基于价值链的商业模式分为以下四类，可以在各环节进行模式创新。

（1）价值链延展型电子商务商业模式。这种电子商务商业模式是在企业价值链的基础上，通过延长其两端的价值活动（按战略管理的说法就是纵向一体化），即向行业价值链两端的供应商价值链、渠道价值链和顾客价值链延伸，或者在某些价值活动的横截面上延展同类价值活动，使企业价值链涵盖更多的价值活动（如并购同类企业以实现产品的相关多元化），从而获得成本领先和差异化优势。

（2）价值链分拆型电子商务商业模式。价值链分拆型电子商务商业模式是将企业的基础性价值活动进行分拆、剥离、外包，使企业价值链缩短（价值活动减少），企业只保留那些核心价值活动（具有核心竞争力且难以模仿的价值活动）和具有相对优势的价值活动，并在此基础上对价值活动的各利益方尤其是伙伴关系进行重新整合，形成有效的制度安排。这种电子商务商业模式遵循的基本原则是，企业从事基础性价值活动所产生的总成本高于其通过价值链分拆、职能外包所产生的新的总成本。企业通过职能外包，可以与其伙伴企业实现资源、要素和能力的优势互补，从而降低总成本，提高企业的敏捷性和柔韧性，增加超额利润。

（3）价值创新型电子商务商业模式。这种电子商务商业模式与前面两种模式不同,它并不延长或缩短企业价值链,只是针对基础价值链上的价值活动进行创新,从而形成其他企业难以学习和模仿的核心能力。价值创新一般是在几种价值活动间协同进行的,既包括技术层面的创新,也包括组织结构、制度安排、价值理念和企业文化层面的创新,这是其他企业很难模仿的。这种通过价值创新形成的电子商务商业模式能产生很强的协同效应,不仅可以提高企业的运营效率,而且可以降低企业的运营成本,增强企业的核心竞争力。

（4）价值链延展与分拆相结合的电子商务商业模式。这种电子商务商业模式实际上是第一类和第二类电子商务商业模式的混合体。这种电子商务商业模式既对企业基础性价值活动进行分拆、外包,又把企业以外的其他价值活动纳入企业价值体系中,然后对价值活动、利益方关系进行优化整合,采用有效的组织方式和制度安排。因此,它兼具前两类电子商务商业模式的优点。

三、现有五大类电子商务商业模式的创新性比较

各类电子商务商业模式不仅在分类体系上相互区别,而且在创新程度和整合程度上具有不同的特点。电子商务商业模式的创新度主要包括商业模式系统的新颖性(novelty)、有效性(effectiveness)、高效性(efficiency)和适应性(adaptability);而电子商务商业模式的整合度主要包括商业模式系统中的个体数量(quantity)、系统的结构复杂度(complexity)、模式的业务集成性(integration)和系统功能的多样性(diversity)。

在创新度方面,网上商店/服务多为传统制造、销售或服务企业的在线实现,因此创新度最低。广告模式、价值链服务提供商以及虚拟社区均为在互联网逐渐普及的情况下新生的常见模式,是在网络交易不断发展的环境下应运而生的必要支持。与以上模式相比,网络经纪商可以由传统经纪商演变而来,同时在网络经济中不断涌现出新的营业模式,因此创新程度具有较大的跨度。由于新型网络经纪商的营业目的和经营方式具有新颖性,同时具有高效的信息处理与服务能力以及较强的适应网络经济的能力,因此在上述商业模式中创新度较高。在整合度方面,网上商店/服务模式多为买方与卖方直接联系,其整合度一般不高。广告模式、虚拟社区、价值链服务提供商模式一般都汇集了大量用户,业务内容与功能较丰富,整合度较高。而网络经纪商联合网络交易的买方和卖方,结合价值链服务提供商、广告、虚拟社区等多样支持服务,在几类模式中最具整合性。

第六节　企业电子商务商业模式的选择与应用

企业对电子商务商业模式的选择是其成功的关键,在实际运用电子商务商业模式的过程中必须注意一些问题,以保证企业电子商务商业模式的有效展开。

一、企业电子商务商业模式的选择

商业模式是企业的盈利逻辑。利润源于价值创造。营销模式是商业模式的重要手段和实现形式,是企业营销的竞争规则,是利润创造的价值逻辑。

新建企业需要考虑确立自己的商业模式,运行中的企业必须对自己的商业模式有清醒的认识。一家企业审视和梳理自己的商业模式,不妨从组成商业模式的要素着手。

1. 运营性商业模式

可以遵循以下的步骤来揭示运营性商业模式:第一,确认公司所有的收入来源,在大多数情况下,这等同于分析公司的顾客;第二,确认公司吸引和保留每个收入来源的能力,列出支撑这些能力的关键因素(即公司向客户提供的价值);第三,确认公司如何持续不断地向客户提供这些价值,列出保证做到这一点的关键因素;第四,列出公司经营活动所产生的可以扩展和利用的优势、能力、关系和知识。

2. 策略性商业模式

想要揭示策略性商业模式,可以遵循以下步骤:第一,确定一个最重要的优势,包括能力、关系、知识和有形资产等;第二,列出将要开发的其他辅助优势;第三,确认在扩展利用这些优势时所创造的新的收入来源,向客户提供的价值和成本结构;第四,确认能够在盈利的情况下创造这一切的关键因素。

运营性商业模式和策略性商业模式都不是一成不变的,一段时间以后,它们所能创造的价值会随着独特性的消失而减少。全面地了解自己的商业模式,就会发现弱势所在,需适时调整,以应对变化。与之对应的电子商务网站也必须做出相应的调整,使之符合新形势下商业模式的整体要求,进而实现企业的整体目标。

3. 专业化商业模式

在很短的时间内搜索出最多的用户所需要的信息,这种技术的研发需要大量的资金投入,一般中小企业难以负担,所以技术上的高壁垒使得百度、谷歌这样的企业能在较长的时间内保持优势不被复制。从事实上看,技术优势的确是最过硬的,也是企业最值得信赖和依靠的核心竞争力。谷歌的 froogle 技术、免费的谷歌地图甚至引起零售商巨无霸沃尔玛的恐慌。这样便捷的技术可以吸引一系列忠诚用户,而大量的用户点击率能使企业获得高额的广告费,这就是谷歌创造的神话。eBay 的成功在很大程度上是依靠它的技术,Skype 软件使用户可以非常便捷地在网络上免费通话,解决了 C2C 在线交易最大的瓶颈——信息传递速度。eBay 无疑是成功的,但是到了中国在市场份额的占有上远远落后于本土的 C2C 电子商务公司淘宝,而淘宝的胜利很大程度上是依靠其技术——支付宝。支付体系、信用问题始终是电子商务发展的薄弱环节,而支付宝很好地充当了中间角色,使买方与卖方都很放心,不再局限于面对面的同城交易。上述公司都是用技术作为门槛来阻止后来者对其商业模式的复制和对其市场份额的抢夺。资金雄厚的电子商务企业可以凭借大量的科研资金投入从而不断抬高这种壁垒,保持自己的优势,以技术作为企业的核心竞争力,开辟自己的天地。

4. 合作性商业模式

通过商业联盟,可以实现资源共享、优势互补、资源优化和重置,降低商业运作成本。较低的成本能够带来优质的配套服务,对顾客很有吸引力。如果竞争对手想进行效仿,必须另找类似伙伴形成商业联盟,而在寻找的同时已错过了最佳时机。所以商业联盟对电子商务企业的经营和发展很有帮助,是一种不错的策略。总的来说,合作性商业模式的优势在于:

(1)提高采购的竞争力,共享供应商资源,进行大批量联合采购,提高交易效率,增加采购透明度;

(2)为企业带来公平竞争的商业机会,参与全球竞争,提高企业素质,降低交易成本;

(3)使电子商务公司赢得经营利润,获取行业垄断的优势和资本市场的认可。

5. 基于消费者需求的新型商业模式

美国著名的 Forrester Research 机构认为:人们对科技的态度决定了网络经济的消费行为。它从消费者对科技的心态、采用科技产品的动机、购买科技产品的经济能力三个方面分析问题,提出了科技消费学,并借此将用户进行细分。一般来说,用户可以分为三个群体,即早期采用者、主流消费者和犹豫排斥者。对前两种消费者的争夺已经进入白热化阶段,而犹豫排斥者由于之前没有网络购物的体验,给他们一次美好的体验足以使他们打消疑虑,最终成为忠实用户。通过培养用户习惯从而产生竞争优势,主要的对象是犹豫排斥者。对待这类消费者主要从培养其消费理念入手。

二、电子商务商业模式应用的影响因素和问题

在企业经营过程中,还应该考虑以下因素,以发挥商业模式的作用。

第一,既然商业模式是一个有内在联系的结构,那么任何放不进这个结构里去的元素,或者去掉也不影响整个结构完整性的部分就成为多余。应该把属于这种情况的业务部门独立出去,或者干脆放弃这些业务。

第二,如果企业的运营性商业模式在管理层和员工中达成共识,那么他们很清楚是什么原因使得自己的公司跟竞争者不同,就能自觉地为公司的盈利做出更大的贡献。

第三,包罗万象、一成不变的年度商业计划在今天已经变得不现实,商业世界瞬息万变,要使员工知道他们如何跟上变化的节奏,抓住机会,策略性商业模式才能起到指导作用。

认识到电子商务商业模式是一个有机整体,在构建行业电子网站时就要统筹企业整条价值链的各个因素,而不能只强调某个方面,至少应该解决好以下几个方面的问题。

1. 买家和卖家的共同参与

高效率地搜寻产品和有竞争力的价格使买家获利,不断地获得求购和采购订单使卖家获利。电子贸易网的价值将随着买家和卖家的增加而呈指数增长。因此,此类网络公司的能力首先表现在能否把大量的买家和卖家吸引上网。

2. 增加客货流通量

仅有大量的买家和卖家是不够的,这些买家和卖家的认真参与并在网上进行实际的贸易活动,对商务网站的生存非常重要。只有这样,网上才会有大量的求购、产品、服务,才能进行拍卖和反拍卖。这样,电子商务就有了切切实实的成交次数以及数量基础,而不仅仅是一个有价无市的虚拟商店。

3. 提出总体解决方案

寻找商机和网上交易仅仅是电子贸易服务的开始或一部分,还必须在此基础上开发供应链整合技术(或商务合作)和企业资源计划(enterprise resource planning, ERP)整合技术,只有这样才能将买卖双方牢牢控制在电子交易网中,获得更大的利润。因此,在基本具备前两个要素之后,要不失时机地开发有关企业的 ERP 和供应链系统,在供应链上下游的企业上网后,迅速组织 ERP 和供应链集成队伍,开发总体解决方案。

关键词

价值链　虚拟价值链　实体价值链　商业模式　电子商务商业模式　虚拟社区　代理模式　广告模式　价值链服务提供商　电子商务盈利模式　订阅模式　商业模式创新

思考与讨论

1. 电子商务中的价值链与传统商业有何不同?
2. 电子商务商业模式可以分为哪几类? 比较不同模式的优劣。
3. 电子商务商业模式的框架结构包括哪几个部分?
4. 电子商务盈利模式包含哪几个组成部分?
5. 电子商务商业模式创新的方法和路径有哪些?
6. 企业在发展电子商务过程中应该注意哪些问题?

实践练习

1. 访问淘宝网、当当网、美团网,了解它们的商业模式和盈利模式,比较它们有什么不同之处。

2. 选一个你比较熟悉的电子商务商业模式,谈谈你的体验和感想,思考这种模式有什么可以改进和创新的地方。

第三章 电子商务法律法规

1. 掌握电子商务法的基本理论、原则和内容。
2. 能够运用电子商务法解决电子商务应用中遇到的实际问题。

案例引入

网购消费维权诉天猫卖家"假一赔万"案

廖女士在天猫商城 SOOSIM 旗舰店以 299 元的价格购买了一件标明材质为真丝的裙子,店家在宝贝页面中描述有"真丝,面料主成分含量:91%－95%"的字样,同时标明:"假一赔万"。可收到裙子后,廖女士发觉不像是真丝的,检测机构的报告证实了她的猜测,裙子真丝含量为零。廖女士和卖家联系无果,将卖家起诉到浙江省金华市婺城区人民法院,请求判决该网店返还购物款与检测费,并支付违约金 1 万元。2012 年 11 月 21 日,婺城区法院做出一审判决,支持了廖女士的诉求:一、判令被告返还廖女士购买裙子的货款 299 元;二、判令被告于判决生效后十日内支付原告廖女士违约金 10000 元;三、判令被告判决生效后十日内支付原告服装面料检测费用 200 元。法院审理认为:廖女士和被告之间的网络购物约定,实质上是双方成立的买卖合同。其中"假一赔万"系被告自愿做出的真实意思表示,并不侵害社会和他人的利益,亦不违反法律的强制性规定,故双方买卖合同成立并生效,双方的权利义务关系应受法律的保护。被告提供给廖女士的商品,经检测,真丝含量为零,并不符合合同中关于"材质系真丝,面料主成分含量:91%－95%"的约定。被告做出"假一赔万"的承诺,是对自己设定的义务,使合同相对方取得"假一赔万"的权利。根据合同法有关诚实信用原则的规定,被告应当向原告履行赔偿的义务。

资料来源:《2013—2014 年度中国电子商务法律报告》摘选

现今,人们越来越多的商务活动在网上进行,与此同时,各种网络违法案件也在不断增加,因此相关法律知识的学习是非常必要的。本章将重点介绍电子商务法及其相关法律,让大家学法、懂法,学会运用法律武器保护自己的合法权益。

第一节　电子商务法概述

一、电子商务法的调整对象、性质与特征

广义的电子商务法,包括了所有调整以数据电讯(Data Message)方式进行的商事活动的法律规范。其内容极其丰富,至少可分为调整以电子商务为交易形式的和调整以电子信息为交易内容的两大类规范。

狭义的电子商务法是指基于互联网这个平台实现商业交易电子化行为的法律。倘若从便于立法和研究的角度出发,是指调整以数据电讯为交易手段而形成的因交易形式所引起的商事关系的规范体系。

本书中主要是从狭义电子商务法的角度来论述这一问题,当提到电子商务法时,一般是指这种意义上的概念。但由于电子商务法有广义、狭义两种理解,当具体遇到电子商务法这一术语时,应注意区别其语境而理解与使用,不可一律对待。

1. 电子商务法的调整对象

电子商务交易活动中会发生各种社会关系,而这类社会关系是在广泛采用新型信息技术并将这些技术应用到商业领域后才形成的特殊的社会关系,它交叉存在于虚拟社会和实体社会之间,有别于实体社会中的各种社会关系,且完全独立于现行法律的调整范围。

2. 电子商务法的性质

电子商务法调整的对象是一种私法上的关系。从总体上说应属于私法范畴。①作为电子商务法对象的自然人、法人或者其他组织,都是私法的主体。②电子商务法调整的电子商务法律关系是发生在商事活动中的个人之间的关系。电子商务法所调整的电子商务法律关系实质上是发生在电子商务活动中的平等主体之间的财产关系,即私法调整对象的必要组成部分。③电子商务法规定的权利是主体从事电子商务活动的权利。确保主体的权利实现,是电子商务法作为私法的任务。电子商务法是一个非常庞大的法律体系,涉及诸多领域,既包括传统的民法领域,又有新的领域,如电子签名法、电子认证法等。这些法律规范以私法规范为基础,同时有诸多公法规范。所以,电子商务法是一个渗透着公法因素的私法领域。

3. 电子商务法的特征

(1)商法性。商法是规范商事主体和商事行为的法律规范。电子商务法规范主要属于行为法,如数据电文制度、电子签名及其认证制度、电子合同制度、电子信息交易制度、电子支付制度等。但是,电子商务法也含有组织法的内容,如认证机构的设立条件、管理责任等,

所以也具有组织法的特点。

（2）技术性。在电子商务法中，许多法律规范都是直接或间接地由技术规范演变而成的。例如，一些国家将运用公开密钥体系生成的数字签名，规定为安全的电子签名，这样就将有关公开密钥的技术规范，转化成了法律要求，对当事人之间的交易形式和权利义务的行使，都有极其重要的影响。另外，关于网络协议的技术标准，当事人如果不遵守，就不可能在开放环境下进行电子商务交易。

（3）开放和兼容性。所谓开放性，是指电子商务法要对世界各地区、各种技术网络开放；所谓兼容性，是指电子商务法应适应多种技术手段、多种传输媒介的对接与融合。只有坚持了这项原则，才能实现世界网络信息资源的共享，保证各种先进技术在电子商务中的及时应用。

（4）国际性。电子商务固有的开放性、跨国性，要求全球范围内的电子商务规则应该是协调和基本一致的。电子商务法应当而且可以通过多国的共同努力予以发展。研究有关国家和国际组织的电子商务法规，可以发现其原则和规则包括建立的相关制度，在很大程度上是协调一致的。联合国国际贸易法委员会的《电子商务示范法》为这种协调性奠定了基础。

二、电子商务法的基本原则

1. 中立原则

电子商务法的基本目标，归结起来就是要在电子商务活动中建立公平的交易规则，这是商法的交易安全原则在电子商务法上的必然反映。

（1）技术中立。电子商务法对传统的口令法及非对称性公开密钥法、生物鉴别法等认证方法，都不可厚此薄彼，产生任何歧视性要求。当然，该原则在具体实施时会遇到许多困难。而克服这些具体困难的过程，也就是技术中立原则实现的过程。

（2）媒介中立。媒介中立，是中立原则在各种通信媒体上的具体表现。技术中立侧重于信息的控制和利用手段，媒介中立则着重于信息依赖的载体。而电子商务法应以中立的原则来对待这些媒介体，允许各种媒介根据技术和市场的发展规律而相互融合，互相促进。

（3）实施中立。实施中立，是指在电子商务法与其他相关法律的实施上，不可偏废；在本国电子商务活动与跨国际性电子商务活动的法律待遇上，应一视同仁。特别是不能将传统书面环境下的法律规范（如书面、签名、原件等法律要求）的效力，放置于电子商务法之上，而应中立对待，根据具体环境特征的需求，来决定法律的实施。

2. 自治原则

允许当事人以协议方式订立其间的交易规则，是交易法的基本属性。因而，在电子商务法的立法与司法过程中，都要以自治原则为指导，为当事人全面表达与实现自己的意愿预留充分的空间，并提供确实的保障。

3. 安全原则

保障电子商务的安全进行，既是电子商务法的重要任务，又是其基本原则之一。电子商务作为一种高效、快捷的交易工具,必须以安全为前提,它不仅需要技术上的安全措施,同时,也离不开法律上的安全规范。电子商务法通过对数据电讯效力的承认,以消除电子商务运行方式的法律上的不确定性,以至于根据电子商务活动中现代电子技术方案应用的成熟经验,从而建立起的反映其特点的操作性规范,都贯穿了安全原则和理念。

第二节　电子商务基本法律制度

一、电子商务交易的法律问题

电子商务,作为一种全新的业务和服务方式,正在为全球客户提供更丰富的商务信息、更简捷的交易程序和更低廉的交易成本。电子商务代表着未来贸易方式的发展方向,其应用推广将给每个参与者带来更多的贸易机会。伴随着互联网用户的迅速增加,电子商务交易额也在急剧上升,对此我们必须对其中的法律问题予以高度的重视。

1. 电子商务参与各方的法律关系

电子商务是在一个虚拟空间上进行交易的。在电子商务的交易过程中,买卖双方之间,买卖双方与银行之间,买卖双方、银行与认证机构之间都将彼此发生业务联系,从而产生相应的法律关系。在电子商务条件下,卖方应当承担三项义务:按照合同的规定提交标的物及单据;对标的物的权利承担担保义务;对标的物的质量承担担保义务。买方同样应当承担三项义务:按照电子商务交易规定方式支付价款的义务;按照合同规定的时间、地点和方式接受标的物的义务;对标的物验收的义务。在电子商务中,银行也变为虚拟银行。认证机构(CA)扮演着一个监督管理买卖双方签约、履约的角色,买卖双方有义务接受认证中心的监督管理。在整个电子商务交易过程中,包括在电子支付过程中,认证机构都有不可替代的地位和作用。在电子商务交易的撮合过程中,认证机构是提供身份验证的第三方机构,它不仅要对进行电子商务交易的买卖双方负责,还要对整个电子商务的交易秩序负责。

2. 电子商务交易合同的法律问题

合同,亦称契约。根据新的《中华人民共和国合同法》第二条规定:"合同是平等主体的公民、法人、其他组织之间设立、变更、终止债权债务关系的协议。"合同反映了双方或多方意思表示一致的法律行为。在电子商务中,合同的意义和作用没有发生改变,但其形式发生了极大的变化。

(1)订立合同的双方或多方大多是互不见面的。所有的买方和卖方都在虚拟市场上运作,其信用依靠密码的辨认或认证机构的认证。

(2)电子商务中标的额较小、关系简单的交易没有具体的合同形式,表现为直接通过网络订购、付款,如利用网络直接购买软件。但这种形式没有发票,电子发票目前还只是理论上的设想。

（3）表示合同生效的传统签字盖章方式被数字签名所代替。

（4）传统合同的生效地点一般为合同成立的地点，而采用数据电文形式订立的合同，收件人的主营业地为合同成立的地点；没有主营业地的，其经常居住地为合同成立的地点。

在电子交易过程中，合同表现形式大都为信息和数据，电子数据的合同将信息或数据记录在计算机中，或记录在光盘、移动硬盘等中介载体中，因此具有以下几个特点。

（1）电子数据的易消失性。电子数据以计算机储存为条件，是无形物，一旦操作不当就可能抹掉所有数据。

（2）电子数据作为证据的局限性。传统的书面合同只是受到当事人保护程度和自然侵蚀的限制；而电子数据不仅可能受到物理灾难的威胁，而且还有可能受到计算机病毒等计算机特有的无形灾难的攻击。

（3）电子数据的易改动性。传统的书面合同是纸质的，如有改动，容易留下痕迹；而电子数据是以键盘输入的，用磁性介质保存的，改动、伪造后可以不留痕迹。

3. 电子支付中的法律问题

电子支付中的信息安全与一般情况下所说的信息安全有一定的区别。它除了具有一般信息的含义外，还具有金融业和商业信息的特征。我国目前在有关电子支付法律的制定方面才刚刚起步，大量的法律新问题需要研究。

（1）电子支付的定义和特征。电子支付是通过网络而实施的一种支付行为，与传统的支付方式类似，它也要引起涉及资金转移方面的法律关系的发生、变更和消灭。

（2）电子支付权利。电子支付的当事人包括付款人、收款人和银行，有时还存在中介机构。各当事人在支付活动中的地位问题必须明确，进而确定各当事人的权利的取得和消灭。涉及这方面的问题相当复杂。

（3）涉及电子支付的伪造、变造、更改与涂销问题。在电子支付活动中，由于网络黑客的猖獗破坏，支付数据的伪造、变造、更改与涂销问题越来越突出，对社会的影响也越来越大。

（4）刑事侦查技术的发展问题。由于计算机技术的飞速发展，新的电子支付方式层出不穷。每一种方式都有自己的技术特点，都会产生新的法律纠纷，这些纠纷出现以后，调查、认定是一个非常复杂的刑事侦查技术问题。在信息化时代，传统的实物证据逐渐被虚拟证据所代替。

4. 电子商务交易安全的法律保障

电子商务交易安全的法律保障问题，涉及两个基本方面：第一，电子商务交易首先是一种商品交易，其安全问题应当通过民商法加以保护；第二，电子商务交易是通过计算机及其网络而实现的，其安全与否依赖于计算机及其网络自身的安全程度。我国现行的涉及交易安全的法律法规主要有以下四类。

（1）综合性法律。主要是《中华人民共和国民法通则》和《中华人民共和国刑法》中有关保护交易安全的条文。

（2）规范交易主体的有关法律。如《中华人民共和国公司法》《中华人民共和国合伙企业法》《中华人民共和国外资企业法》等。

（3）规范交易行为的有关法律。包括《中华人民共和国经济合同法》《中华人民共和国产品质量法》《中华人民共和国保险法》《中华人民共和国价格法》《中华人民共和国消费者权益保护法》《中华人民共和国广告法》《中华人民共和国反不正当竞争法》等。

（4）监督交易行为的有关法律。如《中华人民共和国会计法》《中华人民共和国审计法》《中华人民共和国票据法》《中华人民共和国商业银行法》等。

在我国专门电子商务法律尚不十分健全的现状下，充分利用已有的行政法规保护电子商务的正常进行是非常重要的。通过严格管理，提高全社会对计算机信息网络国际联网安全保护管理工作重要性的认识，自觉依法守法，服从管理，使计算机信息网络国际联网的安全保护得到充分保证。

二、电子商务中信息资源的法律问题

电子商务是利用网络信息技术来开展的全新商务形式，而规范有序的网络信息服务是开展电子商务的前提条件，也是支持电子商务顺利开展的基础。网站是提供信息的平台，从某种意义上来说，任何一个网站都有提供信息服务的能力，并且网站也都在从事信息服务，但是要使所有的网站发布、传输的信息不违反国家的法律，就需要对所发的信息进行规范，信息规范首先要对接入互联网的提供商进行资格审查，确认他们的身份合法性和提供服务的合法性，因此我国的信息产业部和中国互联网络信息中心先后出台了相应的法规来进行管理规范。同时，在提供网络服务时，网络服务提供商面临着对所有提供的信息承担监控义务和协助调查义务及相应的法律责任问题。

三、电子商务身份认证相关的法律问题

随着网上银行、网上商城的蓬勃发展，网上交易及网上支付行为的身份真实性问题日益突出，相关的法律问题已经成为人们关注的焦点。认证机构提供电子商务交易各方主体身份认证的服务，因此认证机构涉及一系列法律问题。

1. 认证机构的法律地位问题

认证机构为参与电子交易的各方提供网上身份认证、数字证书签发与管理等服务的第三方机构。即认证机构负责在虚拟网络世界提供验证交易双方及多方的真实身份，证明电子商务交易过程及信息的真实性，保证交易的不可抵赖性。又由于证书签发和认证是有偿服务，因此认证机构也被认为是盈利机构。电子交易过程中，交易的真实性和不可抵赖性通过认证机构对数字签名的正确性认定，认证机构事实上已经参与到交易过程中，而且是交易过程很重要的环节，认证机构因此负有对相关信息进行保密存档的责任。

2. 认证机构和证书用户之间的关系问题

根据证书签发者在电子商务交易中的角色，认证机构可以分为两类：一类是与交易完全

无关的第三方;另一类是服务主体为方便其既有客户群体开展网上商务活动而建设的认证机构。对于第一种情况,认证机构提供足以跟踪交易过程的电子审计记录并在其中保持中立,成为整个认证机制的关键。而对后一种情形,如果客户使用数字签名进行网上支付,网上支付纠纷也就是商业银行和其客户之间的纠纷;客户资金如果被冒名支付,既可能是客户对证书保管不妥,也可能是因为银行对数字证书的泄密或者客户资金因为其他原因被侵害。

3. 电子商务认证机构(Certification Authority,CA)和数字证书注册中心(Registration Authority,RA)之间的关系问题

部分认证机构出于验证客户身份、联系证书客户的需要,将整个认证体系设计成两大部分:CA 部分负责证书的制作和管理,RA 部分负责验证客户所提供信息的真实性,两部分通过安全数据通信渠道连接。例如,在中国金融认证中心(China Financial Certification Authority,CFCA),各签约商业银行承担着 RA 的职责,而 CFCA 主要负责证书的制作和管理。

4. CA 和 CA 之间的关系

就像现实生活中信任链的传递一样,互联网上的信任关系可以通过 CA 之间相互认证实现,进而形成涵盖全社会的公钥基础设施 PKI。整个 PKI 系统的安全性和每个 CA 系统息息相关,个别 CA 系统在客户身份认证中的失误都可能通过 CA 系统的相互认证而蔓延到整个 PKI 系统(图 3-1);个别 CA 系统遭受侵害就意味着整个系统出现漏洞,从而导致其他 CA 系统在认证过程中的失职行为;CA 系统之间的相互认证不再只是某两个系统之间的个人行为,而会给整个 PKI 体系带来影响。

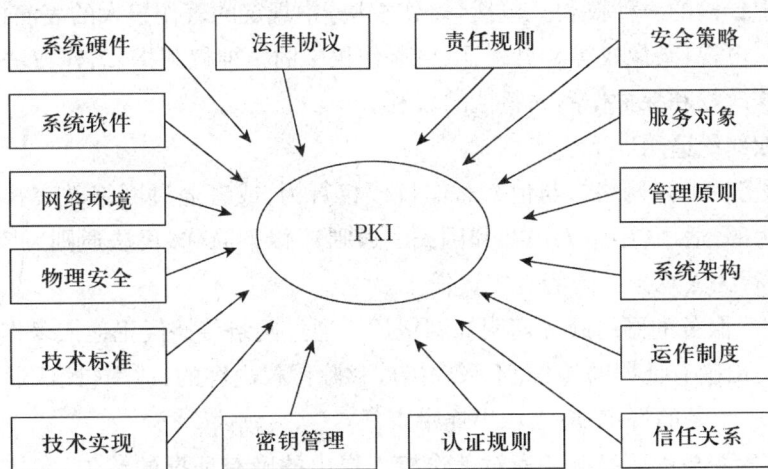

图 3-1　完整的 PKI/CA 体系结构

拓展阅读

PKI

PKI 即公开密钥基础设施(public key infrastructure),是一种以公钥加密技术为基础技术手段实现安全性的技术。PKI 由认证机构、证书库、密钥生成和管理系统、证书管理系统、

PKI 应用接口系统等基本成分组成。

网络虚拟环境下电子商务相关各方的关系是电子商务立法的基础;电子签名技术的实现依赖于相关基础设施的建设,电子签名立法因此应该以规范认证机构和公钥基础设施建设为前提;为了推动电子商务的广泛开展,在立法上应该对中介机构提出明确要求,以便保持与现有法律的衔接。

四、电子商务知识产权和网络广告相关的法律问题

(一)电子商务知识产权相关法律

作为革命性的国际贸易新形式,全球电子商务的兴起,使现行知识产权国际保护制度面临新的更加复杂的挑战。现今涉及的主要是网络著作权和域名的法律问题。

1. 网络著作权相关法律问题

《中华人民共和国著作权法》(以下简称《著作权法》)所称作品是指"文学、艺术和科学领域内,具有独创性并能以某种有形形式复制的智力创作成果",其实质要件是"独创性"和"可复制性"。我国现行的著作权法未明确地将保护范围扩展到数字作品及互联网领域,网络著作权中的经济权利主要包括三种。第一,复制权。即在网络上以特有的方式(如被网上用户访问或下载)将作品制作一份或多份的权利。第二,发行权。即在互联网上通过出售、出租等方式向公众提供一定数量的作品复制件的权利。第三,传播权。即著作权人控制其作品在互联网上传输的一种权利。包括《著作权法》中规定的著作权人的表演权、播放权、展览权,摄制电影、电视、录像权等。另外,网络著作权中的精神权利指《著作权法》中所称的发表权、署名权、修改权和保护作品完整性的权利。

网络著作权纠纷适用以下法律。

(1)网络服务商通过网络参与他人著作权侵权行为,或者通过网络教唆、帮助他人实施著作权侵权行为的,适用《中华人民共和国民法通则》(以下简称《民法通则》)第一百三十条的规定,应当与行为人承担共同的侵权责任。

(2)提供内容服务的网络服务商明知网络用户通过网络传播侵犯他人著作权的信息,或者经著作权人提出确有证据的警告,不采取措施移除侵权内容的,适用《民法通则》第一百一十八条、第一百三十条的规定,应当承担连带责任。

(3)提供内容服务的网络服务商对著作权人提出的确有证据的警告,在技术可能、经济许可的范围内拒绝提供侵权人的通信资料的,适用《民法通则》第一百零六条的规定,应当承担相应的侵权责任。

著作权人发现网络上侵权信息向网络服务商提出警告时,应当出示其身份证明、著作权权属证明及侵权情况证明等,不能出示上述证明又无正当理由的,视为未提出警告。

网络服务商经著作权人提出确有证据的警告而采取移除等措施的,不应为此向网络用户承担违约责任;网络用户因网络服务商采取措施而遭受损失的,由提出警告的著作权人承

担责任。

::::: 拓展阅读

《民法通则》的有关规定

《民法通则》第一百零六条规定:"公民、法人违反合同或者不履行其他义务的,应当承担民事责任。公民、法人由于过错侵害国家的、集体的财产,侵害他人财产、人身的,应当承担民事责任。没有过错,但法律规定应当承担民事责任的,应当承担民事责任。"

《民法通则》第一百一十八条规定:"公民、法人的著作权(版权)、专利权、商标专用权、发现权、发明权和其他科技成果权受到剽窃、篡改、假冒等侵害的,有权要求停止侵害,消除影响,赔偿损失。"

《民法通则》第一百三十条规定:"二人以上共同侵权造成他人损害的,应当承担连带责任。"

2. 域名相关法律问题

域名作为一种字符的创意和构思组合,具有以下法律特征:第一,标识性。在互联网上不同的组织和机构是以不同的域名来标识自身并相互区别的。第二,唯一性。域名虽然可以极度相似,但每一个域名在全球范围内都是独一无二的,这是域名标识性的保障。第三,排他性。互联网适用范围的广泛性决定了域名必须具有绝对的排他性。

网络域名争议主要包括:第一类,企业的名称被他人以相同或者近似的名称抢先注册域名,因而发生的域名归属纠纷。第二类,专门注册他人公司的名称、商标为域名,并以此牟利的单位或个人的行为引发的域名纠纷。域名的"恶意抢注"是常发的域名争议种类。"恶意抢注"是指明知或应知他人的商标、商号及姓名等具有较高的知名度和影响力而进行抢注的行为。

目前,我国调整网络纠纷的法律法规主要是《中国互联网络域名管理办法》及《中国互联网信息中心域名争议解决办法》。最高人民法院《关于审理涉及计算机网络域名民事纠纷案件适用法律若干问题的解释》第五条规定:"被告的行为被证明具有下列情形之一的,人民法院应认定其具有恶意:①为商业目的将他人驰名商标注册为域名的;②为商业目的的注册、使用与原告的注册商标、域名等相同或近似的域名,故意造成与原告提供的产品、服务或者原告网站的混淆,误导网络用户访问其网站或其他在线站点的;③曾要约高价出售、出租或者以其他方式转让该域名以获取不正当利益的;④注册域名后,自己并不使用也未准备使用,而有意阻止权利人注册该域名的;⑤具有其他恶意情形的。"

3. 电子交易中的知识产权问题

淘宝网现已成为中国消费者的主要网络消费场所,但是由此带来的售假和侵犯知识产权的问题,让消费者和淘宝平台都受到了很大的影响,为此淘宝网长期不遗余力开展打假行动。2012年12月14日,淘宝网的行为获得了美国贸易代表办公室的高度认可,在《特别

301 报告》名单中被移除。美国贸易代表办公室在报告中称:"淘宝网已经从 2012 年的名单中删除,因为该公司过去一年间非常努力,与版权所有者或行业组织展开了直接、彻底的合作,对其网站上的假货展开清理。"

2012 年 12 月 20 日,淘宝网曝光台全新改版上线,该平台不仅会定期公布淘宝网抽检假货和不合格商品的店铺名单,同时,消费者可以通过曝光台这一入口检测与自己交易相关的假冒或不合格商品,卖家也可以对自己的违规商品进行自查。

2013 年 1 月 16 日,淘宝网对外公布 2012 年全年打假数据。数据显示,2012 年,淘宝网共处理侵权商品信息 8 700 万条,处罚会员 95 万余人次。

2013 年,淘宝网对于因为售假严重违规扣分达 24 分的会员,将不再对此项扣分进行年度清零,24 分的分值会累计带入 2014 年。延长售假用户的处罚时限,意味着淘宝网将对出售假货的行为给予更严格的处理,有序规范市场。

2013 年 1 月 1 日起,淘宝网开展涉嫌假冒伪劣和侵犯知识产权商品的专项行动,涉及图书、音像、电器、化妆品、服饰、鞋类、手表、母婴用品等主要类目,淘宝网将对这些类目下涉嫌售假的网店进行专项清查整顿。在正式对涉嫌售假店铺处理前,淘宝将对判定为涉嫌售假店铺发出通知告知,给予 7 天提醒期,卖家可以在宝贝体检中心查询相关信息,自行整顿店铺,删除涉嫌售假的商品。逾期未对店铺进行整改或整改后再次被排查判定为涉嫌售假的店铺,淘宝网将会按照淘宝规则,对店铺执行违规处理。

(二)网络广告相关的法律问题

所谓网络广告,是指在互联网站点上发布的以数字代码为载体的各种经营性广告。它既不同于平面媒体广告,也不同于电视等电子媒体广告,它具有与传统广告截然不同的特点:①利用数字技术制作和表示;②可链接性,虽然有时链接者的本意并非宣传广告,但只要被链接的主页被网络使用者点击,就必然会看到广告;③强制性,只要你注册有电子邮箱,不管你愿意不愿意,网络广告就会通过你的电子邮箱发送给你。网络广告的上述特点,对广告的法律调整与规范提出了新的课题,以寻求适当的法律对策。

电子商务属于盈利性的商事行为,与之关联的网络广告当然具有经营性广告的性质,这是不言而喻的。在电子商务快速发展的今天,如何对网络广告进行法律规制,涉及一系列的法律与管理上的问题。美国、日本为了推动电子商务的发展,对在线交易实行全面免税。网络广告的管理也采用比较宽松的模式,即除非某种重大的不正当竞争和恶意广告,政府对网络广告是网开一面。网络具有与传统媒体迥然不同的开放、互动的结构,因此,不可能采用传统媒体的办法来规制广告,而应当采用一种比较缓和的规制办法。具体方式是:一是政府管理与互联网服务提供商(Internet service provider,ISP)、互联网内容提供商(Internet content provider,ICP)自律相结合,ISP、ICP 是网络运作与管理的重要环节,离开了 ISP、ICP,政府就无法对网络实施有效的管理。这里所说的 ISP、ICP 的自律包含两层含义:一是 ISP、ICP 自身必须遵守广告法和相关法规,抵制不正当竞争和虚假、欺骗广告;二是 ISP、ICP 应当在经营的范围内,规制所托管的主页,一旦发现恶意广告行为时,要尽管理人之法律责任。二是法律与业界规章相结合,对电子商务而言,需要对商业网站的规制、对个人主页的管理都必须有一个可行的规章。ISP、ICP 在用户电子邮件地址的管理上,负有特殊的责任,也应当研究相关的规章。

五、电子商务金融法律

随着电子商务飞速发展,催生出一种以电子数据形式通过互联网来办理银行业务的特有方式即网上银行或称网络银行。通俗地讲,网上银行是网络上开放的虚拟银行柜台。网上银行的发展,不仅提升了银行形象,树立了银行品牌,其具有传统商业银行运行方式难以比拟的优势,主要表现在:第一,无须分支机构,触角伸向全世界。第二,成本低,效益高。网络银行可雇用极少的职员,从而大大降低经营管理费用。第三,突破地域与时间的限制,具有实时优势。网上银行是"三 A"银行,能在任何时间(Anytime)以任何地点(Anywhere)、任何方式(Anyhow)提供服务,实现了金融服务的虚拟化和全天候。但在网上银行迅速发展的同时,人们也意识到相关法律的滞后严重影响了网上银行的发展。

随着网上银行业务的发展,国内有关规范网上银行服务的法律制度正逐步健全,相关规范网上银行业务的法律、法规也在逐步完善。中国已有的法律、法规从各个角度对网上银行作了较为全面的规定,为网上银行业务的开展提供了较为充分的法律依据和法律保障。目前我国网上银行业务的基础还相当薄弱,在此背景下,这一新生事物在发展过程中不可避免地暴露了诸多问题,其中有相当多的法律问题是不容回避且又亟须解决的。

1. 网上银行准入方面的法律问题

网络银行以电子货币取代现金,通过信息网络完成银行业务,因此对网络银行市场准入的相关法律要求与传统商业银行有所区别,甚至更高。严格的市场准入监管法律制度能够保证进入网络银行业务的主体具有为客户提供足够安全服务的能力,而过于严格则可能导致进入网络银行业务的市场主体不够宽泛,网络银行的发展空间受到制约。在网络银行的开业登记监管方面,我国实行的是标准制;在业务范围的监管方面,我国采取的是不完全的混业制。网络银行除了可以从事银行业务以外,还可以从事与保险、证券等直接相关的业务。这是一种较为严格的市场准入制度。它会提高市场的准入成本,使得已设立的网络银行可能利用先发优势形成市场垄断,影响业务的创新与技术进步,最终降低银行业的整体竞争力。

2. 金融网络犯罪

目前,人们通过网络接受服务最为担心的就是网络的安全问题,网上银行同样面临着这样的问题。由于网络安全问题始终未能得到很好的解决,利用互联网犯罪的案例日益增多。经营网上银行业务的银行由于其营业内容的特殊性,更有可能成为网络犯罪分子的攻击目标。为了防范和制止网络犯罪,银行除了应做好事先的预防措施外,对于已经造成危害的网络犯罪,可以依法追究犯罪人的刑事责任。《中华人民共和国刑法》中已有针对计算机犯罪的条款,如"非法侵入计算机系统罪""破坏计算机信息系统罪",而且还专门规定了"利用计算机实施金融诈骗、盗窃、贪污、挪用公款、窃取国家秘密或者其他犯罪"等罪行。

3. 不可抗力

网上银行服务协议中都约定：遇到不可抗力时，银行如没有执行客户的指令，可以不承担任何责任。这样约定的目的显然是为了保护银行的利益。从法律角度出发，这样的条款是存在着瑕疵的。因为根据《中华人民共和国合同法》（以下简称《合同法》）规定，因不可抗力不能履行合同的，根据不可抗力的影响，部分或者全部免除责任。由此可见，在发生不可抗力的情况下，不能履约的一方并不一定能够全部免除履约责任，需要根据不可抗力的实际影响，在受影响的实际范围内方可免除责任。另外，如果服务协议里不约定什么是"不可抗力"，则只能适用《合同法》中关于不可抗力的定义。在传统的交易合同中，不可抗力一般指自然灾害、战争、政府禁止行为的发生。但是，在网上银行业务这样的新型服务模式中，出现了许多新的情况。

如银行计算机系统遭到网络黑客的袭击，致使银行无法完成客户的指令时，是否可以视作不可抗力。在这种情况下，如果银行方面能够证明在自身系统方面采取了应尽的防范义务，仍然被网络黑客袭击，是可以视为发生了不可抗力；否则，应由银行承担责任，再由银行与网络供应商根据相互间协议分担责任。这样不仅有利于网络银行业务的扩展，而且可以鼓励网络技术的发展。

综上所述，网上银行是银行业发展历程中的新事物，代表了银行业的发展方向，网上银行的蓬勃发展，亟须相关法律的跟进。在保证自身利益不受侵犯的前提下，有必要广泛汲取各国相关立法经验与教训，加强国际立法的合作，从而制定出适应我国国情的有关网上银行的法律。

第三节 电子商务相关法律制度

一、电子商务税收法律

到目前为止还没有哪个国家的现行税制能够对电子商务征税，网络交易的虚拟化、非中介化和无国界化的特点使得传统税收理论中的一些基本概念难以界定，有些还应该赋予新的内涵。

（一）电子商务税收出现的问题

1. 交易主体身份难以确定

目前，上网建立主页进行销售和交易，没有置于法制管理之下，任何人都可以成为交易主体。卖方在网上交易仅以网址存在，其真实名称、地址在网上并不明显出现，或者此网上的经营活动没有进行税务登记。任一主体只要拥有一部电话、一台计算机、一个调制解调器就可以随意隐姓埋名不断改变经营地点,将经营活动从一个高税率地区转移至低税率地区,这就为认定纳税人的身份提出了一个不容回避的立法难题。

2."常设机构"概念的争议

传统的税收是以常设机构,即一个企业进行全部或部分经营活动的固定经营场所,来确定经营所得来源地。在联合国和经合组织(OECD)分别发布的《UN协定范本》及《OECD协定范本》中都确立了"常设机构"原则,根据两个范本第五条第一款之规定,构成"常设机构"的营业场所应具备的本质特征包括:有一个受企业支配的营业场所或设施存在,这种场所或设施应具有固定性;企业通过这种固定场所从事营业性质的活动。然而电子商务却打破了通过固定场所进行营业和销售的模式。其不仅使企业的运作场所变得虚拟化,而且交易的过程也转变为无纸化的电子交易,严格依赖地缘属性才成立的"常设机构"已受到了严峻的挑战。此外,对于非居民的跨国独立劳务所得征税的"固定基地原则"与"常设机构"十分相似,同样也受到了电子商务的严重冲击。

3. 关于收入所得性质

电子商务改变了产品的固有存在形式,使课税对象的性质变得模糊不清,税务机关在对某一课税对象征税时,会因为不知其适用哪种税种而无从下手。在网上交易中,交易对象都被转化为"数字化资讯",因为许多产品或劳务是以数字化形式通过电子传递来实现转化的。在跨国电子商务中,这就使销售利润、劳务报酬和特许权使用费的区别难以确定,特别是对于客户购买的是数字化的产品或网络服务(如软件、电子书籍与报纸杂志、电子音像制品、远程教育、网上寻呼咨询等)。网络服务还能确定其收入所得性质,但数字化产品的销售所得性质仍模糊不清,最为典型的是计算机软件交易。从传统经济理论的观点来看,它是货物销售;但从知识产权法的角度来看,软件销售一直被认定为一种特许权使用的提供。根据国际税法的通行法则,课税对象性质的不同会导致税率税种及征税权的不同。对收入所得性质的定性差异必然引起征税适用的混乱。

4. 关于征管方式

在互联网电子商务中的账簿和凭证是以网上数字信息存在的,而且这种网上凭据的数字化具有随时被修改而不留痕迹的可能,这将使税收征管失去了可靠的审计基础。由于网上交易的电子化,电子货币、电子发票、网上银行开始取代传统的货币银行、信用卡,现行的税款征收方式与网上交易明显脱节。现行税收征管方式的不适用将导致电子商务征税方面法律责任上空白地带的产生,对电子商务的征税法律责任也将无从谈起。其次,由于厂商和客户进行直接贸易,省略了商业中间环节机构,使商业中介扣缴税款的作用被严重削弱,因而税务机关更加难以开展征管。可见,电子商务实行无纸化操作,各种销售依据都是以电子形式存在,税收征管监控失去了最直接的实物对象;同时,电子商务的快捷性、直接性、隐匿性、保密性等,不仅使得税收扣缴的控管手段失灵,而且客观上促成了纳税人不遵守税法的随意性。另外税收领域的现代化征管技术的严重滞后,都使依法治税变得苍白无力。

5. 电子商务引发的税收管辖权矛盾

一个国家对国外销售商在互联网上销售的商品或服务按什么原则征税的问题,其最终可归属于该国行使什么样的税收管辖权问题。目前,世界各国实行不同的税收管辖权。但总体来看,都是坚持来源地税收管辖权优先的原则。国家电子商务出现以后,各国对所得来源地的判定发生了争议,这给行使来源地税收管辖权带来了一定的困难。进一步加剧了国与国之间税收管辖权的潜在冲突,并为一些跨国集团的避税、逃税提供了方便。所有这些因素都导致各国税收管辖权的混乱,如果不积极采取协调措施,各国对电子商务收益的争夺将日趋激烈,各国税收管辖权的矛盾冲突也将随之加剧;同时,由于电子商务不存在国界,其各种商务活动都是在加密的条件下进行的,并且是用电子货币支付,这将使避税方式得以翻新。

(二)电子商务税收法律问题解决途径

1. 构建和完善电子商务税收法律制度的基本框架

由于电子商务在目前还是一个朝阳产业,其许多领域还有待开拓,又由于电子商务主要是对税法公平原则和税法构成要素造成了冲击,使电子商务领域出现了税法的真空和不确定性。因此从维护公平原则、维护现行税收法律制度的有效性和解决电子商务税收问题出发,应对电子商务单独立法开征新税,通过立法来确立电子商务税收法律框架,以指导对现行税法的修改和完善,使现行税法能够适用于电子商务领域,从而解决对电子商务的征税问题。完善税收法律制度的重点应围绕当前电子商务运行过程中亟须解决的问题展开,解决诸如税收征管管辖问题、健全税制管理机构的功能、电子化单据的安全问题、防范偷漏税问题、电子商务税收的规范问题等。一方面,应借鉴发达国家关于电子商务税务法律制度的立法经验,遵循国际惯例与 WTO 规则接轨;另一方面,必须立足于我国的基本国情,充分应用新的科技手段,使电子商务税务法律制度体现出中国特色。

2. 加强国际税收合作、完善国际税收协定

在加强对电子商务税收征相关法律问题研究的基础上,我国政府应积极参与有关国际组织目前正在进行的研究拟订电子商务国际税收规则的工作,在有关税收协定中对常设机构、固定基地的概念内涵进行解释,在跨国电子商业交易所得的征税权分配问题上,坚持反映处于电子商务进口国地位的广大发展中国家的利益和意愿,努力争取形成有利于维护发展中国家税收权益的电子商务国际税收新规则。

综上所述,解决电子商务税收法律问题的关键是从我国的基本国情出发,构建并修改完善现行法律基础,加强国际交流与合作,从而形成既有中国特色又体现 WTO 规则的税务法律体系。

二、电子商务消费者权益和个人隐私权的法律

由于电子商务所具有的特殊性,给消费者权益的法律保护带来了许多前所未有的新

问题。

1. 电子商务消费者权益

纵观我国现有的法律法规,对电子商务中消费者权益的法律保护散见于《民法通则》《合同法》《中华人民共和国消费者权益保护法》《中华人民共和国产品质量法》《计算机信息网络国际联网安全保护管理办法》等法律法规之中,而且内容简单、散乱,缺陷较多,可操作性不强,远远不能适应电子商务迅速发展所要求的保护消费者权益的迫切需要。目前,网上消费者权益的保护在我国还是一个"盲点"。因此,加强对电子商务中消费者权益保护的法律研究和立法,已经迫在眉睫。

结合国内外的实践,电子商务对消费者的权益所构成的威胁或潜在威胁主要有以下几个方面。

(1)由于电子商务具有虚拟性和开放性,使得网上产品或广告信息的真实性、有效性难以得到保障,滋生了网上欺诈行为,同时消费者的信赖不实或无效信息也容易产生交易纠纷。特别是在我国商业信用度不高的情况下,网上商品的品质良莠不齐,难以让消费者信赖,加之一旦出现了质量问题,修理、退货、索赔或其他方式的救济很困难,这些都成为制约电子商务发展的因素。

(2)互联网具有强大的信息整理与分析能力,这就为人们获取、传递、复制信息提供了方便,在线消费者的个人信息随时都存在被非法收集或扩散的危险,从而对传统的隐私价值产生了潜在的威胁。

(3)由于电子商务的跨国界性,一些在传统的交易活动中并不常见的问题,却在电子商务条件下变得越来越突出。主要包括两个问题:一方面,经营者在开展电子商务活动时,可能受到多个国家法律的管辖,而世界各国对经营活动的法律规定差别很大,当出现了这种情况时应如何解决;另一方面,消费者进行在线消费时,可能丧失本国消费者保护法的保护,由于缺乏有效的国际性执行措施,若销售者所在地政府不能有效地执行其本国的消费者保护法,消费者所在国几乎没有任何有效的救济措施。

电子商务中出现的以上问题在我国已经发生或将要发生,诸如网上诈骗、知情权受限、售后服务没有保障等问题已摆在广大消费者面前了,加之原有的法律保护已显乏力,这就对消费者权益保护提出了新挑战,需要尽快寻求对策予以解决。

2. 消费者网络隐私

隐私,亦称个人生活秘密,是指公民个人生活中不愿公开或为他人知悉的秘密,如个人日记、个人私生活和财产状况等。隐私权是指自然人享有的对其与社会公共利益无关的个人信息、私人活动和私有领域进行支配的一种人格权。在传统的消费关系中,商家一般很少询问消费者的姓名、年龄、地址和收入等,故而消费者隐私的保护不属于消费者权益保护的范畴。由于电子商务的特殊性,网上侵权行为类型复杂、隐蔽性强、监管难度大,这就给消费者权益的保护带来了诸多前所未有的新问题。其中,消费者隐私权的保护就是较为突出的一项。电子商务与传统商务不同,电子商务经营者在交易过程中往往要求交易对方提供很多个人信息,同时也可以利用技术方法获得更多他人的个人信息。对于消费者所提供的这些个人信息,不少网站并没有像事先承诺的那样采取保密措施;有的网站为了扩大销售额,利用消费者的个人信息建立了数据库,并不停地"轰炸"消费者的邮箱;有的甚至将这些信息卖给其他网站以谋取经济利益。此外,有的网站还制定了专门的隐私权条款,并在其中以某些条款单方面免除了自己侵害消费者隐私权时所应承担的法律责任,或以格式条款的形式强制消费者授权其对个人信息的收集、使用的权利,以免除自己侵犯消费者隐私权时所应承担的法律责任,当然这些条款均构成了对消费者隐私权的侵犯,所以应当是无效的。

拓展阅读

支付宝信息泄露案

2013 年 3 月 27 日,有网友在微博上曝出,使用谷歌搜索输入"site:shenghuo. alipay. com 转账付款"即可看到各种转账信息,包括转账付款人姓名、账户信息、付款金额、付款账户、付款说明等,数量超过 2000 条。很多网友担心自己的信息和资金安全,表示"再也不通过支付宝转账了"。27 日晚间,有大量媒体披露称:谷歌、360 搜索等搜索引擎中可以找出大量的支付宝交易记录,至 28 日零点,360 等搜索引擎已经无法搜索到相关结果。

3. 电子商务消费者权益和网络隐私保护

在这里,通过借鉴国外在电子商务立法特别是网上消费者权益保护方面的立法经验并结合我国的实际情况,需采取相应措施保护电子商务消费者权益和网络隐私。

(1)由于网络广告具有流动性、形式多样性,以及影响范围的广泛性等特征,而现行的《中华人民共和国广告法》(以下简称《广告法》)对于网络广告并未进行特别的规制,这就使得网络广告的法律规范处于真空地带。因此,针对网上的虚假广告、不正当引诱和非法传销等行为,应制定明确的规则,对现行《广告法》进行修改和完善。

(2)在传统商业交易中,隐私权的保护一般不属于消费者保护的突出问题;但在网上交易中,消费者隐私的保护却变得非常突出,而现行《消费者权益保护法》也未做出特别规定。因此,我国应在借鉴国外先进立法经验的基础上加快有关网络隐私权保护的立法。

(3)在行政监管方面,政府相关职能部门应给予正确的引导与扶持,并加强监督管理。

当然,鉴于网上侵权行为的复杂性、隐蔽性,以及技术的先进性,就必然要求具备识别违法行为的高科技手段和高素质人才。

(4)就国际合作而言,由于网络具有无国界性,加之跨国消费、跨国欺诈的行为增多,导致由此涉及的各国立法差异、司法管辖冲突等问题也日益突出。这就要求加强国际合作,各国应该合作制定国际性的能被普遍接受的规则。

对于消费者网络隐私的法律保护,主要包括两个方面:一是对经营者合法取得的消费者隐私的保密责任,以及经营者对消费者个人信息的使用应仅限于取得消费者的许可或法定授权的范围之内。二是对经营者非法获得消费者隐私的禁止性规定。当然,切实抓紧有关隐私权保护的立法工作,并修订相关的法律法规,使隐私权的保护在我国有基本的法律保障,以消除消费者对泄露个人隐私及重要个人信息的担忧,这才是最重要的。

三、网上拍卖和网上竞买法律

1. 网上拍卖的法律形式

网上拍卖的通常做法是,由网络提供商为商品所有者或权益所有人(通常称商品供应商)在网络中提供一个技术平台,以便供应商能够在该技术平台上标明和出售相关商品。商品竞买人通过上网,进入到供应商所使用的技术平台,了解平台上有关商品的情况后,进入其有兴趣购买商品的网上虚拟拍卖场,在网页上不断变动的商品标价中,选中该商品标价,如标价停止跳动,竞买人即以单击商品时的价格,确定并传输对该商品的购买信息。供应商通过网络收到竞买人购买信息后,在商品所在技术平台所标明的承诺期限内,将商品送到竞买人手中,竞买人按网上单击商品时确定的价格支付货款,该项网上拍卖交易即告完成。在网上拍卖中,商品供应商一般是按与网络供应商(网络平台提供者)、拍卖网站事先达成的协议或约定,支付网络或网络平台使用费。

从上述交易形式可以看出,网上拍卖必须有商品供应商、网络提供商和商品竞买人三方当事人共同参与,才能构成一个完整、有效的网上拍卖交易活动。

2. 网上拍卖的法律性质

网上拍卖在三方当事人的共同参与中,相应地形成了三个法律关系。从网上拍卖成交过程来看,第一是商品供应商与网络提供商之间的法律关系;第二是网络提供商与商品竞买人之间的法律关系;第三是商品竞买人与商品供应商之间的法律关系。网上拍卖是上述三个法律关系呈三角形交互运行的结果,并在网络虚拟世界交互运行中得以完成。

网络提供商仅提供拍卖网站或网页作为网上交易场所,并不参与或实施网上商品拍卖交易的任何行为,也不承担网上拍卖交易的任何法律后果。因此,网络提供商只是网上拍卖交易场所的提供者而不是网上拍卖交易的主持者或参与者。网上拍卖是商品供应商与网上竞买人借助网络虚拟世界,通过网络提供商提供的技术平台,运用互联网通信传输技术进行的商品买卖交易。与此相类似的是,网上竞买人作为网民,与网络提供商或拍卖网站之间形成的也是有偿或无偿使用网络技术平台的民事法律关系。竞买人在该法律关系中,通过使用网络拍卖技术平台或拍卖网站网页,竞买商品供应商在其中展示、标价出售的商品或某些权益,并通过拍卖网站或拍卖技术平台这个"网上交易场所"与商品供应商之间建立了商品买卖的民事法律关系。

3. 网上拍卖的法律后果

网上拍卖作为供应商与竞买人之间建立的商品买卖合同关系,根据网上拍卖的法律特征,存在以下法律后果。

(1)网上拍卖合同的效力问题。网上拍卖系商品供应商在网络拍卖技术平台展示和标明出售商品的价格,由网上竞买人单击拍卖商品而达成的商品买卖合同,电子数据及其交换是这种合同的表现形式。

在网上拍卖合同签订及履行过程中,如果出现以下情况拍卖行为可能不受法律保护:第一种是网上拍卖合同订立的主体不具备相应的民事权利能力或民事行为能力。如未成年人上网实施竞买行为而订立的网上拍卖合同,应当认定为无效合同而不受法律保护。但是,如果供应商在交付拍品时,未成年人的法定代理人通过行为追认了未成年人的网上竞买行为,则网上拍卖合同有效并转由该法定代理人承担合同项下的民事权利义务。第二种是网上拍卖的标的物是法律规定的禁止流通物或限制流通物。实践中可能有禁止或限制流通物出现在网上拍卖交易中,如国家重点保护文物等。对此类拍卖行为,由于违反禁止性法律规定,不但因无效而不受法律保护,而且当事人还应当承担相应的民事责任甚至是刑事责任。

(2)网上拍卖的违约责任及承担。网上拍卖合同作为商品买卖合同,在履行中既可能出现商品供应商的单方违约,如供应商未按承诺的期限交付拍品;又可能出现商品竞买人的单方违约,如拒绝支付拍卖货款;也可能出现双方当事人均违反合同的情况。特别是由于网上拍卖交易合同是在虚拟的网络世界成立,有关产品质量问题的约定,客观上不如现实世界商品买卖交易当事人之间的合同具体、详尽和严密,因而交易容易引起商品质量争议。

如供应商或竞买人一方不履行合同义务或履行合同义务不符合约定条件的,对方当事人有权要求其继续履行拍卖合同。如供应商和竞买人双方均构成违约,应根据他们在合同中的约定或法律规定,分别承担相应的违约责任;如给对方造成经济损失,应当赔偿相应的经济损失,如双方均有经济损失,应根据自身过错责任的大小,自行承担相应的经济损失。对于拍品的质量问题,竞买人如作为消费者,也可以选择《产品质量法》和《消费者权益保护法》进行法律救济。但是,由于竞买人系选择竞买的方式购买商品,竞买人就有关拍品的网上买入价与现实中相关商品差价问题提出主张的,应认定竞买人通过网上竞买行为已认可了拍品的相应价格,而对该主张不予支持。

(3)网上拍卖中网络提供商的违约问题。在网上拍卖中,可能出现因网络提供商的不当行为而致拍卖合同的签订、履行发生争议。如网络提供商在网络技术平台中刊载的拍卖信息内容与供应商提供的拍卖信息内容有差异,致使供应商、竞买人达成拍卖合同后发生争议。如供应商、竞买人一方或双方确因重大误解而订立网上拍卖合同,双方当事人可经协商、申请仲裁或通过诉讼程序撤销拍卖合同。同时,商品供应商可依据与网络提供商的网络平台使用协议或约定,要求网络提供商承担相应的法律责任;竞买人也可以依据与网络或网站提供商的网络使用协议,要求网络提供商承担相应的法律责任。

(4)网上拍卖中的诈骗犯罪问题。网上拍卖交易中,可能发生借助互联网拍卖方式进行的经济诈骗犯罪活动。如"供应商"并没有展示出售的物品或"竞买人"并没有竞购拍品的经济能力,却事先单方或双方共同预谋实施网上拍卖行为,在收到货款或拍品后,逃之夭夭。网络提供商只是提供网上拍卖的交易场所,并不是"供应商"或"竞买人"一方或双方的委托代理人,且事先已声明有关拍卖交易出现的后果概不负责,在目前网络交易法规不健全的情况下,要求网络提供商承担网上拍卖诈骗犯罪活动的民事连带赔偿责任因无事实和法律依据而有失偏颇,应当由诈骗犯罪嫌疑人根据其犯罪行为的危害程度及后果,承担相应的刑事责任和民事赔偿责任。

4. 网上拍卖纠纷的管辖

对于网络民商事纠纷的管辖,当前国际上通行两种有代表性的观点,即网络独立领域司法管辖和属人范围司法管辖。前者认为,网络空间没有地域界限,上传、下载传输的信息很难确定最初来源,因而不能根据地域界限确定管辖问题,进行属人属地管辖,应将网络空间作为独立领域进行司法管辖规范;后者观点相反,认为网络民商事行为仅借助互联网传输工具达成交易,交易最终完成是在现实世界,争议纠纷的最终解决也是在现实中而不是在网络中,网络纠纷的司法管辖不能脱离现实世界的法律规定,更不能摒弃对法律传统的承继而另起炉灶。

根据我国司法管辖原则,合同纠纷的管辖由被告住所地、合同履行地或者合同签订地法院管辖。网上拍卖属于买卖合同,发生的纠纷适用我国法律规定的合同纠纷的管辖原则,一旦发生网上拍卖合同纠纷,上述三地的人民法院对纠纷均有司法管辖权。

四、电子商务救济法律

法律的基本功能在于在追求公平与正义的前提下维护被侵害方的利益,并达到各方利益的平衡。因此诉权成为人的基本权利,即通过司法程序解决纠纷是公民的基本权利。但是权利主体的要求是多方面的,其最终目标也不尽相同,在其做出进入司法程序并不能很好地解决自己问题的判断时,可以选择其他解决方式,只要这种方式被法律确立为具有维护公平与秩序的功能。这种不通过司法诉讼解决电子商务中产生纠纷的方式被称作电子商务救济法律。

电子商务中的交易协议甚至支付都是通过计算机网络以电子数据文件形式完成的。电子数据形式存在的所有交易信息都具有易改动性和易灭失性,假如电子商务中一方认为有不利于自己的情况发生,他可以随时撕毁协议拒不认账。一旦对交易结果有争议,证据保存的问题、争议解决地的问题等会相当突出。这会给电子商务带来巨大的交易成本,交易安全也无从谈起。即使通过技术手段解决了交易信息的确认问题,争议的解决在程序上仍然存在很多矛盾。寻求公权救济即诉讼是解决争议的基本形式。在电子商务中,确定提起诉讼的地点困难很大,这从公权救济角度来看则是管辖权的无从确定问题。地点难以确定,在出现纠纷时权利主体寻求公权救济便会遇到相当大的困难,甚至是不可解决的。在国际贸易中这种困难显得尤其突出。国际私法和国际经济法中管辖权的问题一直是纠纷解决的首要矛盾,电子商务更加大加深了这一矛盾。在国际私法领域伴随管辖权问题出现的还有法律适用、判决的承认和执行等一系列问题。在这种情况下,"选择性纠纷解决"[也可称为替代行纠纷解决,现在普遍用"非诉讼纠纷解决"(altemative dispute resolution,ADR)来表示]已成为被国际私法界普遍看好的一种解决争议的方式,而这种方式显示出的高度的当事人意思自治原则,为争议方实现完全的自助救济奠定基础。"非诉讼纠纷解决"是20世纪后半叶以来为国际诉讼法界所推崇并被认为是21世纪颇具发展前途的一种争议解决方式。具体而言,"非诉讼纠纷解决"是不通过司法途径解决纠纷的方式,现在普遍认为有仲裁、调解和谈判和解等几种。可见"非诉讼纠纷解决"的内容并无新奇之处,早已为各国普遍应用。其中的调解,更是在我国有着悠久的历史并有效地发挥过作用。其中,适应电子商务的发展,为解决前述电子商务引发的通过诉讼方式解决纠纷的诸多难题而产生的 ADR 的新形式——ODR(online dispute resolution,"在线纠纷解决"),这是既顺应了社会发展的新需求,又充分利用新技术的新时代的非诉讼纠纷解决方式,已成为当今国际贸易中交易各方有着相当接受程度的争议解决方式。

拓展阅读

"互联网+法律"行业现状

模式一:律师营销

所谓的律师营销模式的"互联网+法律",在国内很早就已经有发展了,比如 2004 年就开始的华律网,2006 年开始的法 110,以及找法网、中律网、中顾法律网等等,该类"互联网+法律"模式,其定位在于为客户和律师之间提供媒介平台,但网站并不以自身名义提供任何法律服务,类似于律师 O2O 的概念。

模式二:法律服务在线化

1. 自建平台

在律师为市场提供服务的过程中,市场渐渐发现,实际上很多律师业务是可以作标准化、流程化的,而无须经过专业律师的私人订制,如典型有名合同的起草、公司章程起草、公司注册登记、商标注册、代理记帐、社保开户等等。该类业务完全可以在线即时提供,而该类业务如果找律师去完成,当事人完全不能或不愿承受相应高昂的律师费,这就为市场截取这一"长尾"提供了非常好的条件。相比于之前的律师营销"互联网+法律"模式,法律服务在线化侧重的是展示律师业务并明码标价,而前者是侧重于展示律师且价格不透明。目前国内做是较好的法律服务在线化平台,包括绿狗网、法海网、律云等。

2. 第三方交易平台

法律服务在线化的"互联网+法律"模式,是法律行业在互联网电商行业的有益探索。当然,除了自建平台外,很多律师事务所还直接在第三方交易平台,比如在淘宝网上开通律师服务。但从现有情况来看,效果不佳,一方面是淘宝网对律师服务在线化仍持消极保留的态度,另一方面律师事务所也没有完全的人手处理所有事务,很多帐号实际上是处于荒废无人管理状态。相比于律师营销"互联网+法律"模式,法律服务在线化的"互联网+法律"模式显然用户界面更加美观,用户体验更加美好,很多法律电商都是通过免费服务的概念进行引流,吸引了很多创业型企业的眼光。

3. 第三方服务平台

律师业是一个讲究资历和名声的行业,如何获得一定的知名度成为很多专业律师探索的问题。入驻第三方服务平台已经成为众多专业律师的选择。一般来说,此类第三方服务平台大都是免费的,以帮助律师和法律求助者的无缝对接。

模式三:法律大数据

法律数据服务主要提供的是法规、案例、论文期刊、立法动态等方面的数据检索服务,在国外比较成熟的是 WestLaw、LexisNexis 以及 BloombergLaw 等,而国内最早由北大法宝提供服务。但是,发展到互联网电子商务新的商业文明下,只是简单的提供法律检索显然很难提供个性化的数据要求,而法律大数据正应运而生。法律大数据带给客户的不止是个案结果的展现,也不仅仅停留于数据的收集,更重要的是,它是同一类型案件的统筹统计、数据整合和精确提炼过程。在司法公开的大环境下,最高人民法院的裁判文书库亦不停更新,我们可以做这样的设想,客户委托律师处理某一法院的诉讼案件,律师(或大数据服务提供商)在明确关键词的情况下,会将该类案件在该法院,以及具体承办法官过往所有判决书中形成的关键因素进行提炼,并出具大数据处理结果,预测案件在该法官手上胜负的比例。

国内较早尝试大数据可视化分析的是天同律师事务所,其天同码借鉴西方"钥匙码(Westlaw Key Number)",以编"码"方式整理中国典型商事案例、裁判观点,欲打造中国商事诉讼案例知识体系,但其目前也仅只是成为某一领域内的案例集,并未真正起到大数据分析效果,同时主要也是供其内部使用。而来自美国的Judicata,正信誓旦旦地想"把那些非结构化的法务档案和文件梳理成结构化的数据,然后将这些数据用更友好的界面呈现给律师",之前很多法律服务只能凭借大量的人力去整理并梳理那些法务案例,Judicata则是会用机器算法加人机合作的形式去完成这件事。

可以设想,在法律大数据时代,律师不仅可以提供大数据服务,律师本身也是大数据公司的客户,从目标客户的定位,律师费的透明化,诉讼结果的可预测性等方面,为律师服务增色。我们也可以展望,下一轮律师业的PK,将不仅仅只是律师事务所专业能力、事务所品牌的竞争,还有可视化大数据运算能力的竞争,你若抢得法律大数据"风口",再精小的律师事务所,都能成为"一家与众不同的律师事务所"。

资料来源:《2014-2015年度中国电子商务法律报告》摘选

关键词

数据电讯　认证机构　注册机构　公开密钥基础设施　在线纠纷解决

思考与讨论

1. 简述电子商务法的概念。
2. 什么是电子商务法律的调整对象、性质和特征?
3. 电子商务法律应遵循哪些基本原则?
4. 电子商务交易的法律问题有哪些?
5. 在电子商务立法中应该对安全认证采取哪些措施?

实践练习

通过网络搜索2014年9月1日起施行的新《中国互联网络信息中心域名争议解决办法》与2012年6月28日施行的原《中国互联网络信息中心域名争议解决办法》,比较两种办法的不同点。

第四章 电子商务技术基础

学习目标

1. 了解计算机网络基础知识。
2. 理解互联网中的几个主要协议、IP 地址分类及其与域名的关系。
3. 掌握几个常用的互联网应用服务。
4. 了解内联网、外联网及互联网的区别。
5. 熟悉 Web 技术的相关知识。
6. 了解数据仓库、数据挖掘和联机分析处理技术,了解 EDI 技术。

案例引入

跨境电子商务打造"一带一路"网络经济带

在经济全球化、网络化背景下,发展跨境电子商务,成为推动"一带一路"国家贸易畅通、资金融通的重要途径。2015 中国—阿拉伯国家博览会网上丝绸之路论坛电子商务暨卫星应用发展分论坛在宁夏银川举行。

电子商务交易技术国家工程实验室主任柴跃进发表主旨演讲,指出:发展"一带一路"沿线国家和地区的跨境电子商务,是推动"一带一路"沿线国家和地区间设施联通的切入点和主要抓手。需要加强沿线国家间宽带光纤、数据中心、云计算、移动基站等信息基础设施的建设,实现基础设施的全面互联互通。

为此,银川市经济技术开发区全力打造中阿信息港,包括中阿卫星数据应用产业园、中阿国际技术转移中心、跨境电子商务平台、中阿文化交流服务平台、中阿国际青年梦工厂等核心内容。通过互联网、卫星等信息化载体,促进中阿国家与地区之间企业、政府及民间组织在跨境贸易、技术转化、文化交流、卫星服务、产业对接、互联网金融等方面开展市场化对接与合作,打造一个跨行业、跨地域、跨时空的信息化服务平台,促进中阿互联互通。

资料来源:电子商务交易技术国家工程实验室,(2015 – 09 – 11)[2016 – 1 – 12]

http://www.nelect.org/detail.php? aid = 69

电子商务的发展必须有相关技术的支撑。扎实掌握基础知识是技术发展与创新的必备条件,本章就来介绍与电子商务技术基础有关的基本理论知识。

第一节　网络技术和通信技术

一、计算机网络

1. 计算机网络的概念

随着信息技术的发展,计算机网络的应用已经渗透到商务环境中,它为商务领域的蓬勃发展提供了一座桥梁。而计算机和通信技术的结合,对计算机网络的发展产生了深远的影响。计算机网络是将地理位置分散、具有独立功能的多台计算机系统通过通信设备和线路连接起来,以功能完善的网络软件(网络协议、信息交换方式及网络操作系统等)实现在网络中资源共享的系统。如图4-1所示。

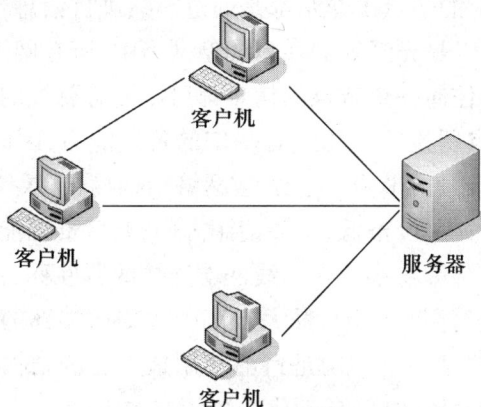

图4-1　一个简单的网络

2. 计算机网络的分类

计算机网络有许多分类方法,下面介绍比较常见的四种。

(1)按照覆盖地域分类。

①局域网(local area network,LAN),是在一个企业、一个大学或方圆几千米内使用的专用网络。LAN一般是用一条电缆连接所有的计算机。最初,它的传输速度范围在10~100Mbps。LAN的覆盖范围比较小,因此,具有传输延迟小并且出错率低的特点。由于技术的提高,现在局域网的传输速度已经达到了每秒数百兆位甚至数千兆位。

②城域网(metropolitan area network,MAN),城域网的覆盖范围从几千米到几十千米,一般属于在一个城市或一个地区范围内建立起来的网络。城域网设计的目标是满足数十千米范围内大量的企业、机关、公司和多个局域网互联的需要,以实现大量用户之间的数据、语音、图像和视频等多种信息的传输。

③广域网(wide area network,WAN),是一种跨越更大范围的网络,如一个国家、一个大

洲。WAN 的覆盖范围较上面两种形式的网络大得多,因此,它的传输延迟大且出错率高。广域网的通信线路一般由通信部门提供,这也是它的接入方式。Internet 就是广域网的典型代表。

(2)按照网络拓扑结构分类。

①总线型。总线结构是使用同一媒体或电缆连接所有端用户的一种方式。也就是说,连接端用户的物理媒体由所有设备共享,一般采用广播发送的形式传递数据,如图 4 - 2 所示。

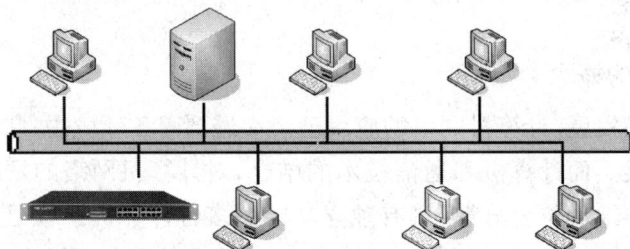

图 4 - 2　总线拓扑结构

总线型结构网络中所有的节点工作站都是通过总线进行信息传输的。作为总线的通信线路可以是同轴电缆,也可以是光纤等。在总线型网络中,所有网上的计算机都通过相应的硬件接口直接连在总线上,任何一个节点的信息都可以沿着总线向两个方向传输扩散,并且能够被总线中任何一个节点所接收。总线有一定的负载能力,因此,总线长度有一定限制,一条总线也只能连接一定数量的节点。总线型网络结构简单、灵活,可扩充性能好;可靠性高,网络响应速度快;设备量少、价格低、安装使用方便;共享资源能力强;当网络中某个站点发生故障时,对整个网络系统影响小。在总线两端连接的器件称为端接器(末端阻抗匹配器或终止器)。主要与总线进行阻抗匹配,最大限度吸收传送端部的能量,避免信号反射回总线产生不必要的干扰。总线型网络结构是目前使用最广泛的结构,也是最传统的一种主流网络结构,适合于信息管理系统、办公自动化系统领域的应用。

②星型。星型结构是最古老的一种连接方式,例如每天都使用的电话及目前使用最普遍的以太网(ethernet)。星型结构的网络是各工作站以星型方式连接起来,网中的每一个节点设备均以中心节点为中心,通过连接线与中心节点相连,如果一个工作站需要传输数据,它首先必须通过中心节点,如图 4 - 3 所示。星型网络通信传输速度快,网络结构简单,便于控制和管理,组网容易;网络延迟时间短,误码率低。但这种网络系统共享能力较差,通信线路利用率不高;中心节点负担过重,容易成为网络的瓶颈,一旦出现故障则全网陷于瘫痪。

③环型。这种结构中的传输媒体从一个端用户到另一个端用户,直到将所有端用户连成环型,如图 4 - 4 所示。环型网中各节点通过环路接口连在一条首尾相连的闭合环型通信线路中,环路上任何节点均可以请求发送信息。请求一旦被批准,便可以向环路发送信息。环型网中的数据可以是单向传输,也可是双向传输。由于环线公用,一个节点发出的信息必须穿越环中所有的环路接口,信息流中目的地址与环上某节点地址相符时,信息被该节点的环路接口所接收,而后信息继续流向下一环路接口,一直流回到发送该信息的环路接口节点为止。环型网络结构比较简单,系统中各个工作站地位平等且可靠性高。缺点是不便于扩

充,系统响应延时长且信息传输效率相对较低。

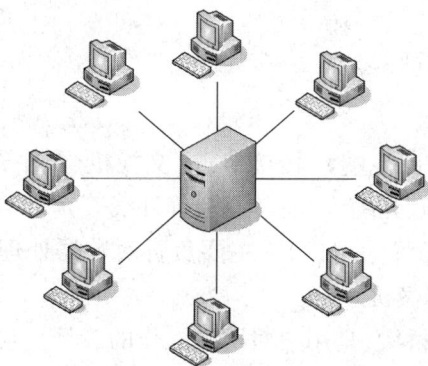

图4-3　星型拓扑结构　　　　　　　　　　　图4-4　环型拓扑结构

④树型。树型是由一个根结点、多个中间分支节点和叶子节点构成,可以看成是多个星形结构的组合,如图4-5所示。这种网络成本低、结构比较简单、具有一定容错能力,一般一个分支和节点的故障不影响另一分支、节点的工作。任何一个节点送出的信息都可以传遍整个传输介质,也是广播式网络。一般树型网上的链路相对具有一定的专用性,无须对原网做任何改动就可以扩充工作站。

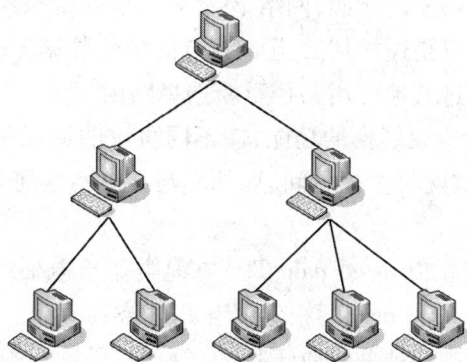

图4-5　树型拓扑结构

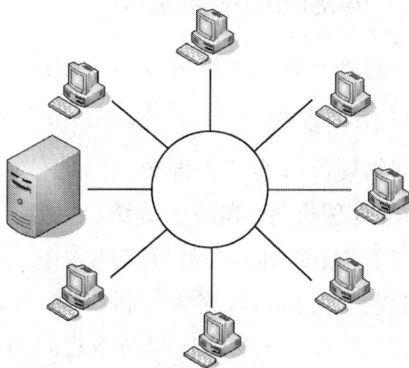

⑤全连接型。点到点全连接,随节点数的增长,建造成本急剧增长,所以只适用于节点数很少的广域网中。

⑥不规则型。点到点部分连接,多用于广域网。

(3)按照通信倍速率分类。

①低速网。网上数据传输速率在300bps~1.4Mbps的系统。

②中速网。网上数据传输速率在1.4~45Mbps的系统。

③高速网。网上数据传输速率在45~1000Mbps及以上的系统。

(4)按照通信介质分类。

①有线网。采用如同轴电缆、光纤等物理介质来传输数据的网络。

②无线网。采用卫星、微波等无线形式来传输数据的网络。

二、网络的结构与组成

一般将计算机网络分成网络硬件和网络软件两部分。

1. 网络硬件

网络硬件分为三大部分,分别是端节点(主机、终端)、转接节点(交换机、集中器、路由器、通信处理机等)和通信链路(双绞线、同轴电缆、光缆、卫星、微波、红外线等)。

(1)主计算机。在计算机网络中,主计算机又称为主机,它主要负责对数据处理和对网络的控制。主机可以是大型机、中型机、小型机和微机。

(2)终端。它在用户与网络之间搭起了一座桥梁,是用户对网络操作的工具。与主机相比,它没有独立的本地处理能力,必须通过转接节点才能与网络连接,提供用户所需服务。

(3)中继器。它是最低层次的设备,具有放大信号的作用。在实际规划网络时,如果网络段已超过最大长度,则需要用中继器来延伸。

(4)网桥。它是一种存储转发设备,用来连接两个同类的网络。所谓同类网络是指操作系统一致的网络。

(5)路由器。当两个以上同类网络互联时,必须选用路由器。路由器除了具有网桥的全部功能外,还提供路径选择功能。例如,网络上 A 端的数据传输到 B 端,A 与 B 之间的路径有多种选择,路由器的作用就是连接从 A 点到 B 点的最优数据传输路径,如果最优路径由于某种原因中断,它还可以通过其他可用路径重新选择路由。

(6)网关。它具有执行协议转换的功能,使不同协议的局域网通信。当异类局域网(异种网络操作系统)之间、局域网与主机之间、局部网与广域网之间互联时,在局域网上可以配置网关使它们进行通信。

(7)双绞线电缆。双绞线(twisted pair,TP)电缆类似于电话线,由绝缘的彩色铜线对组成,每根铜线的直径为 0.4 ~ 0.8 mm,两根铜线互相缠绕在一起。双绞线中的一根电线是传输信号信息的,另一根则是被接地并吸收干扰的。目前,局域网中最常用的电缆形式是双绞线电缆,因为它价格便宜,灵活性好并且易于安装,有较合适的最大网络段长度。双绞线电缆能轻易地应用于多种不同的拓扑结构中,在总线和星型拓扑结构中经常见到。

(8)同轴电缆。它的结构分为四层,且这四层圆柱体都是在同一轴线上的。这种结构的设计比双绞线有更宽的带宽和更强的抗干扰能力。目前,局域网中使用同轴电缆比较广泛,大多使用的是 50 Ω 的基带细同轴电缆。

(9)光缆。它又被称为光导纤维,在它的中心部分有一根或多根玻璃纤维,通过从激光器或发光二极管发出的光波穿过中心纤维来进行数据传输。

一般来说,光缆可以 10 GB/s 的速度可靠地传输数据,优点是具有几乎无限的吞吐量、非常高的抗噪性以及极好的安全性,被广泛用于高速网络行业。不过,光缆也有缺点。使用成本过高,极大地阻碍了它的发展;并且光缆一次只能传输一个方向的数据。为了克服这种单向性的障碍,每根光缆必须有两股,一股用于发送数据,另一股用于接收数据。光缆与其他传输线路不同的是光缆连接非常困难,必须要用专用的仪器,而这种仪器大多是进口的,非常昂贵。

（10）微波。它是通过空气传播信号的一种通信方式。较光缆通信来说，微波不需要线路权，只需要平均每50 km有一座微波塔即可。随着微波通信广泛应用于长途电话、移动电话、电视转播等，频谱短缺问题出现了。

（11）红外线。它通过空气传输数据，就像电视遥控器发送穿过房间的信号一样。网络可以使用两种类型的红外传输，即直接或间接。直接红外传输主要用于在同一房间中设备间的通信。例如，无线打印机连接使用直接红外传输，与移动PC机保持某些同步特性。

在间接红外传输中，信号通过路径中的墙壁、天花板或任何其他物体的反射来传输数据。由于间接红外传输信号不被限定在一条特定的路径上，这种传输方式的安全性不高。红外路径传输数据的速度可以与光缆的吞吐量相匹敌。目前红外传输的吞吐量可达到100 Mbps，随着技术的不断发展，以后会传输更多的数据，安全性也会更高。

2. 网络软件

（1）计算机网络通信协议。在计算机网络中，如果两个用户进行通信，那么他们就要有互相都能听懂的语言。因此，在交流时必须遵循某种规则，如要有统一的信息格式、方式和时间等，这些规则的集合就称为协议。

（2）OSI参考模型。该模型是由国际标准化组织（ISO）于1981年颁布的，被称为ISO的OSI开放系统互联参考模型（open system interconnection reference model），简称OSI模型。

OSI模型共有七层，分别如下。

①物理层（physical layer）是OSI中最低的一层。它为传输数据所需要的物理链路的建立、维持和拆除提供具有机械的、电子的功能和规范。简单地说，物理层确保原始数据可以在各种物理媒体上传输。物理层的数据单元是比特。

②数据链路层（data link layer）位于物理层与网络层之间，它是OSI中比较重要的一层。它将物理层提供的可能出错的物理连接改造成逻辑上无差错的数据链路，并对物理层的原始数据进行数据封装。构成数据链路层的数据单元是帧。

③网络层（network layer）负责信息寻址和将逻辑地址与名字转换为物理地址。

④传输层（transport layer）是OSI中最重要、最关键的一层。它是唯一负责总体数据传输和数据控制的一层，提供端到端的交换数据机制，对会话层等上层提供可靠的传输服务，对网络层提供可靠的目的地站点信息。

⑤会话层（session layer）位于OSI模型中的第5层，主要为两个会话层实体进行会话。它提供进行对话连接的管理服务。

⑥表示层（presentation layer）是为在应用过程之间传送的信息提供表示方法的服务，它只关心信息发出的语法和语义。

⑦应用层（application layer）是向应用程序提供访问网络/OSI的接口服务。

OSI模型的提出使全球所有的计算机网络有了一个共同标准，实现了网络间数据通信。不过，这个OSI参考模型只是一种概念上的网络模型，在这个模型中规定了应该做什么，而没有规定怎样去做。

（3）TCP/IP 模型

下面从 OSI 模型转向计算机网络的"祖父"阿帕网（ARPA-NET）后的互联网使用的参考模型——TCP/IP（transmission control protocol/internet protocol），即传输控制协议/网际协议。

TCP/IP 模型共 4 层，分别是应用层、传输层、互联网层和网络接口层。

应用层中包含所有高层协议，较早的有虚拟终端协议（Telnet）、文件传输协议（FTP）和电子邮件协议（SMTP）。另外，还有域名系统服务（DNS）、网络新闻传输协议（NNTP）和超文本传输协议（HTTP）。

传输层的主要功能是实现源端和目的端主机的会话，与上面提到的 OSI 模型的传输层功能是一样的。这一层中有两个实现这一功能的协议，一个是传输控制协议 TCP，另一个是用户数据协议 UDP。互联网层中包括正式的分组格式和协议，即 IP 协议。它的主要功能是把 IP 分组发送到应该去的地方。例如，一个人把好几封信投入到邮箱中，一般来说，邮件都会按地址投入到指定的位置，然后经过不同的通道到达目的地。用户一般不知道投递规则和邮递路径，这些都由邮电部门制定。信息的传输和信件的邮递一样，也是有传递规则的，这种规则就相当于网络中的 IP 协议。

网络接口层在 TCP/IP 参考模型中没有真正描述这一部分的详细内容，这一层的主要功能就是主机必须通过某种协议与网络连接。

三、互联网（Internet）技术

1. 互联网协议

（1）TCP/IP 协议

接入互联网的通信实体共同遵守的通信协议是 TCP/IP 协议集。TCP/IP 是一种网络通信协议，它规范了网络上的所有通信设备，尤其是一个主机与另一个主机之间的数据往来格式以及传送方式。TCP/IP 是互联网的基础协议，该协议集的核心是网际协议 IP 和传输控制协议 TCP。

TCP 负责向应用程序提供可靠的通信连接。TCP 协议能够自动适应网上各种网络硬件变化，从而保证通信的可靠。TCP 规定了为防止传输过程中数据包丢失的检错方法，从而确保最终传输信息的正确。

IP 负责提供能适应各种网络硬件的灵活性，而对底层网络硬件几乎没有任何要求。任何网络只要能从一个地点向另一个地点传送二进制数据，就可以使用 IP 协议加入互联网。IP 协议指定了要传输的信息包的结构，要求计算机将要发送的信息分解为若干较小的数据包，包内除了信息外，还包含发送地地址信息和目的地地址信息。

TCP 协议和 IP 协议互补，两者的结合保证了互联网的正常运行。

计算机网络是一个复杂的系统，为了简化设计，通常采用在协议中划分层次的方法，把要实现的功能划分为若干层次，较高层次建立在较低层次基础上，同时又为较高层次提供必要的服务细节。这样分层的好处是：高层次只需调用低层次提供的功能，无需了解低层次的技术细节；只要保证接口不变，低层功能的具体实现方法的变化不会影响较高一层所执行的

功能。

TCP/IP 是一个分层模型,采用了 4 层的层级结构,分别是应用层、传输层、网络层和网络接口层。

①应用层。互联网在用户应用程序级别上所遵守的所有协议都属于应用层协议,如:超文本传输协议 HTTP、文件传输协议 FTP(file transfer protocol)、简单邮件传输协议 SMTP(simple mail transfer protocol)、远程登录协议 Telnet(telnet protocol)等。用户是在应用层上进行操作的,如收发电子邮件、进行文件传输等。

②传输层(TCP 层)。它是传输控制协议 TCP 层,其主要作用是将应用层传递过来的用户应用信息进行分段处理,在各段信息中加入一些附加说明,确保接收方能够收到正确的信息。

③网络层(IP 层)。它就是 IP 层,是网络互联的基础,其主要作用是接收从传输层传来的分段信息,将其打成 IP 数据包。每个 IP 数据包都包含标有具体地址信息的包头,并包含从 TCP 层传来的信息。IP 层负责确定从发送者到接收者的路由。

④网络接口层。它负责接收 IP 数据并通过网络发送,或者从网络上接收物理帧,抽出 IP 数据交给 IP 层。

数据在传输时,每通过一层就要在数据上加个包头,其中的数据供接收端的同一层协议使用;到达接收端时,每经过一层要把用过的包头去掉,从而保证接收数据和传输数据的一致性。

(2)互联网的其他协议

①超文本传输协议(HTTP)。HTTP 是超文本传输协议的缩写,它是用于从 Web 服务器传输超文本到本地浏览器的传送协议,可以使浏览器更加高效率,使网络传输减少且能保证计算机正确快速地传输超文本文档,并确定传输文档中的哪一部分,以及哪部分内容首先显示(如文本先于图形等)。

②文件传输协议(FTP)。它是 TCP/IP 的一个组成部分,是计算机间传输数字化信息的最快途径,也是互联网中使用最多的文件传输协议。该协议负责在通过 TCP/IP 连接的计算机之间利用客户机/服务器模式进行文件的传输。利用 FTP 可以实现文件的双向传输,即从客户机到服务器或从服务器到客户机。FTP 可以一次传输一个或多个文件,可以改变客户机或服务器的当前活动目录,可以显示远程或本地的计算机目录,还可以创建和移动本地或远程的目录。

③简单电子邮件传输协议(SMTP)。该协议规定了邮件信息的具体格式和邮件的管理方式,用于传输电子邮件。在互联网中发送和传输时采用 SMTP 协议,它既是一个客户程序,又是一个服务器程序。在所有的互联网主机上都运行着一个 SMTP 服务器程序。

④邮局协议(POP)。POP 是邮局协议的缩写,该协议负责从邮件服务器中搜索电子邮件。POP 要求邮件服务器完成下列工作:在邮件服务器中搜索邮件,根据需要决定是否从邮件服务器中删除邮件,询问是否有新邮件到达。

⑤远程登录协议(Telnet)。它是互联网上普遍使用的网络协议,也是从远程位置登录常

用的程序。通过 Telnet 协议可以把自己的计算机作为远程计算机的一个终端,通过 Telnet 程序登录远程 Telnet 计算机,一般采用授权的用户名和密码登录。登录以后,就如同使用本地计算机一样使用远程计算机的硬盘、运行应用程序等。

2. IP 地址

(1)IP 地址概述

为了使信息可以在互联网上正确地传送到目的地,连接到互联网上的每一台计算机必须拥有一个唯一的地址,该地址称为 IP 地址。IP 地址是一组数字,在整个互联网上只表示唯一的一台计算机。

目前的因特网地址使用的是 IPv4(IP 第 4 版本)的 IP 地址,它是一个 32 位的二进制(4 个字节)地址,通常用 4 个十进制来表示,十进制数之间用“.”分开。如 211.161.144.1 为一个 IP 地址,它对应的二进制数表示方法为:

$$11010011\,11010000\,11001000\,00000001$$

(2)IP 地址分类

根据网络规模的大小,IP 地址的设计者将其空间划分为 5 个不同的地址类别,其中 A、B、C 这 3 类最常用。

①A 类 IP 地址。通常,A 类地址分配给拥有大量主机的网络。A 类地址中,网络标识号占第一个字节,其最高位为“0”,接下来的 7 位表示网络 ID。主机 ID 占 3 个字节。A 类地址允许有 126 个网络,每个网络有 16 777 214 台主机。

②B 类 IP 地址。它分配给中等规模的网络。B 类地址的网络号占前两个字节,其最前端两位为二进制“10”,接下来的 14 位表示网络 ID。主机 ID 占 2 个字节。B 类地址共可表示 16 382 个网络,每个网络大约有 65 534 台主机。

③C 类 IP 地址。它通常用于小型的局域网。C 类地址前 3 个字节表示网络 ID,其最高位为“110”,接下来的 21 位表示网络 ID,其余 8 位表示主机 ID,它允许有 2 097 152 个网络,每个网络有 254 台主机。

④D 类 IP 地址。它通常用于多点传送的各个主机。它传递给网络上的用户确定子网。只有那些注册为点传送地址的计算机才能接受。D 类地址的高端前 4 位总是“1110”。其余位用于有兴趣的主机识别的地址。

⑤E 类 IP 地址。E 类地址是一个实验地址,它保留给将来使用,E 类地址的高端为“1111”。

在使用 IP 地址时,还应了解下列规定:网络号不能以 127 开头,不能全为 0,也不能全为 1(这些地址有专门的用途);主机号不能全为 0,也不能全为 1。

理论上讲,IP 有大约 40 亿可能的地址组合,这似乎是一个很大的地址空间。实际上,由于历史原因和技术发展的差异,A 类地址和 B 类地址几乎分配殆尽,目前能够供给全球各国各组织分配的只有 C 类地址。所以说 IP 地址是一种非常重要的网络资源。IP 地址范围见表 4-1。

表4-1 IP地址范围(其中某些值是保留作特殊用途的)

类 型	最低地址	最高地址
A	0. 1. 0. 0	126. 255. 255. 255
B	128. 0. 0. 0	191. 255. 255. 255
C	192. 0. 1. 0	233. 255. 255. 255
D	224. 0. 0. 0	239. 255. 255. 255
E	240. 0. 0. 0	247. 255. 255. 255

(3)子网掩码

为了提高IP地址的使用效率,一个网络可以划分为多个子网,即将主机标识号进行分割,划分为子网标识号和主机标识号。其公式如下。

$$IP\ 地址 = 网络标识号 + 子网地址 + 主机地址$$

子网地址和网络地址由子网掩码(subnet mask)生成,子网掩码也是32位的二进制数,它的功能主要包括两个方面:一是区分IP地址的哪部分代表网络号,哪部分代表主机号,判断两个IP地址是否属于同一个网络;二是将网络进一步划分为若干子网,每个子网用来标识不同的网段。

3. 域名

(1)域名概述

IP地址是一些数字标识,不便于人们记忆,因此出现一种字符型标识,与IP地址建立对应关系,来识别网上的各个计算机,这就是域名。字符组合在一起可以代表一定的意义,理所当然域名可以跟使用它的公司或机构联系起来,这是数字型IP地址无法表达的。

为了便于管理,域名采用层次型命名法,每层之间用小数点隔开,有点类似于IP地址,只不过顺序相反,最左边的一个表示主机名,接下来是一级一级的子域,最后一个是位于高层的一级域。此外,IP地址必须是4个字节,而域名的层数没有这个限制。域名的格式如下:

$$第\ n\ 级子域名\ . <\cdots>\ . 第二级子域名\ . 第一级子域名$$

$$其中,2 < n \leqslant 5。$$

例如,新浪网的主机地址是202. 106. 185. 23,它的域名是www. sina. com. cn。在实际应用中,知道一个主机的地址往往是从域名开始的。

域名可分为不同级别,包括顶级域名、二级域名。顶级域名有两类:一类是代表组织或机构,另一类是代表国家。

互联网上早期规定了7个国际顶级域名,用于表示域名拥有者所在组织或机构的类型:com表示商业机构,edu表示教育机构,gov表示政府机构,int表示国际组织,mil表示军事部门,net表示互联网络、接入网络信息和运行中心,org表示非盈利性组织机构。

随着互联网的扩大,为了加强域名的管理和环节域名紧张的状况,互联网国际特别委员会(IAHC)于1997年2月公布了新增的7个国际顶级域名:arts代表文化活动机构,firm代表工商企业,info代表提供信息服务的单位,nom代表个人,rec代表娱乐活动机构,store代表零售商业,Web代表突出WWW活动的单位。

对于美国以外的国家和地区,顶级域名常常表示主机所在区域的国家代码,称为国内域名。例如,中国的代码为cn,英国为uk,加拿大为ca等。

二级域名是指顶级域名之下的域名,我国国内网站的二级域名又包括类别域名和区域域名两套域名体系。比如:清华大学的网站http://www.tsinghua.edu.cn以网站类别名作为二级域名,其中二级域名为edu,表明这是一个教育单位的网站。再如:天津电信的网站http://www.tpt.tj.cn以行政区域作为二级域名,其中二级域名tj,表明行政区域为天津。

拓展阅读

中国行政区域域名

行政区域域名是按照各个行政区划分而成的,其划分标准依照国家技术监督局发布的国家标准而定,用4个直辖市和各省、自治区的名称缩写表示,共34个。(表4-2)

表4-2 中国行政区域域名

国内行政区域域名	说明	国内行政区域域名	说明
bj	北京市	sh	上海市
tj	天津市	cq	重庆市
he	河北省	sx	山西省
nm	内蒙古自治区	ln	辽宁省
jl	吉林省	hl	黑龙江省
js	江苏省	zj	浙江省
ah	安徽省	fj	福建省
jx	江西省	sd	山东省
ha	河南省	hb	湖北省
hn	湖南省	gd	广东省
gx	广西壮族自治区	hi	海南省
sc	四川省	gz	贵州省
yn	云南省	xz	西藏自治区
sn	陕西省	gs	甘肃省
qh	青海省	nx	宁夏回族自治区
xj	新疆维吾尔自治区	tw	台湾省
hk	香港特别行政区	mo	澳门特别行政区

（2）域名解析

对于计算机来说,它只能识别 IP 地址,而不能识别域名。那么 IP 地址与域名的转换称为域名解析。域名解析是通过域名服务器(domain name server,DNS)来完成的。

在域名系统中,把一个域名翻译成 IP 地址的过程称为域名解析。反过来,则称为逆向域名解析。装有域名系统的主机称为域名服务器,负责管理域名到 IP 地址映射数据库,供客户机双向查询。

域名解析有两种方式:一种是递归解析,要求域名服务器一次完成域名到 IP 地址的转换;另一种是反复解析,一次请求一个服务器,未解析出来,则请求另一个服务器,由本次请求的服务器返回下次请求服务器的地址。

二、互联网提供的常用服务

1. WWW 服务

WWW(world wide web,环球信息网),是建立在互联网上的全球性的、交互式的、动态的、多平台的分布式的图形信息系统。它用超文本链接的方式将大量的文本、图片、视频、声音等多媒体信息有效地组织起来,使用户可以自由地浏览任何一个网站。对于大多数非专业的互联网用户来说,WWW 已经成为互联网的代名词。过去一些互联网服务,如 Telnet、FTP、Gopher 现在已经融入到 WWW 的环境中通过浏览器可以实现操作。

2. 电子邮件

电子邮件(E-mail)是以电子化的形式发送信件,信件的内容可以是文本、图形、视频、声音等多媒体信息。它具有方便、快捷、经济等特点,因此受到网民的喜爱。目前,电子邮件已经占据网络信息传输相当大的一部分,成为目前首选的信息传递工具之一。

3. 文件传输

文件传输(FTP)是指在互联网上的两台计算机之间传输文件信息。它是远程计算机之间传输文件的规则,借助于 FTP 服务,用户可以从其他计算机上下载自己所需的各种文件,也可以将本地文件上传到其他计算机上。

4. 远程登录

远程登录是用户从本地计算机登录连接到远程计算机,使用远程计算机系统的资源及提供的其他服务。远程登录的必要条件是用户必须在对方计算机上有登录的权限,登录后本地计算机就成为远程计算机的一个终端,可以执行远程计算机中的程序或在远程计算机环境下编制程序。

5. BBS

BBS 是电子公告牌 bulletin board service 的缩写,是互联网上一种电子信息服务系统。它提供一块电子白板,每个用户都可以在上面书写,发布自己的信息或观点,因此 BBS 上充满了各种言论和观点。电子公告牌可以根据用户的需要限制在几台计算机、一个组织或一个小地理位置范围内,也可以包含世界上所有的互联网用户。它可以方便、快捷地使各地用户了解公告牌上的信息,是一种非常有用的信息交流工具。目前,大部分的 BBS 由教育机构、研究机构或商业机构创建并管理。

6. 信息服务

信息服务(Gopher)最早出现在 1991 年,是一个操作简便、使用广泛的从互联网服务器上获取信息的客户应用程序。Gopher 运行时,将显示一个交互式的供用户选择的菜单,菜单中的选项由简单的短句组成,每个短句通常指向另一个菜单,并最终指向有用的文件。

Gopher 是帮助用户在互联网上的信息海洋中搜索有用信息的导航器。用户只需关心浏览的内容,而不必关心具体的服务器。

7. 电子商务

电子商务是近年来发展迅速的一种互联网络应用。企业通过网络进行产品展示、推广,在银行系统的支持下,可进行网上支付,完成整个交易过程。网上产品展示具有时效性强,内容全面,图像、声音、影像都可以展现等优点,客户可以在自己的计算机上对多个供应商进行全方位的比较。企业可以通过网络进行售后服务、技术支持等。

三、网络互联技术

1. 内联网

(1)内联网简介

内联网(Intranet)也叫企业内部网,是指利用互联网技术构建的一个企业、组织或者部门内部提供综合性服务的计算机网络。

内联网将互联网的成熟技术应用于企业内部,使 TCP/IP、SMTP、WWW、JAVA、HTTP等先进技术在企业信息系统中充分发挥作用,将 WWW 服务、E-mail 服务、FTP 服务、News 服务等迁移到企业内部,实现了内部网络的开放性、低投资性、易操作性以及运营成本的低廉性。

在内联网里,所有应用都如同在互联网上一样,可通过任何浏览器来进行操作。内联网与传统局域网的最明显的差别表现是在内联网上所有的操作告别了老式系统的复杂菜单与功能以及客户端的软件,一切都和在互联网上冲浪一般轻松简单,使用起来像将互联网搬回到了企业内部。

因为内联网和互联网采用了相同的技术,所以内联网与互联网可以无缝连接。实际上,大量的内联网已经迁移成为互联网上的公开网站,通过防火墙的安全机制,可以将内联网与互联网实现平滑连接并保障内部网络信息的安全隔离。如果再加上专线连接或者远程接入和虚拟专网(VPN)的应用,则内联网又可以升级转换成一个无所不在的企业外联网,将一个企业的内部与外部(如分支机构、出差员工、远程办公情形)以及互联网上的网站通过互联网或者公用通信网(如电话网)作为媒介连接为一个整体。

（2）内联网的优势

内联网与外部网络安全隔离是未来企业网的主流。内联网运用互联网技术，特别是万维网，采用"客户/服务器"或者三层数据结构，在企业内部实现数据共享和信息交流。现在多数企业使用内联网在企业内部发布信息，或者把企业原来的数据库与 WWW 服务器连接起来，使信息查询变得更为快捷，如果单位已经建成了内联网，那么就可以在公司内部浏览网页，收发电子邮件。内联网有如下优点。

①组建简单。内联网服务通常并不需要占用很多的系统资源，用户可以利用目前网络中的一台计算机提供服务，该计算机可以是一台服务器，同时还能负担网络中的其他任务。如果用户利用公司现有局域网建立内联网，那么组建费用部分可以忽略不计。

②管理容易。在内联网服务器建立并开始运行后很容易管理。现在的网络管理员经过简单的培训就可以完全承担内联网管理者的职责。

③它可用于公司内部信息的迅速发布，是改善公司内部通信的高效工具。传统的传播手段是开会和下发文件，最近几年电子邮件应用较多。若想把几百页的文件通过 E-mail 传递，速度不一定是最快的。若在内联网的网站上发布同样的文件，则可以使公司内每个人都能立刻浏览并下载。

④不需要单独为内联网构建数据库，它可以很好地使用原有数据库。

⑤安全性高，这也是内联网成功的关键所在。

⑥与平台无关，容易使用。在客户端，任何一个平台，只要安装浏览器就可以访问 Web。

（3）内联网的逻辑结构

内联网的基本结构由服务器、客户机、物理网和防火墙 4 部分组成。其中常用的服务器有 WWW 服务器、数据库服务器和电子邮件服务器 3 种。

内联网的核心系统是 WWW 服务器。它安装了 Web Server 软件，用于存储和管理主页，提供 WWW 服务。客户机安装浏览器软件、主页制作软件、电子邮件软件、用户程序等。

数据库服务器（Database Server）存储了企业大量的信息，一般的数据库经过转换或以特殊方式打开都可以通过浏览器显示。在微软公司的 Internet Explore 中可以直接浏览 Access 数据库。使用报表生成工具，加上对应的接口程序，可以将 Oracle、Informix、Sybase、SQL 等数据库重要数据取出，并转换成相应的 WWW 文档。当然还有一种方式是直接在网页中调用各种数据库。

防火墙是为了企业内部信息的安全而设的服务器，WWW 服务器通过防火墙与互联网相连，电子邮件服务器可以通过防火墙与互联网相连，也可以直接和互联网相连。

2. 外联网

（1）外联网简介

如果一个公共网络连接了两个或两个以上的贸易伙伴，一般被称为企业的外联网（Extranet）。外联网是内联网的一种延伸，可以用这样一个公式来表示：

$$外联网 = 内联网 + 企业外部扩展$$

外联网这个概念是随着防火墙的出现而产生的。为了保证企业内部的数据安全，一个企业通常要建立防火墙,且企业与外界的数据交换都要经过防火墙。交换的数据不能一概而论,等同视之。与本企业相关的企业,如供应商和客户,其权限应该比其他访问者大,由此提出了外联网的概念。外联网不局限于一个企业内部,而是把相互合作的企业的网络连在了一起。在外联网内部,各企业可以自由地加入到 WWW 中去,方便查询其他企业与自己相关的数据。同时外联网又隔离了外部的非法访问,从而保护了外联网内部各企业数据的安全性。

从使用者角度考虑,外联网设计要尽可能地简单易用,同时要考虑用户的需求。外联网的形式多种多样,但一般都是受限使用,最终用户要想使用外联网必须通过身份鉴别。最基本的鉴别方法是口令保护,这是一种比较简单的用户身份鉴别手段。

外联网可以通过互联网或公司内部网络更新公司数据库,从而保持公司数据库的活力和相互间的关系。每当内部或外部信息更新时,外联网不是重新生成网页,而是向数据库中存储数据或检索数据库并实时地更新它。外联网给企业带来的好处有:提高了生产效率,信息可以以各种形式体现,降低了生产费用,实现了跨地区的各种项目合作,可为客户提供多种及时有效的服务。

(2)互联网、内联网和外联网三者的区别

①在操作权限上,互联网提供的服务基本上对用户没有权限控制或很少控制,而内联网提供的控制是很严的。

②在内容上,互联网提供信息的页面以静态为主,而内联网提供的信息内容大部分与数据库有关,即内联网提供的信息内容是动态的,随着底层数据库的变化而变化。

③在服务对象方面,互联网服务的对象是全世界用户,而内联网服务的对象是企业员工。

④在联结方式上,互联网强调各个组织网站之间的联结,无交易的企业、消费者都是它的业务范围;外联网强调各个企业间的联结,业务范围包括交易伙伴、合作对象、相关公司、销售商店以及主要客户;内联网强调企业内部各部门的联结,业务范围仅限于企业内。

由此看出,互联网业务范围最大,外联网次之,内联网最小。从提供信息的内容上看,内联网信息量最大,外联网次之,互联网最少。外联网专门用来促进企业间的交互作用,是互联网和内联网基础设施上的逻辑覆盖。所以,可以把外联网视为内联网延伸出来的部分。

若把互联网称为开放的网络,则内联网称为专用封闭的网络,那么外联网就是一种受控的外部网络。外联网一方面通过互联网技术联结企业供应商、合作伙伴、相关企业及消费者,促进彼此之间的联系与交流;另一方面又像内联网一样,位于防火墙后,提供充分的访问控制,使外部用户远离内部资料。

(3)外联网的几种实现方式

①公共网络。如果一个组织允许公众通过任何公共网络(如互联网)访问该组织的内部网,或两个及更多的企业同意用公共网络把它们的内部网连在一起,就形成了公共网络外部网。在这种结构中安全性是个大问题,因为公共网络不提供任何安全保护措施。为了保证合作企业之间的交易安全,每个企业在把它的信息送到公共网络之前,必须对这些信息提供

安全保护。内部网一般用防火墙检查来自互联网(它当然是一种公共网络)的信息包,但是防火墙也不是百分之百安全的。这就是公共网络外部网在实际中很少采用的原因,因为风险过大。

②专用网络。它是两个企业间的专线连接,这种连接是两个企业内部网之间的物理连接。专线是两点之间永久的专用电话线连接。和一般的拨号连接不同,专线是一直连通的。这种连接的最大优点就是安全,除了这两个合法连入专用网络的企业,其他任何人和企业都不能进入网络,所以专用网络保证了信息流的安全性和完整性。专用网络的最大缺陷是成本太高,因为专线非常昂贵。每对想要用专用网络的企业都需要一条独立的专线连在一起。

③虚拟专用网络(VPN)。它是一种特殊的网络,采用一种叫做"IP通道"或"数据封装"的系统,用公共网络及其协议向贸易伙伴、顾客、供应商和雇员发送敏感的数据。这种通道是互联网上的一种专用通路,可保证数据在外部网上的企业之间安全地传输。由于最敏感的数据处于最严格的控制之下,VPN就提供了安全的保护。VPN就像高速公路(互联网)上的一条单独密封的公共汽车通道,其外面的车辆看不到通道内的乘客。利用建立在互联网上的VPN专用通道,处于异地的企业员工可以向企业的计算机发送敏感信息。外部网合作伙伴间的这种受保护的通道方案发展很快,而且成本也很低,大部分的外部网都是局域网—局域网型的外部网或客户机—服务器型的外部网。早期的系统(如EDI电子数据交换)是局域网—局域网型的代表,现在流行的是客户机—服务器型的外部网。

3. 互联网的接入方式

提到互联网的接入方式,不能不提到互联网服务提供商(internet service provider,ISP),它是指为互联网用户提供互联网接入服务及相关技术支持的公司,是广大用户进入互联网的入口和桥梁。它们一般都具有和互联网快速连接的计算机系统和良好的服务配套系统。目前我国的ISP主要有中国电信、联通、网通、吉通、铁通等。

互联网服务提供商分为互联网内容提供商(ICP)和互联网接入服务商(IAP)。互联网内容提供商提供内容服务,如网页制作、门户网站等。互联网接入提供商专门从事互联网接入服务及有限的信息服务,国内的IAP有新网(ChinaDNS. com)、东方网景(East. net. cn)、北京电信(Bta. net. cn)等。互联网的接入方式很多,下面加以简要介绍。

(1)公用电话交换网(PSTN)

公用电话交换网(published switched telephone network,PSTN)技术是利用PSTN通过调制解调器拨号实现用户接入的方式。这种接入方式是一种传统的接入方式,可以获得最高56Kbps的接入速率,并且费用较低,所需设备简单,只需具备一台PC机、一个普通通信软件、一台调制解调器(Modem)和一条电话线,再到ISP申请一个上网账号,即可使用。

用户需要在个人微机上安装调制解调器。Modem是通过电话连接互联网必不可少的设备,其主要功能是"调制与解调"。所谓调制就是将计算机发送的数字信号转换成模拟信号的过程,其目的是便于在电话线上远距离高质量地传输数据。所谓"解调",就是在数据接收端将接收到的模拟信号还原成计算机能够接受的数字信号的过程。调制解调器就是对数据传输进行转换的设备。

随着互联网宽带的发展与普及,通过调制解调器实现拨号上网的方式已经难以满足网络冲浪者的要求,因而用户需要选择更高速的网络接入技术。

(2)ADSL 上网

ADSL(asymmetric digital subscriber line)是不对称数字用户环路的简称,是目前电信系统所称的宽带网。它是利用现有的市话铜线进行数据信号传输的一种技术,终端设备主要是一个 ADSL 调制解调器。ADSL 的基本工作原理是将传统电话线没有充分利用的双绞线的带宽充分利用起来,可以同时实现网络连接与语音通信,即使 ADSL 出现设备故障也不影响普通电话业务。ADSL 适用于入门密度大、高层建筑多、网络节点密集的地段,具有系统结构简单、使用维护方便、性能价格比高等特点。

(3)ISDN 上网

ISDN(integrated service digital network),即综合业务数字网,也叫"一线通"。它采用数字传输和数字交换技术,将电话、传真、数据、图像等多种业务综合在一个统一的数字网络中进行传输和处理。用户利用一条 ISDN 用户线路,可以在上网的同时拨打电话、收发传真,就像两条电话线一样。

ISDN 基本速率接口有两条 64Kbps 的信息通路和一条 16Kbps 的信令通路,简称 2B + D,当有电话拨入时,它会自动释放一个 B 信道来进行电话接听。

ISDN 方式接入互联网的优势如下:ISDN 为端到端的全程数字信号传输,业务质量更高,安全可靠性远高于模拟方式(PSTN);ISDN 适用于传输综合图像、语音、数据等多媒体信息。

就像普通拨号上网要使用 Modem 一样,用户使用 ISDN 也需要专用的终端设备,它主要由网络终端 NT1 和 ISDN 适配器组成。网络终端 NT1 就像有线电视上的用户接入盒一样必不可少,它为 ISDN 适配器提供接口和接入方式。ISDN 适配器和 Modem 一样又分为内置和外置两类,内置的一般称为 ISDN 内置卡或 ISDN 适配卡;外置的 ISDN 适配器则称为 TA。

(4)DDN 上网

DDN(digital data network)就是数字数据网,是利用数字信道来传输数据信号的数字数据网。DDN 利用数字信道提供半永久性连接线路来连入互联网,它利用的是一种全透明、全数字、优质的传输介质,缺点是费用略高,除了基本费外,还要根据上网流量计费,所以 DDN 目前主要被一些单位使用。

(5)局域网共享上网

局域网共享上网基本工作原理是通过局域网上的服务器共享上网,也就是说局域网上的任何一台计算机经过授权后都可以经由服务器共享上网,当然服务器必须安装相应的代理服务器软件。共享上网的速度取决于服务器的带宽和局域网内同时上网计算机的数据流量大小等诸多因素。服务器的上网方式并没有严格限制,ADSL、DDN 专线、光纤等都可以。共享上网最大的优越性是充分利用了服务器的网络带宽,容易管理,特别适合于广大企事业单位、政府部门、高校等使用。

（6）有线电视电缆上网

传统的有线电视网只能实现单向传输,经过改造后可以实现双向传输。终端设备是一个电缆调制解调器,它是利用有线电视网作为接入网的接入设备。有线电视电缆上网在我国具有广阔的前景,因为我国有线电视网十分普及,上网可以不占用电话线路,可以和数字式家电紧密集成。

（7）光纤上网

光纤是一种直径为 $50 \sim 100 \ \mu m$ 的特殊传输介质,一般由石英玻璃或塑料制成,外裹一层折射率较低的材料,多根光纤连在一起,就组成了光缆。光纤通信网才是真正意义上的宽带网,其传输速度最快,单根光纤的传输速度可以达到 100 Mbps ~ 10 Gbps,相当稳定。

（8）无线接入

无线接入技术分为两种:一种是固定接入方式,如微波、卫星和短波等,其优点是不受地域的限制;另一种是移动接入方式——利用手机上网,除了可以进行网页浏览、收发电子邮件等常规互联网服务外,还可以发送短信息、下载铃声、下载屏保等。

第二节　Web 技术

一、Web 概述

Web 中文译名为"万维网"或"环球网"。它是一种建立在互联网上的全球性的、动态交互的、多平台的分布式图形信息系统。同前节提到的 E-mail、Telnet、FTP、BBS 等相似,它也是建立在互联网上的一种网络服务。Web 为用户在互联网上查看文档提供了一个图形化的、易于进入的界面,这些文档及其之间的链接组成信息网。

Web 是基于客户机/服务器(client/server)工作的,用户通过客户机软件(WWW 浏览器)向 WWW 服务器发出 URL 地址服务请求,服务器执行客户机的请求,调出 HTML 文件发回给客户机,在客户机浏览器上显示 Web 页面。

二、Web 的特点

1. Web 是一种超文本信息系统

Web 上的文档(即网页)是一种超文本信息,包括文本、图形、视频、音频等超文本信息,这些网页之间以超级链接连接起来。

2. Web 是图形化的,使用非常简单

Web 非常流行的一个很重要的原因就在于它有可以在一页上同时显示色彩丰富的图形和文本的性能。在 Web 之前,互联网上的信息只有文本形式。Web 使用起来非常简单只需

要从一个链接跳到另一个链接,就可以自由地在互联网资源中穿梭。

3. Web 不受操作平台的限制

浏览 WWW 对系统平台没有什么限制,无论什么样的系统平台,都可以通过互联网访问 WWW。如从 Windows 平台、UNIX 平台、Machintosh 或者其他平台,可以访问 WWW。对 WWW 的访问是通过一种称为浏览器(browser)的软件实现的。例如,Netscape 的 Navigator、NCSA 的 Mosaic、Microsoft 的 Internet Explorer(简称 IE)等。

4. Web 是动态的

网上的信息是发布在 Web 站点上的,发布信息的人随时可以更新网站上信息的内容。如某个企业的发展状况、公司的广告等。一般各信息站点都尽量保证信息的时间性,所以 Web 站点上的信息是动态的、经常更新的,这一点由信息的提供者来保证。

5. Web 是交互的

与传统媒体不同的是,WWW 上信息的传递是双向的,用户可以主动选择感兴趣的内容,在网页间跳转。另外,不仅可以从网上的服务器获取信息,还可以传递信息给服务器或其他用户。

6. Web 是分布式的

大量的图形、音频和视频信息会占用相当大的磁盘空间,甚至无法预知信息的多少。对于 Web,没有必要把所有信息都放在一起,信息可以放在不同的站点上,而每个站点则为它所发布的信息贡献存储空间。用户只需要在浏览器中指明所要访问的站点地址就可以在各个 Web 站点之间跳转了。

三、几个基本概念

1. 超级链接、超文本和超媒体

超级链接(hyperlink)是文件中用鼠标单击某些文字和图形时,会从一个文本跳到另一个文本。含有超级链接的文本称超文本。超文本(hypertext)是 ASCII 码文件,可以用一般的文字处理软件进行编辑、处理。用浏览器打开超文本文件时,则会显示超文本文件所包含的文字、图形、声音等多媒体信息。

随着多媒体技术的发展,在超文本结构中,除文字外还可以链接图形、视频、声音等多媒体信息,因此引出了超媒体(hypermedia)的概念。换句话说,超媒体 = 超文本 + 多媒体。利用超媒体来组织信息可以让使用者通过简单的方法,便能很迅速、方便地获得各种不同的信息。

2. 超文本传输协议

在介绍 TCP/IP 模型时,提到过 HTTP(hyper text transfer protocol, HTTP)协议,它是在 WWW 服务器与浏览器之间传输超文本文件的协议规则,所以,WWW 服务器又称 HTTP 服务器。

HTTP 是 Web 服务程序所用的基本的网络传输协议,用户浏览器与 Web 服务器之间用 HTTP 来传输 Web 文档。

HTTP 协议是基于请求/响应模式的,其工作过程可以分为以下 4 个步骤,如图 4－6 所示。

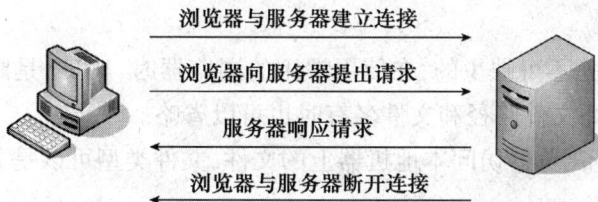

浏览器与服务器建立连接

浏览器向服务器提出请求

服务器响应请求

浏览器与服务器断开连接

图 4－6　HTTP 协议工作过程

3. 统一资源定传器

在互联网中计算机都有自己唯一的标识——IP 地址。同样,对于网站中每一个网页来说,都有一个唯一标识的地址,这个地址称为 URL 地址。在浏览 WWW 时,只需键入 URL (uniform resource locator,URL)地址就可以找到与它对应的网页。

URL 的格式如下:

协议://服务器主机名. 域名[:端口号]/目录名/…html 文件名

例如,微软公司的 URL 为 http://www. microsoft. com。这里没有指定文件名,所以访问的结果是把一个缺省主页送给浏览器。又如,用 ftp 协议访问北京大学 ftp 服务器上路径名为 pub/ms-windows,文件名为 winvn926. zip 的文件,即 ftp://ftp. pku. edu. cn/pub/ms-windows/winvn926. zip。

其中:

(1)协议。URL 地址以信息资源协议名开头,或称服务方式。URL 常用的协议有 http、ftp、file、telnet、news 等,如表 4－3 所示。

表 4－3　URL 中常用的协议

协议名称	提供服务类型	举　例
http	WWW 服务	http://www. bjut. edu. cn/
ftp	FTP 服务器文件	ftp://26. 28. 1. 110
file	本地文件服务	File://c:/windows/win. exe/
telnet	远程登录服务	telnet://bbs. qinghua. com/
news	电子新闻组	news:news. sina. com. cn
mailto	电子邮件服务	mailto:liping@ 163. com

(2)主机名。它是指存有资源的主机名字,可以使用它的域名,也可以用它的 IP 地址来表示。例如,http://www. bjut. edu. cn 与 202. 112. 78. 101 等价。

(3)端口。它是指进入服务器的通道,一般为默认端口,如 HTTP 协议端口号为 80,FTP 协议的端口号为 21,默认端口号在输入时可以省略。

（4）文件路径。它是指文件在服务器系统中的相对路径,而不是指文件在主机中实际存取的绝对路径。

（5）文件名。它是指信息资源文件的名称。

（6）协议和主机名之间用":// "符号隔开;主机名、文件路径和文件名间用"/ "符号隔开。

（7）协议和主机名是不可缺少的,在使用常用的浏览器时,HTTP 是默认协议,因此在输入地址时常常被省略,而文件路径和文件名有时也可以省略。

（8）本地 URL 用于浏览器访问本地机器上的文件,文件类型可以是 HTML 文件,也可以是图像或声音文件。

四、Web 技术

常用的 Web 技术包括客户端技术、服务器端技术、Web Service 技术、中间件技术等。

1. 客户端技术

（1）超文本标记语言

HTML(hyper text markup language,HTML)是一种文档标记语言,支持超链接,可由浏览器呈现,它包括用于简单控制的标签。应用 HTML 可将许多电子商务应用密切联系起来。好处在于客户端 Web 应用为一个简单的 HTML 浏览器,可使一般用户运行电子商务应用程序。HTML 规范定义了文本的用户界面元素,包括各种字体、颜色、列表、表格、图像和外形。对于大多数应用来说,这些元素可以充分展示用户接口,缺点是这些元素外表普通、缺乏个性。因此一些电子商务应用开发者对 HTML 增加了其他用户界面技术以提高视觉体验。

（2）JScript

世界上第一个 JavaScript 语言是在 1996 年由 Netscape 公司开发的。JavaScript 是一种基于对象和事件驱动并具有安全性能的脚本语言,有了 JavaScript,可使网页变得生动。1997 年 6 月,欧洲计算机制造联合会(European Computer Manufacturers Association,ECMA)根据 JavaScript 1.1 规格制定发布了 Web Scripting Language 标准(ECMA-262)。

JScript 是微软根据该标准开发的,并在广泛的应用过程中不断得到改善。JScript 是一种基于对象的解释型的脚本语言。从功能层面来看,JavaScript 可视为 JScript 的子集合。最新发布的 JScript 8.0 版本同时提供了对公共语言运行库和 . NET Framework 的访问等多种新功能。

2. 服务器技术

（1）ASP

ASP(active server pages)是服务器端脚本编写环境的简称。ASP 应用程序容易开发和修改,通过使用 ASP 可以融合 HTML 页、脚本命令和 ActiveX 组件来创建和运行动态、交互的 Web 服务器。

ASP 脚本在浏览器向 Web 服务器请求 . asp 文件时,就开始运行。然后 Web 服务器调用 ASP 全面读取请求的文件,执行所有脚本命令,并将结果以标准的 HTML 传输给浏览器。返回到浏览器的只有脚本结果,所以服务器端脚本不容易被复制,用户也看不到创建浏览页的脚本命令。

（2）JSP

JSP(java server pages)是一种已经广泛应用的动态网页技术标准。JSP 技术优点类似于 ASP 技术,它是在传统网页 HTML 文件中插入 Java 程序段和 JSP 标记,从而形成 JSP 文件。用 JSP 开发的 Web 应用是跨平台的,既能在 Linux 上运行,也能在其他操作系统中运行。

JSP 技术使用 Java 编程语言编写类 XML 的标记和 Java 程序段来封装产生动态网页的处理逻辑。网页还能通过标记和 Java 程序段访问存在于服务器端的资源和应用逻辑。JSP 将网页逻辑、网页设计和显示分离,支持可重用的基于组件的设计,使基于 Web 的应用程序的开发变得迅速、容易。Web 服务器在遇到访问 JSP 网页请求时,首先执行其中的程序段,然后将执行结果连同 JSP 文件中的 HTML 代码一起返回给客户。插入的 Java 程序段可以操作数据库、重新定向网页等,以实现建立动态网页所需要的功能。

（3）XML

XML(eXtensible markup language)即可扩展标记语言。它与 HTML 一样是属于 SGML 系列的一种标准通用语言。作为因特网环境中跨平台的、依赖于内容的技术,XML 是当前处理结构化文档信息的最有利工具之一。它使用一系列简单的标记描述数据,而这些标记可以用方便的方式建立。XML 的简单使其易于在任何应用程序中读写数据,这使 XML 很快成为数据交换的唯一公共语言。

在电子商务的应用方面,基于 XML 的 EDI 系统是一个成功的范例。其基本思想是在文档中增加足够的智能处理信息,使得文档(以及以文档为中心的文档处理工具)成为电子商务的框架。如在企业中的供应链的管理、客户服务的支持、资源整合和物流管理等应用,通常会涉及很多不同的处理过程和步骤,文件需要转送很多部门,且文件中资料的内容和结构又不尽相同,这些工作 HTML 根本就不能胜任。而 XML 却提供了各种完整的解决方案和功能,包括资料传递、资料采撷、资料结构与资料呈现等,让设计流程大为简化。XML 可以让电子商务拥有更多的资源选择,使供应商与消费者或供应商与合作伙伴之间维持更密切、更有效率的关系。

3. Web Service 技术

Web Service 是建立可互操作的分布式应用程序的新平台,该平台是一套标准,它定义了应用程序如何在 Web 上实现可互操作性。你可以用任何你喜欢的语言,在任何你喜欢的平台上写 Web Service,可以通过 Web Service 标准对这些服务进行查询和访问。

Web Service 的主要目标是跨平台的可互操作性。就技术角度而言,无论从哪个角度来看,Web 服务都是对象/组件技术在因特网中的延伸。

4. 中间件技术

中间件是介于应用系统和系统软件之间的一类软件,它使用系统软件所提供的基础服务,衔接网络上应用系统的各个部分或不同的应用,以达到资源共享、功能共享的目的。中间件位于客户—服务器的操作系统之上,管理计算资源和网络通信。

(1)中间件的特点

一般认为,中间件必须具有以下特点:有标准的协议和接口;分布计算,提供网络、硬件、操作系统透明性;能满足大量应用的需要;能运行于多种硬件和操作系统平台。

(2)中间件作用

中间件产品目前已经得到各行各业的广泛认可,被金融、电信、交通、能源、零售等行业普遍采用。在电子商务系统中,中间件的作用举足轻重,包括以下5种。

①保障了通信的高效可靠。电子商务需要大量的数据通信,中间件负责通信建立和维护、数据的传输和校验、故障恢复,对不同的网络状况采用相应的流量控制策略,提供压缩功能保障应用数据传输的高效可靠。

②提高业务处理能力。中间件通过对业务占用主机资源和数据库资源的有效控制,可以防止低效系统的出现,提高业务处理能力。

③增强系统的可伸缩性和可用性。中间件可将多台机器配置成服务器组,增加企业处理能力,在多台机器间均衡负载的工作以适应不断变化的业务需要。当某服务主机发生故障时,业务处理自动交由集群服务组的其他主机来完成,不会导致应用系统瘫痪。

④开发简单,维护方便。中间件独立承担系统在某方面的应用需求,使其他程序专职于业务,使开发工作变得标准、清晰、简单而有层次。为了方便商务系统的维护,可以采用中间件的统一管理工具,减少工作量,提高效率。

⑤加强了安全性。中间件可利用密码学、身份认证、公开密钥基础设施等技术为电子商务提供机密性、完整性、鉴别性、访问控制等多个层面的安全功能。

五、网页

在 WWW 环境中,浏览器窗口中显示的一页一页的页面被称为网页。网页中可以包含文字、表格、图像、声音、动画与视频等信息内容,网页之间建立了超文本链接以便于浏览。

1. 主页

主页是 Homepage 的直译。确切地说,Homepage 是一种用超文本标记语言(描述性语言)将信息组织好,再经过相应的解释器或浏览器翻译出的文字、图像、声音、动画等多种信息组织方式。用户可以把它与报纸、杂志、电视、广播同等对待。Homepage 的传播方式是将原代码和与 Homepage 有关的图形文件、声音文件放在一台服务器(称 WWW)查询。如想了解 IBM 公司的情况,你可以浏览 IBM 公司的 Homepage,它应该放在 IBM 的 WWW 服务器上,在浏览器 URL 输入的地方输入 http://www.ibm.com 即可。

2. 网页构成

一般来说,网页主要由文本、图片、动画、超链接等元素构成。

（1）文本

文本是网页中最基本的元素,网站主题思想的表达、网上信息的发布都离不开文本,文本是传递信息最直接、最通用、最容易沟通的方式,且传输速度快,占用空间小。

（2）图片

网页的一大特点是图文并茂。在网页上加入适量的图片,有时比文本更直观、更有说服力,无须更多的文本赘述,网页更加丰富生动。WWW 浏览器一般只识别 GIF 与 JPEG 两种图像格式。

（3）动画

几年前网页都是静态的,像是定格的风景一样。由于网络传输速度的制约,使得制作具有动画效果的 Web 网站面临很多困难。1995 年,Sun 公司开发了 Java 程序设计语言,用户可以创建能够调用图片和声音的多媒体应用小程序,在短短一年内,Java 就风行全球。如果对程序语言不熟,又要像用 Office 软件一样轻松地制作动画,并且便于浏览,那么可以学习使用 Flash 和 Fireworks 等软件进行动画制作。

（4）超链接

通过超链接可以把独立的网页整合在一起,使之构成一个有机整体。

第三节　电子数据交换技术

电子数据交换(electronic data interchange,EDI) 是一种利用计算机进行商务处理的方式。EDI 是将贸易、运输、保险、银行和海关等行业的信息,用一种国际公认的标准格式,形成结构化的事务处理的报文数据格式,通过计算机通信网络,使各有关部门、公司与企业之间进行数据交换与处理,并完成以贸易为中心的全部业务过程。EDI 包括买卖双方数据交换、企业内部数据交换等。

一、EDI 的概念

国际标准化组织(ISO) 将 EDI 定义为:将商业或行政事务,按照一个公认的标准,形成结构化的事务处理或信息数据结构,从计算机到计算机的电子数据传输。

联合国国际贸易法委员会 EDI 工作组(Uncitral/WG. 4) 对 EDI 的法律定义为:EDI 是用户的计算机系统之间的对结构化的、标准化的信息进行自动传送和自动处理的过程。

从这两个定义中可以发现,EDI 具有信息标准化、电子传输化、计算机处理等特点。以上定义均表明 EDI 应用有它自己特定的含义和条件,即:

（1）EDI 是交易双方之间的文件传递;

（2）交易双方传递的文件是特定的格式,采用的是报文标准;

（3）双方均有自己的计算机系统(或计算机管理信息系统);

（4）双方的计算机（或计算机系统）能发送、接收并处理符合约定标准的交易电文的数据信息；

（5）双方计算机之间有网络通信系统，信息传输是通过该网络通信系统实现的，信息处理是由计算机自动进行的，无须人工干预和人为介入。

这里所说的数据或信息是指交易双方互相传递的具备法律效力的文件资料，可以是各种商业单证，如订单、回执、发货通知、运单、装箱单、收据发票、保险单、进出口申报单、报税单、缴款单等，也可以是各种凭证，如进出口许可证、信用证、配额证、检疫证、商检证，等等。

因此，可以将 EDI 的概念概括为：EDI 是指企业与企业之间，企业与政府之间通过一个内部网（Intranet）进行的数据传递和数据交换。通俗地讲就是标准化的商业文件在计算机之间从应用到应用的传送。许多商户选择 EDI 作为一种快速、低费用和安全的方式来传送订购单、发票、运货通知与其他常用的商业文件。

EDI 是将信息（主要指商业信息）以标准格式在不同机构的计算机系统之间进行的自动化传递。EDI 的发送方将文件、订单、合同、发票、提单、海关申报单、进出口许可证等行政或商业文电按照参与各方都认可的标准格式构成计算机能够识别、处理的数据结构，并通过数据通信网在不同国家、不同地区、不同地域、不同行业的计算机系统之间进行信息交换，从而实现业务信息的自动化处理。

二、构成 EDI 系统的要素

构成 EDI 系统的 3 个要素是：EDI 软件和硬件、通信网络、数据标准化。

一个部门或企业要实现 EDI，首先必须有一套计算机数据处理系统。其次，为使本企业内部数据比较容易地转换为 EDI 标准格式，须采用 EDI 标准。另外，通信环境的优劣也是关系到 EDI 成败的重要因素之一。

1. 计算机应用是实现 EDI 的内部条件

EDI 不是简单地通过计算机网络传送标准数据文件，它还要求对接收和发送的文件进行自动识别和处理。因此，EDI 的用户必须具有完善的计算机处理系统，需要配备相应的 EDI 软件和硬件。

EDI 软件具有将用户数据库系统中的信息译成 EDI 的标准格式以供传输交换的能力。虽然 EDI 标准具有足够的灵活性，可以适应不同行业的不同需求，但由于每个公司都有自己所规定的信息格式，因此，当需要发送 EDI 电文时，必须用某些方法从公司的专有数据库中提取信息，并把它翻译成 EDI 的标准格式进行传输，这就需要有 EDI 相关软件的帮助。

（1）转换软件。它可以帮助用户将原有计算机系统的文件转换成翻译软件能够理解的平面文件（natFile），或是将从翻译软件接收来的平面文件转换成原计算机系统中的文件。

（2）翻译软件。将平面文件翻译成 EDI 标准格式，或将接收到的 EDI 标准格式翻译成平面文件。

（3）通信软件。将 EDI 标准格式的文件外层加上通信信封（Envelope），再送到 EDI 系统交换中心的邮箱（Mailbox），或由 EDI 系统交换中心将接收到的文件取回。

EDI 所需的硬件设备大致有：计算机、调制解调器（Modem）及电话线，目前所使用的计算机，如 PC、工作站、小型机、主机等，均可利用。由于使用 EDI 来进行电子数据交换需要通过通信网络，而目前采用电话网络进行通信是很普遍的方法，因此 Modem 是必备硬件设备。Modem 的功能与传输速度应根据实际需求选择。一般最常用的是电话线路，如果对传输时效及资料传输量有较高要求，可以考虑租用专线。

2. 数据通信网是实现 EDI 的技术基础

为了传递数据，必须有一个覆盖面广、高效安全的数据通信网作为其技术支撑环境。由于 EDI 传输的是具有标准格式的商业或行政有价文件，除了要求通信网具有一般的数据传输和交换功能外，还必须具有格式校验、确认、跟踪、防篡改、防被窃、电子签名、文件归档等一系列安全保密功能，并且在用户间出现法律纠纷时，能够提供法律证据。早期的 EDI 多使用专用网，因此，一般将专用网称为 VAN 增值网。

3. 标准化是实现 EDI 的关键

EDI 是为了实现商业文件、单证的互通和自动处理，不同于人—机对话方式的交互式处理，是计算机之间的自动应答和自动处理。因此文件结构、格式、语法规则等方面的标准化是实现 EDI 的关键。EDI 标准主要包括基础标准、代码标准、报文标准、单证标准、管理标准、通信标准、安全保密标准等。

计算机应用系统是实现 EDI 的条件，通信环境是 EDI 应用的基础，标准化是 EDI 的特征，这 3 方面相互衔接、相互依存，构成 EDI 的基础框架。

三、EDI 的标准体系

EDI 标准就是国际社会共同制定的一种用于书写商务报文的规范和标准协议。制定这个标准的主要目的是消除各国语言、商务规定以及表达与理解上的歧义，为国际贸易实务操作中的各类单证数据交换搭起一座电子数据通信的桥梁。

EDI 是目前为止最为成熟和使用范围最广泛的电子商务应用系统。其根本特征在于标准的国际化，标准化是实现 EDI 的关键环节。早期的 EDI 标准，只是由贸易双方自行约定，随着使用范围的扩大，出现了行业标准和国家标准，最后形成了统一的国际标准。国际标准的出现，极大地促进了 EDI 的发展。随着 EDI 各项国际标准的推出，以及开放式 EDI 概念模型的趋于成熟，EDI 的应用领域不仅只限于国际贸易领域，而且在行政管理、医疗、建筑、环境保护等各个领域都得到了广泛应用。可见 EDI 的各项标准是使 EDI 技术得以广泛应用的重要技术支撑，EDI 的标准化工作是 EDI 发展进程中不可缺少的一项基础性工作。

在 EDI 的发展过程中曾经制定过以下标准。

1. 贸易数据交换导则

在 1981 年斯德哥尔摩会议的基础上，欧洲推出了第一套网络商贸数据标准，即贸易数据交换导则（guidelines on trade data interchange，GTDI）。它的发布为众多准备参加研制和开发国际电子商贸系统的国家与组织奠定了基础。

2. 美国的 ANSI/ASC/X. 12 标准

20 世纪 70 年代后期,在美国国家标准局(ANSI)的指示下,由美国标准化委员会(ASC)在此基础上制定了 ANSI/ASC/X. 12 标准。X. 12 标准的正式推出极大地促进了北美大陆的 EDI 进程。

3. 联合国 UN/EDIFACT 标准

GTDI 和 X. 12 标准的推出推进了 EDI 和国际电子商贸系统的进程。但是这两个标准的存在,客观上使欧共体和北美两大贸易集团之间的数据交换有了障碍。为了解决这一问题,1987 年由联合国出面组织美国和欧洲等 20 多个国家的专家在纽约开会,讨论如何将两大标准统一,建立世界统一的 EDI 标准。随后经过几年的努力,终于在 1990 年 3 月正式推出 UN/EDIFACT 标准,并被国际标准化组织正式接受为国际标准 ISO 9735。它统一了世界贸易数据交换中的标准,使得利用电子技术在全球范围内开展商贸活动成为可能。

联合国对 UN/EDIFACT 标准所给出的定义为:EDIFACT 是"适用于行政、商业、运输部门的电子数据交换的联合国规则。它包括一套国际协定标准、手册和结构化数据的电子交换指南,特别是那些在独立的、计算机化的信息系统之间所进行的交易和服务有关的其他规定"。

四、EDI 系统的功能模型

在 EDI 中,EDI 参与者所交换的信息客体称为邮包。在交换过程中,如果接收者从发送者那儿所得到的全部信息包括在所交换的邮包中,则认为语义完整,并称该邮包为完整语义单元(CSU),CSU 的生产者和消费者统称为 EDI 的终端用户。

在 EDI 工作过程中,所交换的报文都是结构化的数据。整个过程都是由 EDI 系统完成的。EDI 系统结构如图 4 - 7 所示。

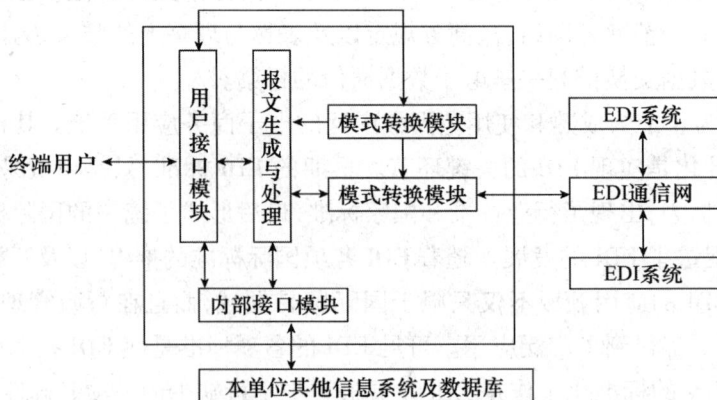

图 4 - 7 EDI 工作过程

1. 各模块的功能

(1)用户接口模块。业务骨干人员可用此模块进行输入、查询、统计、中断、打印等,及时了解市场变化,调整策略。

(2)内部接口模块。这是 EDI 系统和本单位内部其他信息系统与数据库的接口,一份来自外部的 EDI 报文,经过 EDI 系统处理之后大部分相关内容都需要经内部接口模块送往其他信息系统,或查询其他信息系统才能给对方 EDI 报文以确认的答复。

(3)报文生成及处理模块。该模块有两个功能。

①接收来自用户接口模块和内部接口模块的命令和信息,按照 EDI 标准生成订单、发票等各种 EDI 报文和单证,经格式转换模块处理之后,由通信模块经 EDI 网络发给其他 EDI 用户。

②自动处理由其他 EDI 系统发来的报文。在处理过程中要与本单位信息系统相连,获取必要信息并给其他 EDI 系统答复,同时将有关信息送给本单位其他信息系统。

如因特殊情况不能满足对方的要求,经双方 EDI 系统多次交涉后不能妥善解决的,则把这一类事件提交用户接口模块,由人工干预决策。

(4)格式转换模块。所有 EDI 单证都必须转换成标准的交换格式,转换过程包括语法上的压缩、嵌套、代码的替换以及必要的 EDI 语法控制字符。在格式转换过程中要进行语法检查,对于语法出错的 EDI 报文应拒收并通知对方重发。

(5)通信模块。该模块是 EDI 系统与 EDI 通信网络的接口。它包括执行呼叫、自动重发、合法性和完整性检查、出错报警、自动应答、通信记录、报文拼装和拆卸等功能。

2. EDI 系统的其他基本功能

除以上这些基本模块外,EDI 系统还有以下基本功能。

(1)命名和寻址功能。EDI 的终端用户在共享的名字当中必须是唯一可标识的。命名和寻址功能包括通信和鉴别两个方面。

在通信方面,EDI 是利用地址而不是名字进行通信的,因而要提供按名字寻址的方法。这种方法应建立在开放系统目录服务 ISO 9594(对应 TTU-TX. 500)基础上。在鉴别方面,有通信实体鉴别、发送者与接收者之间的相互鉴别等。

(2)安全功能。EDI 的安全功能应包含在上述所有模块中。它包括的主要内容有:终端用户以及所有 EDI 参与方之间的相互验证,数据完整性,EDI 参与方之间的电子(数字)签名,否定 EDI 操作活动的可能性,密钥管理。

(3)语义数据管理功能。完整语义单元(CSU)是由多个信息单元(IU)组成的。其 CSU 和 IU 的管理服务功能如下:IU 应该是可标识和可区分的;IU 必须支持可靠的全局参考;应能够存取指明 IU 属性的内容,如语法、结构语义、字符集和编码等;应能够跟踪和对 IU 定位;对终端用户提供方便和始终如一的访问方式。

五、EDI 系统的操作过程

当今世界通用的 EDI 通信网络,是建立在 MHS 数据通信平台上的信箱系统,其通信机制是信箱间信息的存储和转发。具体实现方法是在数据通信网上加挂大容量信息处理计算机,在计算机上建立信箱系统,通信双方需申请各自的信箱,其通信过程就是把文件传到对方的信箱中。文件交换由计算机自动完成,在发送文件时,用户只需进入自己的信箱系统。通信流程中各功能模块(图 4-8)说明如下。

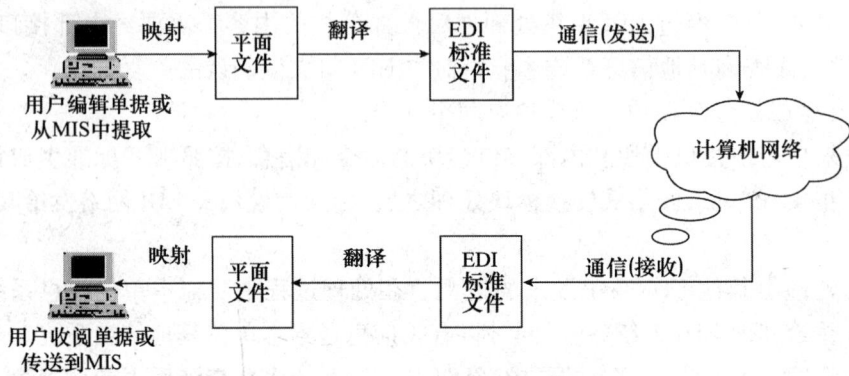

图4-8 EDI通信流程功能模块

1. 映射——生成 EDI 平面文件

用户的 EDI 应用系统将用户的应用文件（如单证、票据等）或数据库中的数据取出，转换成一种标准的中间文件。这一过程称为映射（mapping），也就是格式转换。平面文件是用户通过应用系统直接编辑、修改和操作的单证与票据文件，它可以直接阅读、显示和打印输出。

2. 翻译——生成 EDI 标准格式文件

将平面文件通过翻译软件（translation software）生成 EDI 标准格式文件。EDI 标准格式文件就是所谓的 EDI 电子单证，或称电子票据，它是 EDI 用户之间进行贸易和业务往来的依据。EDI 标准格式文件是一种只有计算机才能阅读的 ASCII 文件，它是按照 EDI 数据交换标准（即 EDI 标准）的要求，将单证文件（平面文件）中的目录项，加上特定的分割符、控制符和其他信息，生成的一种包括控制符、代码和单证信息在内的 ASCII 码文件。

3. 通信

这一步由计算机通信软件完成。用户通过通信网络接入 EDI 信箱系统，将 EDI 电子单证投递到对方的信箱中。EDI 信箱系统则自动完成投递和转接，并按照 X.400（或 X.435）通信协议的要求，为电子单证加上信封、信头、信尾、投送地址、安全要求及其他辅助信息。

4. EDI 文件的接收和处理

接收和处理过程是发送过程的逆过程。首先需要接收用户通过通信网络接入 EDI 信箱系统，打开自己的信箱，将来函接收到自己的计算机中，经格式校验、翻译、映射还原成应用文件。最后对应用文件进行编辑、处理和回复。

在实际操作过程中，EDI 系统为用户提供的 EDI 应用软件包，包括应用系统、映射、翻译、格式校验和通信连接等全部功能。其处理过程，可将其看作是一个"黑匣子"，完全不必关心里面具体的过程。

六、EDI 的优势和应用

EDI 以其快捷、准确、安全、高效和低成本等特点得到了世界各国的重视。EDI 将贸易过程的各个环节（如订货、生产、销售、运输和结算）有机地联系起来，通过与各有关部门、公司及单位进行必要的数据传输处理,即可完成包括报关、运输、银行、保险等部门的全部业务过程。EDI 贸易过程通过内部网络自动进行,极大地提高了贸易效率,同时也促进了纸张贸易向无纸贸易的转变。

EDI 通过内部互连的数据通信使得企业不仅可与本网络内的业务伙伴通信,而且可以与其他网络中有关的业务伙伴进行通信,扩大了企业的业务范围,进而增加了企业的商业机会,提高了企业的市场竞争能力。在 EDI 中,贸易信息传输过程的电子化和自动化使信息的传输速度显著提高,极大地减少了订单处理、备货发货以及制单结汇的时间。通过 EDI 与客户联网,企业可以对客户的询价等及时回复,密切了与贸易伙伴的联系,从而提高了对客户的服务水平。采用 EDI 后,企业可以加快货物流动的速度,从而使企业可以降低库存、加速资金周转。

EDI 以其显著的优势可以为企业创造良好的经济效益,美国通用汽车公司采用 EDI 后,每生产一辆汽车节约成本 250 美元,按其年产 500 万辆计算,一年就可以节约 12.5 亿美元。该公司一个 5 年的统计表明,由于采用了 EDI,其产品零售额上升了 60%,而库存从 30 天降至 6 天。日本东芝公司在使用 EDI 之后,每笔交易的文件处理费用仅为原来的 1/4。新加坡全国 EDI 网络建成后,通关时间由原来的 3—4 天缩短到只需 10—15 分钟,每年可节约 6 亿美元的文件处理费用。

从企业的角度来看,EDI 的实施涉及企业的计划、采购、生产、经营和销售等过程;从社会的角度看,EDI 的应用是与订货方、供货方、海关、银行、保险、港口、运输等环节的密切配合。它既包括技术(如计算机硬件、软件、网络等)的应用,又必须有各业务部门的参与和配合。

随着互联网技术的发展,互联网给 EDI 应用提供了更便利的网络平台,其应用范围不断扩展,主要体现在以下几个方面。

1. 商业贸易领域

在商业贸易领域,通过采用 EDI 技术,可以将不同制造商、供应商、批发商和零售商等商业贸易企业之间各自的生产管理、物料需求、销售管理、仓库管理、商业 POS 系统有机地结合起来,从而使这些企业大幅度提高其经营效率。商贸 EDI 业务特别适用于那些具有一定规模的、有良好计算机管理基础的制造商,采用商业 POS 系统的批发商和零售商,为国际著名厂商提供产品的供应商。

2. 运输业

在运输行业,通过采用集装箱运输电子数据交换业务,可以将船运、空运、陆路运输、外轮代理公司、港口码头、仓库、保险公司等企业各自的应用系统联系在一起,这样就可以有效地提高货物运输能力,实现物流控制电子化,实现国际集装箱联运。

3. 通关自动化

在外贸领域,通过采用 EDI 技术,可以将海关、商检、卫检等口岸监管部门与外贸公司、来料加工企业、报关公司等相关部门和企业紧密地联系起来,从而简化进出口贸易程序,提高货物通关的速度。

4. 其他领域

在税务、银行、保险等贸易链路环节中,EDI 技术同样具有广泛的应用前景。通过 EDI 和电子商务技术还可以实现电子报税、电子资金划拨(EFT)等。

七、EDI 的发展方向

随着计算机网络技术的发展,特别是万维网的出现,使电子数据交换变得十分开放,而且非常廉价,以 Web 网站形式发布、共享信息是电子商务发展中的一个重大里程碑。开放的互联网使中小企业有机会平等地参与到电子商务中来,这就给传统的 EDI 带来了很大的机遇和挑战,机遇是 EDI 可以利用互联网技术扩大其应用的范围,挑战是 EDI 必须利用新的技术手段和接口标准融入到一个基于互联网的、没有边界的、可以无限扩展的电子商务解决方案中去。

XML 是一种可扩展的标记性语言,它可以自定义标志和属性,具有可延伸性。利用 XML 所具有的可延伸性以及自我描述(self-descriptive)特性,Web 文件可以在企业间的应用程序中自动传输、处理及储存,不同厂商的电子商品可以在同一个使用者界面中同时展现,资讯的搜寻变得更为精确快速,不同系统间可以流畅地互通,而中小企业也可以轻易享受 EDI 的好处。目前已有一些组织(比如 XML/EDI)正在致力于将传统 EDI 的消息格式与传统 EDI 业务的 VAN 分离开来,把已经成熟的传统 EDI 消息与 XML 结合起来,使 EDI 的数据交换与因特网中其他数据交换拥有一个标准。另外,许多电子商务服务提供商已经利用 XML 技术使其电子商务解决方案能够与传统的 EDI 无缝集成,进行数据交换。所以基于互联网的 iEDI 是传统 EDI 的发展方向。

对于那些数据传送量少的小企业来说,投入大量的财力和人力去购买相关的软硬件、开发 EDI 单证和进行日常维护是一个大的负担和麻烦,投资往往是得不偿失。基于互联网的 iEDI 极大方便了那些小企业,他们不用购买和维护 EDI 软件,不用进行 EDI 单证和 API 开发,只需利用现成的 Windows 和浏览软件(这些软件随处可买,甚至可以免费获得)即可进行 EDI 应用,而有关表格制作和单证翻译等工作由 EDI VAN 的提供者来做。

关键词

网络拓扑　超文本传输协议　文件传输协议　简单电子邮件传输协议　邮局协议
远程登录协议　IP 地址分类　子网掩码　域名　WWW 服务　超级链接　URL
HTTP　HTML

思考与讨论

1. 按照网络拓扑结构分类,计算机网络可分为哪几种类型?其特点分别是什么?

2. 什么是 TCP/IP 协议,TCP/IP 模型分为几层,各层的主要功能是什么?

3. 什么是 IP 地址,什么是子网掩码?其功能是什么?

4. 什么叫域名的层次型命名法?

5. 互联网的接入方法有哪些?

6. 简述内联网、外联网、互联网三者之间的区别。

7. 简述 Web 客户端技术及其服务器技术。

8. 什么是数据仓库,它与数据库有何区别?

9. 什么是数据挖掘,数据挖掘的研究内容包括什么?

10. 简述 EDI 的工作过程。

实践练习

1. 通过互联网访问清华大学 BBS(telnet://bbs. tsinghua. edu. cn)或北京大学 BBS(telnet://bbs. pku. edu. cn),比较与 WWW 页面有何不同。

2. 上网搜索"电子商务的发展状况资料",并将资料整理以后压缩打包发往教师信箱。

第五章 电子商务的体系结构与系统建设

学习目标

1. 认识电子商务的运作体系框架。
2. 了解电子商务系统运行所需的环境。
3. 明确电子商务的应用体系结构。
4. 掌握电子商务的技术支持环境。
5. 掌握电子商务网站规划与建设的基本内容。
6. 了解电子商务系统的测试方法。
7. 了解电子商务系统的实施与发布。
8. 了解电子商务系统的后期维护。

案例引入

持续快速稳定地支撑京东交易系统的发展

京东网站交易架构师隋剑峰在"2014 中国系统架构师大会"上分享了主题为"持续快速稳定地支撑京东交易系统的发展"的演讲。他提出:"由于京东业务持续快速地发展,给网站和在线交易系统带来巨大的流量和数据量冲击,交易系统的访问量和数据量已经持续多年以每半年翻倍的速度发展,这给技术带来巨大的挑战。因为流量和数据量的快速增长,很难给交易系统设计一套能长期支撑业务发展的系统,能支撑 2 年业务发展的系统都要按照当前 10 倍的能力来设计,对当前系统来说,10 倍的预期发展对当前资源是个巨大浪费……"

资料来源:摘自《高效电商系统惊艳 2014 系统架构师大会》
http://tech.it168.com/a2014/0902/1663/000001663018.shtml

可见,一个健康、高效的系统对于电商平台的正常运作是至关重要的。本章我们将对电子商务的运作体系结构、应用体系结构和电子商务系统的规划与建设、实施与维护等内容进行简单的介绍。

第一节　电子商务的运作体系框架

电子商务系统是通过一定形式的结构来体现的,即结构是每一具体系统的构成形式,只有依靠结构才能将各个孤立的因素有机连接成一个系统。因此,本节从总体结构的角度对电子商务系统进行介绍。

一、电子商务系统的基本概念

电子商务是一个充满机遇和挑战的新领域。为了更好地开展电子商务,必须掌握电子商务系统的基本概念,深入了解电子商务系统的体系结构,明确电子商务系统与一般信息系统的差异。

(一)电子商务系统

所谓电子商务系统,广义上讲是支持商务活动的电子技术手段的集合。狭义上讲,是指企业、消费者、银行(金融机构)、政府等在互联网和其他网络的基础上,以实现企业电子商务活动为目标,满足企业生产、销售、服务等需要,支持企业的对外业务协作,从运作、管理和决策等层次全面提高企业信息化水平,为企业提供商业智能的计算机系统。

从技术角度来看,电子商务系统由下面三部分组成:企业内部网、企业内部网与互联网的连接、电子商务应用系统。

从商务角度来看,电子商务系统有企业与企业之间、企业与消费者之间、企业内部电子商务三种形式。从电子商务的发展趋势来看,企业与企业之间的电子商务将是电子商务业务中的重头戏。企业与消费者之间的电子商务是人们最熟悉的一种类型,目前大量的网上商店利用互联网提供交互通信功能,完成网上购物过程,这基本等同于电子零售业。企业内部电子商务主要是指采用电子商务技术完成企业内部交易,实现企业内部物流、资金流和信息流的信息化。

(二)电子商务系统结构

电子商务在一定程度上改变了市场的基本结构,传统的市场交易链是在商品、服务和货币交换的过程中形成的,而电子商务强化了信息这个很重要的因素,并基于互联网发展催生出信息服务、信息商品和电子货币等,从本质上来说,商品交易的本质并没有改变,只是交易过程中一些环节的处理方式发生了变化。

电子商务系统从结构上来看,由以下几部分构成:网络平台、硬件平台、软件平台、电子商务服务平台及电子商务运用平台,如图5-1所示。

图 5 - 1　电子商务系统的基本构成

（1）网络平台。网络环境及设置是实现电子商务的基础,是信息及数据传输的平台,包括电信网络、有线电视网、无线网络等。这些网络在不同层次上为电子商务提供了传输的渠道,一般情况下,电子商务系统在互联网环境中运行。

（2）硬件平台。计算机主机、外部设备及通信设备构成了电子商务运行的硬件平台。硬件环境的建设是整个网络环境形成的物质基础。服务器的性能决定了计算机主机的运行效率。外部设备及通信设备在硬件平台中扮演着重要的角色。

（3）软件平台。软件平台为电子商务系统的开发、运行及维护提供支持,包括操作系统、网络通信协议、开发语言等。能够胜任电子商务服务器要求的操作系统主要有 UNIX 及类 UNIX 操作系统、微软公司的 Windows NT 操作系统和诺勒公司的 Netware 操作系统。选择合适的操作系统后,再根据企业的不同需求安装配套的应用软件。

（4）电子商务服务平台。电子商务服务平台包括安全、支付、认证等。目前,电子商务提供的服务包括在线支付、客户关系管理、企业资源计划等。网上支付的安全是保障电子商务顺利完成的关键环节,通常采用 CA 认证来保障电子商务安全。

（5）电子商务运用平台。电子商务的运用非常广泛,包括网上购物、网上银行等。企业在电子商务平台上展示产品,并通过库存软件对产品库存进行合理的管理。客户在网上直接支付货币。企业依靠可靠的物流系统保证电子商务的运行。企业利用电子商务开展业务活动,这成为电子商务系统的核心部分。

二、电子商务系统的体系结构

电子商务系统呈现出一种层次结构,其中每个层次自下而上提供服务和支持。电子商务系统的体系结构可以划分为以下 10 个方面（图 5 - 2）。

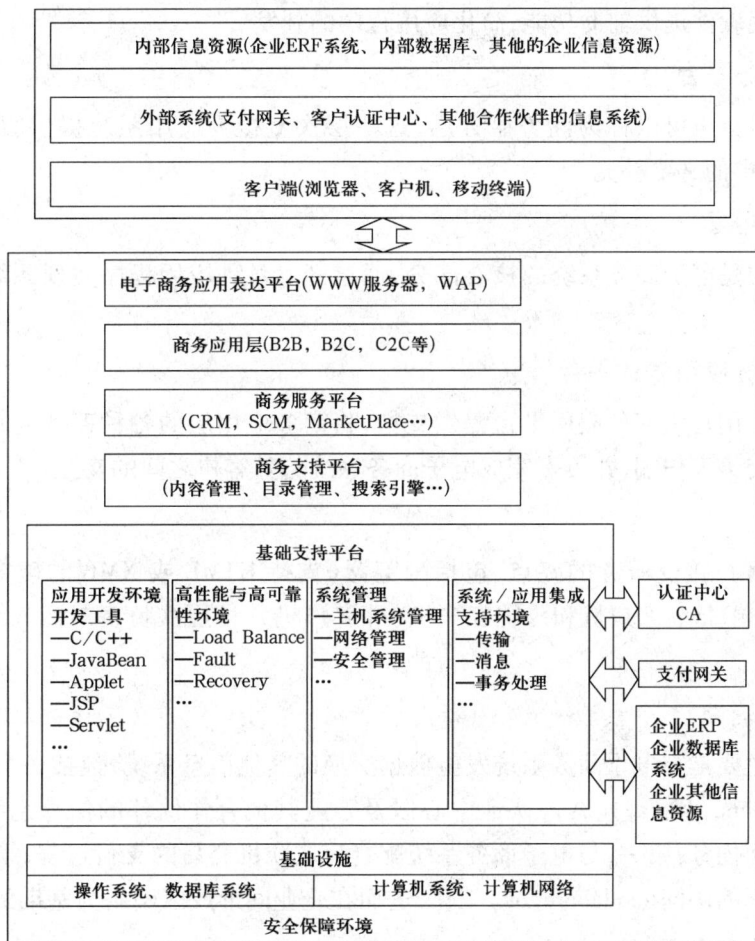

图 5-2　电子商务系统的体系结构

1. 安全保障环境

安全保障环境起到抗攻击、防止或者避免非法入侵的作用,这一环境为计算机系统、网络和应用系统提供安全保障。

2. 基础设施

基础设施是电子商务系统的运行环境,包括计算机系统、计算机网络等硬件环境,操作系统、数据库系统等软件环境,还包括各种网络协议。

3. 基础支持平台

基础支持平台也可以称为基础支持层,其作用是使应用系统的性能、效率和数据得到保证。它为商务应用提供四种基本支持,即系统开发与维护环境、系统性能优化、系统可管理性及可靠性和应用的互操作性。

4. 商务支持平台

商务支持平台也可以称为商务支持层,这一层次的作用是提高应用系统的效率。它为商务系统的应用软件提供辅助功能,简化应用程序的开发。

5. 商务服务平台

商务服务平台也可以称为商务服务层,这一层次直接为应用系统提供服务,优化应用层,是商务应用层的必要补充。

6. 商务应用层

商务应用层是电子商务系统的核心部分,通过开发各种应用程序实现系统的核心商务逻辑。

7. 电子商务应用表达平台

该层次的作用是为商务应用平台提供支持,将商务应用层的各种商务逻辑处理结果以不同的形式提交给客户端,并负责完成电子商务系统与其客户之间的交互。

8. 客户端

该层次是客户接受服务的终点,包括浏览器(支持 HTML 或 XML 的瘦客户机)、支持 WML 的移动终端、Java 客户机和传统客户机(胖客户机),该层次负责对商务系统的处理结果做最终解释。

9. 外部系统

这一部分主要是与电子商务系统发生数据交换的其他信息系统,包括三个方面:银行的支付网关(payment gateway)、客户认证中心以及企业其他合作伙伴的信息系统。这一部分负责完成两方面任务:第一,与电子商务系统配合完成联机交易的支付过程;第二,通过信息交换完成企业间的协同(collaboration)工作,进而在企业间形成以网络为基础的虚拟市场。

10. 内部信息资源

该部分负责完成企业内部的电子商务。内部信息资源与企业电子商务系统之间形成共享关系。该部分主要包括企业 ERP 系统、企业内部数据库和其他的企业信息资源等。

第二节　电子商务的应用体系结构

与传统应用系统相比,电子商务应用系统的主要特征体现在互联网技术的使用上,传统应用系统的客户端系统和应用逻辑是精密地耦合在一起的,任何应用逻辑的变化都将引起客户端软件的变化,客户端软件需要不断更新。对于电子商务系统而言,由于应用范围的不断扩展及用户数量的不确定性,如果客户端需要复杂的处理能力和较多的资源,必然导致系统总体费用增加,且系统客户端无法维护。

以上问题可以归为两大类,即应用任务分担问题,客户端系统的分发和界面问题,由此产生了两类新的结构:三层客户机/服务器结构(3-tiered client/server)和浏览器/服务器结构

（browser/server，B/S）。三层客户机/服务器结构是指将商业和应用逻辑独立出来，组成一个新的应用层次，并将这一层次放在服务器端；B/S结构指客户端使用了Web技术，即在客户端使用浏览器，并在应用服务器端配置Web服务器以响应浏览器请求。

与两层结构相比，三层结构具有很强的伸缩性、管理性和安全性。

三层结构的概念提出后不断被引申、扩展，在电子商务领域中，一些大的电子商务解决方案供应商先后提出了自己的电子商务系统的体系结构，推出了多层次标准的电子商务系统的体系结构。在电子商务应用系统的开发中，大多采用多层结构设计。

一、应用系统设计原则

电子商务最关键的因素在于：对用户而言，怎样方便地进行购物；对商家而言，怎样降低销售成本和扩大用户群，并解决支付、结算和送货的问题。还有一个很重要的问题就是安全性。因此，我们在应用系统的设计中，主要遵循以下几方面的原则。

1. 可扩展性

系统设计除了适应目前的企业需要以外，还应充分考虑用户日后的业务发展需要。当数据量和用户数增加以及应用范围扩展时，只需调整硬件设备的性能即可满足要求。可通过采用大型数据库管理系统以及数据仓库技术对数据进行管理，以保证海量数据的存取、查询以及统计的高效率。

2. 开放性

系统设计不能仅仅停留在当前的用户需要上，还要为今后业务发展以及社会的发展提供接口。例如，目前解决了和银行业务间的联系，还要为今后和税务部门等其他政府管理部门建立联系预留接口，以适应不断发展的新技术和新业务。

3. 先进性

在兼顾系统成熟性的前提下，采用业界先进的技术，才能保证现有系统的先进性，使计算机系统发挥更大的作用，并随着技术不断发展得到相应的更新。

4. 可靠性

系统设计时要为电子商务系统提供安全保障，主要从计算机网络安全和商务交易安全两方面来考虑。网络安全主要保证系统及数据通信网络的安全性，构造安全的交易环境；而商务交易安全则保证交易过程的安全性。

二、电子商务系统的技术架构

电子商务系统的技术架构是实现电子商务的具体组织和表现形式，是电子商务的技术支持环境。电子商务系统的技术支持环境包括：电子商务网络平台、电子商务硬件平台和电子商务软件平台（包括电子商务系统集成）。网络平台是电子商务系统的基础设施，硬件平台是电子商务系统的运行平台。电子商务系统是应用软件、应用支持平台、基础环境等部分集合在一起的系统。它需要与外部信息系统、企业内部信息系统发生数据交换，只有将这些部分集合在一个统一的商务逻辑处理流程中,才能使系统发挥整体效益。

(一)电子商务网络平台

网络平台是电子商务系统的基础设施,是信息传送的载体和用户接入的基础,是电子商务数据交换的平台。它包括电信部门专营的公共数据通信网络体系。

电子商务通过互联网为客户提供的基本服务有:电子邮件(网络通信)、远程登录、文件传输、网络信息。网络平台可通过无线网络为客户提供技术支持。电子数据交换(EDI)是将现代计算机技术和远程通信技术融为一体的产物。EDI 主要传输商业信息和商业单证,简化了纸质单据的处理,提高了工作效率。

1. 网络环境提供的服务

网络环境是电子商务系统的基础。一般而言,电子商务的开展可以利用电信网络资源(就我国而言,电信部门专营的公共数据通信网络体系大体包括:ChinaPAC,ChinaDDN,ChinaNet 等),也可以利用无线网络和原有的行业数据通信网络。在电子商务系统中,应用系统大都构建在公共数据通信网络基础上。它为整个体系结构提供了一个安全的可伸缩的分布式网络平台,包括下列基于开放标准的服务。

(1)TCP/IP 和网络服务。如动态主机配置协议(dynamic host configuration protocol,DHCP)和 WAP。DHCP 为进入网络的设备动态地分配 IP 地址,而 WAP 将信息和电话内容发送到移动电话和其他的无线设备上。

(2)安全服务。基于公开密钥技术的安全服务支持用户辨认和鉴别、存取控制、保密、数据完整性和交易的无否认性。通过安全服务,可保证一定的可靠性。

(3)目录服务。基于轻量级目录访问协议(lightweight directory access protocol,LDAP)的目录服务用于定位网络中的用户、服务和资源。

(4)文件和打印服务。可以通过 Web 浏览器来存取、管理文件和提供打印服务。

2. 电子商务数据交换平台的技术要求

(1)容纳多种网络技术。

(2)多元融合、一体化和多种服务。

(3)支持多种协议。

(4)多层次交换能力。

(5)高度的可靠性和安全性。

(6)灵活性、简单性、可扩展性和高性价比。

(7)数据交换平台管理能力强、界面友好。

(二)电子商务硬件平台

电子商务硬件平台是电子商务应用系统的运行平台。电子商务系统需要的硬件有很多,主要由服务器、网络接口设备、外部设备等构成。其中最重要的是服务器。在此,我们针对服务器展开论述。

1. 服务器概述

服务器是指在网络环境下运行相应的应用软件,为网上用户提供共享信息资源和各种服务的一种高性能计算机。作为网络的节点,服务器存储、处理网络上80%的数据、信息,因此,也称为网络的灵魂。服务器管理着应用程序、数据和网络资源。早期的服务器主要用来管理数据文件或网络打印机,现在的服务器则用来提供其他各种服务,如网络管理、信息处理和安全访问等。电子商务系统的服务器是应用系统运行的主要环境。

(1)Web服务器:Web服务器存放网页供访问者浏览。客户使用浏览器来浏览Web服务器上的内容。

(2)代理服务器:代理服务器代理网络用户取得网络信息,是网络信息的中转站。它负责转发合法的网络信息,并对转发进行控制和登记。

2. 服务器选择原则

作为应用系统运行的主要环境,服务器直接影响整个系统的运作效率和性能。因此,对于服务器的选择不能盲目,而要遵循一定的原则。

(1)服务器的性能指标。一般而言,选择服务器时通常要考虑以下几个方面的指标。

①可管理性。是指服务器的管理是否方便、快捷,应用软件是否丰富。

②可用性。是指在一段时间内服务器可供用户正常使用的时间的百分比。

③高性能。是指服务器综合性能指标要高。要求在运行速度、磁盘空间、容错能力、扩展能力、稳定性、监测功能等方面具有较高的性能。

④模块化。是指电源、网卡、SCSI卡和硬盘等部件为模块化结构,且都有热插拔功能,可以在线维护,从而使系统停机的可能性大大减少。

(2)其他应注意的问题。电子商务系统的服务器主机是应用系统运行的主要环境。对电子商务系统而言,它所面临的是用户对系统响应时间的苛刻要求、动态变化且难以预估的未来负荷、未知的升级周期等特殊问题。所以,在选择服务器的主机时,除了关注以上性能指标,还应当注意以下问题。

①可靠性高、安全性好。由于电子商务系统所支持的企业商务活动要求7×24小时不间断地工作,而且系统处理的多是企业敏感的商务数据,因此,电子商务系统的服务器必须具备良好的安全性,应当注意服务器是否具有诸如自动恢复、动态系统重新配置、模块化结构、在线升级等特性。

②可扩展性。当系统的负荷增大到一定程度时,需要对系统进行扩展。系统扩展主要有两种方式:一种是增加系统的配置,如增加内存,更换CPU、外部存储设备等;另一种是通过增加服务器、建立服务器集群来满足需求的增长。不管是哪种方式都要求系统具有可扩展的体系结构(如冗余插槽、托架、电源等)。

③网络吞吐量及网络接口。服务器的计算能力和网络吞吐量不一定呈线性关系,例如,用于计算机仿真领域的某些高性能计算机的运算性能、图形处理能力很强,但其网络接口及

网络吞吐量却非常有限。由于电子商务系统的服务器必须在大量用户访问的情况下能够快速作出响应,所以,在选择服务器时,应当首先考虑网络吞吐能力是否能满足要求。此外,服务器的网络适配器类型及插槽的数量差别也很大,在选择过程中,应当选择网络适配器类型和接口都较多的产品。

④开放的体系结构。服务器是否具有开放的体系结构直接影响到系统日后的升级换代和维护。专用体系结构的计算机设备(例如 IBM AS/400)虽然有良好的整体性能,但在系统升级和维护方面有一定风险。

3. 服务器集群(server cluster)技术

集群技术是将一组相互独立的计算机通过高速的通信网络组成单一的计算机系统,并以单一系统的模式加以管理。例如,一个由两台服务器生成的 Web 服务器集群系统,它对每个终端用户都是透明的,而且看起来就像一个 Web 服务器。与单独工作的服务器相比,集群可以通过功能整合和故障过渡提高系统的可用性和可靠性。在大多数情况下,集群中所有的计算机都拥有一个共同的名称,集群系统内任意一台服务器都可供所有的网络用户使用,具有较好的可扩展性。

4. 防火墙

防火墙将路由器和代理服务器结合在一起形成一个复合型的防火墙系统,所用主机称为堡垒主机,它负责提供代理服务以及保护内部网不受攻击,并屏蔽内部主机的防火墙和子网防火墙。

(三)电子商务软件平台

电子商务软件平台分为系统软件和应用软件两部分。

1. 操作系统及系统管理软件的选择

除了硬件,构成电子商务系统基础环境的还包括操作系统和系统管理软件。目前操作系统分成以下三大类。

(1)UNIX 系统。主要包括 IBM 公司的 AIX,SUN 公司的 Solaris,惠普公司的 HPUX 等。UNIX 是多用户、多进程、多任务的分时操作系统,其主要特点是技术成熟、可靠性高。它的结构简练、便于移植。开放性是 UNIX 最重要的特征,它不受任何厂商的垄断和控制。UNIX 有强大的支持数据库的能力和良好的开放环境。

UNIX 的另一个特点是网络功能强大。TCP/IP 协议就是在 UNIX 基础上开发和发展起来的。此外,UNIX 还支持所有的网络通信协议,这使得 UNIX 系统能便利地与现有的主机系统以及各种网络相连接。

(2)Linux 系统。Linux 系统的核心和 UNIX 相似,但主要运行在英特尔的芯片上,如 RedHat Linux,Core Linux,Open Linux 等。Linux 是一种自由的没有版权限制的软件。由于 Linux 是免费平台,应用软件开发商不需要系统平台的注册,用户也不必额外购买操作系统。Linux 的流行不仅是因为免费,更主要的原因是其向用户开放源代码,使用户具有更大的自主性,与其他的操作系统相比在稳定性和综合性上,也有着较强的竞争力。

(3)微软的 Windows NT 系列。Windows NT 是美国微软公司开发的网络操作系统,也是目前最流行的网络操作系统之一,占有较大的市场份额。主要优点在于:易于学习掌握,可以非常方便地使用。另外,它可以很好地兼容 Windows 丰富的应用软件,利用 Windows 的优势,方便地提供 Web 服务功能,使企业内部网用户能够创建个人网页,向内部用户发布信息,用户可以通过互联网远程访问企业内部网。Windows NT 捆绑了 DNS(domain name system),FTP,DHCP 及 LPD 服务器等,使其在应用上非常方便。

这三大类操作系统各有特点。从企业级电子商务系统的应用来看,UNIX 系统所占的份额更大一些。Linux 是一个免费的平台,没有专业的技术支持,尽管可以节省费用,但一旦系统出现问题,只能由用户自行解决,所以使用该平台需要承担一定的风险。

2. 应用软件

应用软件包括电子商务开发软件及数据库软件等。常用的电子商务开发软件包括网页界面开发工具和服务器端后台程序开发工具。常用的网页界面开发工具有 Dreamweaver,Frontpage 等,服务器端后台程序开发语言有 ASP,JSP,PHP 等。大型数据库软件通常采用 Oracle,而中小企业通常选用 soLServer 或 Access。

(四)电子商务系统集成

(1)基础构件的集成。它主要包括电子商务应用系统硬件环境的集成和电子商务应用系统软件环境的集成两个方面。硬件环境的集成包括计算机通信网络设备的集成和计算机通信网络协议的集成。软件环境的集成主要包括基于客户机/服务器方式的集成、基于浏览器/服务器方式的集成和基于分布式模型方式的集成。

(2)安全认证系统的集成。要获得安全的电子商务集成体系结构,就要将多种安全手段有机地组合起来,将各种安全手段的优势充分发挥出来,从多个层次保护电子商务系统。它主要包括:加密算法的集成、安全传输的集成和企业内部信息系统的集成。

(3)支付系统的集成。与银行支付系统集成要求全面整合银行在公众储蓄、信贷、信用卡等各方面业务的数据,形成一个统一、全面的信息资源中心。以此为基础,可以为各类用户提供对交易明细、业务汇总等各类信息进行查询、分析和编制报表的服务,并发现经营事实与规律,以全面满足现代电子商务系统对决策支持信息的需求。

(4)物流配送系统的集成。物流配送系统是通过广泛的信息支持,实现以信息为基轴的物流系统化,是一个经济行为系统。它涉及原材料供应商、生产商、批发商、零售商以及最终消费者。在这个网络中,每个贸易伙伴既是其客户的供应商,又是其供应商的客户。它们既向其上游的贸易伙伴订购产品,又向其下游的贸易伙伴供应产品。因此,企业电子商务物流配送系统的集成目标是通过贸易伙伴间的密切合作,以最小的成本创造最大的价值、提供最好的服务。

第三节 电子商务系统的规划与建设

电子商务系统规划的主要任务有:制定电子商务系统的发展战略,进行可行性分析,制定电子商务系统的总体开发方案和制定项目实施计划。电子商务系统的规划包括商务模型规划和商务系统规划两个基本层次。电子商务系统用户需求分析是我们讨论的一个关键问题,主要从明确用户需求、用户需求的来源和用户需求书的内容这几个方面来考虑。电子商务系统建设主要包括电子商务网站和后台系统的搭建两方面的内容。

一、电子商务系统规划与设计

对于一个想从事电子商务活动的企业而言,应用的层次不同,系统构造的复杂程度也不同。因此,企业必须对电子商务系统进行规划和设计。

(一)电子商务系统规划概述

1. 电子商务系统规划

电子商务系统规划是指:以支持企业开发电子商务系统为目标,给定未来企业的商务模式,设计支持未来这种电子商务模式的体系结构,说明系统各个组成部分的结构,选择构造这一系统的技术方案,给出系统建设的实施步骤及时间安排,说明系统建设的人员组织,评估系统建设的开销和收益。

2. 电子商务系统规划的主要任务

电子商务系统规划的主要任务有以下几个方面。

(1)制定电子商务系统的发展战略。电子商务系统规划的目标是制定与企业整体战略相一致的电子商务系统的发展战略。首先要调查分析企业的目标和经营战略,评价现行信息系统的功能、环境和应用状况。在此基础上,确定电子商务系统的目标,制定电子商务系统的发展战略及相关政策。

(2)进行可行性分析。根据电子商务系统的环境、资源等条件,评估系统建设的开销和收益,判断所提出的电子商务系统是否有必要、有可能进行。

(3)制定电子商务系统的总体开发方案。在对企业初步调查及分析的基础上,根据电子商务系统的目标和发展战略,设计电子商务系统的总体结构,及系统各个组成部分的结构,拟定构造这一系统的技术方案。

(4)制定项目实施计划。根据电子商务系统总体开发方案确定要完成的任务,制定一个详细的进度表。进度表中,应规定各个任务的优先次序和完成任务的时间安排,给项目组成员分配具体任务并确定任务完成的时间。

（二）电子商务系统用户需求分析

客户是产品直接服务的对象,没有客户就没有企业生存的空间,因此,客户是电子商务活动的终端,也是电子商务系统的目的要素。

1. 用户需求分析

我们从下面几个方面来进行用户需求分析。

（1）明确用户需求。用户需求是电子商务系统使用者或相关人员对想要开发的电子商务系统提出的初步要求。需要开发人员通过与使用者及相关人员交流,形成相应的用户需求书。

（2）明确用户需求的来源。用户需求可能由与电子商务相关的各类人员提出,由于所在地位与角度不同,表达的重点和风格各异,要明确和完善的内容各有侧重,所以,有必要弄清用户需求的来源。从这个角度可以把用户需求的来源分为企业领导、企业中有关部门人员、信息部门的系统管理人员、与企业有关的外部机构以及网上客户。对于建立一个电子商务网站,网上客户的需求是最重要的。

2. 用户需求书的内容

用户需求书的内容主要包括以下四个方面。

（1）系统现状概述。对项目开发人员而言,在用户需求书中,应该对系统现状进行描述。

（2）新系统应解决的问题与要实现的目标。明确即将实施的新系统应解决的问题与用户期望达到的目标。

（3）可提供的设备、人力与资金。明确用户能够为系统提供的资源,这些资源包括设备、人力和资金等。

（4）对开发进度的要求。明确用户对于系统开发的进度的详细要求,确保满足用户的要求。

根据用户需求书明确以下几方面的内容。

（1）明确现状与环境。通过用户需求书,对即将开发的系统的现状和环境有一个大概的了解。

（2）明确问题。通过用户需求书,对用户存在的问题提出相应的解决办法。

（3）明确要达到的目标。通过用户需求书,明确通过该项目的开发能够为用户提供的服务及要实现的目标。

（4）明确可供使用的条件。通过用户需求书,明确用户能够为该项目提供的资源,包括资金、人员、设备与时间等。

值得注意的是,不仅要明确用户需求,而且要识别用户需求的正确性和合理性,与用户充分协商,取得一致意见,修改用户需求书中不太合理的部分。总之,对用户需求的识别越准确、越清楚,分析越透彻,可行性论证就会越科学、越合理。

(三)电子商务系统规划

电子商务系统从业务流程上看,支持企业市场、销售、交付、客户等各个业务环节,它和传统的信息系统有较大的差异。从数据处理上看,这种分布式的结构以计算机网络为基础,涉及商务逻辑的应用处理、联机事务处理、联机事务分析和商务智能、信息发布及表达。这一系统不仅需要和企业内部的信息流整合,而且需要集成外部的信息系统,所以,整个系统的业务关系呈一种网状结构,各个处理部分之间存在业务和数据上的交错。

1. 电子商务系统规划的基本思路

电子商务系统规划的基本思路是:将电子商务系统划分为不同的层次,使复杂问题简单化,在每个层次解决特定的和有限的问题,通过逐层细化最终获得规划的完整结果。电子商务系统规划的目标是完成从商务模型到电子商务系统的体系结构的转化。电子商务系统规划所要解决的问题是通过逐步细化给出支持企业商务活动的电子商务系统的体系结构。

2. 电子商务系统规划的主要内容

电子商务系统规划的主要内容包括电子商务系统的核心业务功能、关键业务流程以及电子商务系统的体系结构三个部分。其中对电子商务系统的体系结构进行规划包括规划电子商务系统的基本组成部分,说明各个层次的联系、各个组成部分对电子商务系统的作用、电子商务系统的结构、应用软件系统的拓扑结构、基础网络环境及安全交易环境等。

3. 电子商务系统规划的基本依据

电子商务系统规划有两个基本依据:第一是企业商务模式,它从业务上对电子商务系统规划做出约束;第二是电子商务系统的建造技术及相关产品,它从实现角度做出约束。

一个合理的电子商务系统结构应当满足以下要求:

(1)对业务、平台、基础网络有清晰的描述。

(2)各个层次之间有明确的分工。

(3)能反映系统各部分之间接口的特征。

(4)可包容各种服务平台、中间件和应用软件。

(5)具备良好的扩展性及伸缩性。

(四)电子商务系统规划的基本过程

电子商务系统规划的过程如图 5-3 所示。

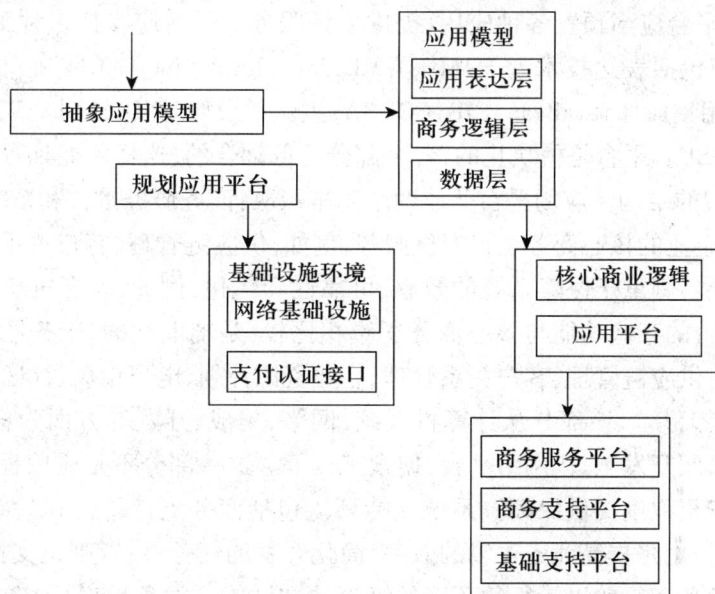

图 5 - 3 电子商务系统规划的过程

1. 抽象应用模型

在图 5 - 3 中,抽象商务应用模型主要是为了让各类技术开发人员在电子商务系统的设计与开发过程中在一个统一的整体应用框架下较好地进行沟通、协同工作。

(1)应用模型。应用模型是电子商务系统应用功能逻辑上的一种抽象,它表达的是应用之间的逻辑关系。构造应用模型的原因有两个:首先,由于 IT 技术发展很快,各种各样的开发工具、技术和方法层出不穷。这些技术及方法从不同的角度支持电子商务系统的构建。如果没有一个整体的应用框架,在规划阶段容易脱离需求而走上技术主导业务的歧途。其次,从开发的角度看,电子商务系统的设计和开发需要掌握多种知识的人员,例如,数据库开发人员、Web 专家、美工和网络专家等,这些人员需要良好的沟通渠道,在一个共同的起点上协同工作。应用模型实际上为设计开发人员定义了一个逻辑上的共同基础,使大家能够在相互理解的基础上分工协作,在其熟悉的领域中发挥特长。

(2)应用模型的结构。应用模型是由应用表达层、商务逻辑层和数据层构成的。其中,应用表达层是由电子商务系统的体系结构中最上层的客户端、浏览器、移动设备等抽象而来的。商务逻辑层是将商务应用(程序)、支持平台(包括商务服务层、商务支持层和基础支持层三部分)归并而得的。数据层是电子商务系统与外部系统、内部信息资源的接口。

2. 规划应用平台

应用模型规划好以后,就应该对核心商业逻辑和应用平台进行规划:在这里,我们主要讨论应用平台的规划,从应用平台的特征及结构对电子商务应用平台的规划进行阐述。

(1)应用平台的特征。一般而言,理想的应用平台应具备以下特征:平台的可靠性和高性能,主要体现在支持多种故障恢复手段及容错方式上,具备对大量访问负荷实现均衡的能力;支持多线索、多进程的操作系统,支持集群结构和多 CPU 主机不间断运行,支持商务逻辑的动态分布。平台应当预置各种应用,提供多种服务。平台应支持多种工业标准和操作系统平台,至少应包括表达技术如 HTML, WML, Java, JavaScript, C/C++;标准协议如 HTTP, LDAP 等;应用集成如 JavaBean, EJB, CORBA;主流平台如 UNIX, Linux, Windows NT;集成标准如 JDBC, ODBC。平台是模块化的,各个部分是低耦合的,这样才能具有通用性。

(2)应用平台的结构。应用平台分成两个基本层次:商务服务平台和系统支持环境。

前者直接为企业的核心商务逻辑提供服务,例如,供应链管理、客户关系管理等;后者则主要面向系统性能,侧重于保障系统的效率、可靠性和优化,例如,动态负载平衡、系统管理等。商务服务平台的某些功能与核心商务逻辑相比较,是辅助性的、服务性的或支持性的。它包括的内容有:供应链管理、客户关系管理、企业资源计划、电子市场、社区、协作服务。

(3)系统支持环境。该部分从计算机系统、网络、集成、开发等方面为核心应用提供支持,例如,网络管理、开发工具、网络平台、搜索工具等。这一部分不是应用程序,主要是为提高商务的效率、安全程度提供保障。系统支持环境包括商务支持平台和基础支持平台两部分内容。前者的作用是提高商务逻辑的效率,简化开发的任务;后者则是支持应用之间的协同与集成,提高商务逻辑赖以运行的环境的管理性和性能。形象地说,前者是"雪中送炭",后者是"锦上添花"。

(4)商务支持平台的基本内容。商务支持平台的基本内容包括:内容管理、知识管理、搜索引擎、目录管理和用户管理。内容管理是对组织机构内部多种格式和类型的信息资源的组织、分类、管理等有序化过程。知识管理是为企业实现显性知识和隐性知识共享提供新的途径,通过建立知识库,利用集体的智慧提高企业的应变和创新能力。搜索引擎主要用于信息的检索和查询,使用户能够很快找到自己关心的东西。目录管理和用户管理主要提供统一的身份验证和访问控制,为电子商务系统提供安全保障。

(5)基础支持平台。基础支持平台主要包括:应用集成中间件、负载均衡、集群结构、故障恢复和系统管理。应用集成中间件为电子商务提供网络服务(包括 HTTP 服务、WAP 服务),也为其他应用提供 Web 服务,为应用的集成及功能调用提供可能;负载均衡、集群结构提高系统的运行效率,提高系统处理并发访问的性能;故障恢复保障系统数据的安全性,在意外或事故发生时,能够保证系统不丢失数据并迅速恢复正常运行;系统管理提供系统定制、权限管理等功能。

3. 基础设施环境

基础设施环境包括:

(1)电子商务系统的外部实体与电子商务系统的接口。

(2)电子商务系统的运行环境,包括系统的内外部网络环境。

(3)电子商务系统运行所依赖的网络拓扑结构、地理分布及网络接口。

(4)系统的支付认证方式及安全环境。

(五)电子商务系统规划的步骤

制定企业的电子商务系统规划是电子商务系统建设的第一阶段,其本身就是一个庞大的项目。进行电子商务系统规划有以下几个步骤：

（1）现行系统的初步调查与分析。主要调查当前企业的目标与任务，组织机构及管理系统的状况，可供利用的资源及约束条件，存在的主要问题及薄弱环节等。

（2）确定电子商务系统规划的边界，明确规划目标、任务与要求。确定电子商务系统规划的范围，制定整个企业的整体（或全局）规划，或制定企业内一个部门的规划。确定电子商务系统规划的时间限制，时间短，结果可能肤浅；时间长，规划过于详细，结果可能过时。

（3）建立制定电子商务系统规划的组织。包括项目负责人和项目小组。项目负责人是主管项目的高级行政官员，由其负责与高层管理人员进行交流。项目小组的参加人员大约有三类：企业经营人员、技术人员和相关领域的专家顾问（如物流、金融方面）。

（4）确定系统开发策略。包括选择合适的开发方式、方法等内容。

（5）可行性研究。包括开发新系统的必要性、新系统开发方案的经济性、技术上的可行性、组织管理上的可行性及环境的可行性等。

（6）提出新系统的开发方案。包括新系统的目标、功能、结构、开发进度计划。

（7）制定规划进度表。制定电子商务系统规划需要完成多项任务。为此，需要制定一个详细的进度表，便于及时检查和掌握工作进度。

（8）提出系统规划报告。系统规划报告应当包括绪论，系统建设的背景、必要性和意义、系统的备选方案，可行性分析，几种方案的比较研究和建设性结论。

（六）电子商务系统的设计与集成

在得到系统需求分析结果的基础上，开始系统的实际设计与开发工作。下面就电子商务系统的方案设计和集成问题进行介绍。

1. 电子商务系统设计

需求分析结束之后，开始电子商务系统的设计和开发工作。首先要进行系统方案的设计工作。电子商务系统设计是从总体目标及企业所能提供的技术、经济、人员、组织等方面出发，确定系统设计技术及设计结构。

系统设计技术有以下几条原则。

（1）技术的先进性原则。在设计方案的时候，首先应对当前的各种计算机技术、软件设计语言、通信技术等进行了解。系统设计应选择开发时的先进技术，而不能选择过时技术，这会减少技术落后风险，提高系统的安全性，但是，也不能只考虑先进性，因为最新的技术往往具有不稳定的特点，会增加系统的运行风险。

（2）符合企业的整体技术战略。企业内部涉及多个部门、多种工作任务，因此，在方案设计时要考虑到整体要求，各部分的技术要相互兼容，这更有利于信息系统的管理。

（3）与现行的应用具有良好的兼容性。企业的电子商务系统是分步骤、分时期完成的，在构建新的电子商务系统时要考虑到已经存在的各种应用。例如，个别部门内部已经实现办公自动化或者已经通过网络方式与合作伙伴建立联系，在设计新的系统时要把这些已经存在的信息系统应用考虑进去，减少企业支出，增强电子商务系统的实用性，缩短系统试运行的磨合时间,减少新系统给企业现实工作造成的不便。

(4)技术成熟性原则。在设计时不能只考虑技术的先进性,还要考虑技术的稳定性,必须使用成熟的技术。

(5)技术可扩充性原则。采用的技术不能只适合某一种类型的硬件体系,应该适合开放性的网络,采用的技术要能够升级、兼容性好。

系统设计方案要根据用户的需求来确定,系统设计中主要的部分是对程序的设计。程序的设计方法有两种:购买现成的软件模块(下载)和编写程序段。常用的语言是面向对象的设计语言。

2. 电子商务系统集成

系统设计好以后,需要把应用软件和软件系统支持平台及硬件设备集成在一起,还要与其他信息系统进行交流。

电子商务系统的集成是有先后顺序的,如图5-4所示。

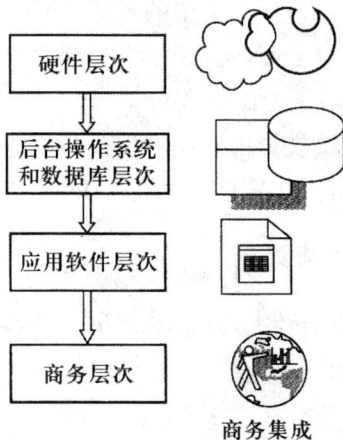

图5-4 电子商务系统集成示意图

首先,系统进行硬件集成,就是把构建电子商务系统的所有硬件按照事先规划好的集成在一起,形成一个物理通路,这是软件系统顺利运行的保证。其次,进行后台操作系统和核心数据库的集成,即实现硬件基础上系统软件的集成,通过这个阶段可以实现对硬件系统的基础管理,实现后台数据信息的互传,在数据互传时可以没有友好的界面,但是一定要实现数据按要求传输。再次,实现应用软件的集成,把编写好的软件模块连接起来,实现所有的信息系统功能。最后,将商务系统融入现实的商务流程当中,替代旧的信息系统,使电子商务系统与现实生活实现"无缝对接",发挥电子商务系统的真正作用,实现高层次的集成。

电子商务系统的集成是一个连接的过程,即把前面的设计工作与后面的使用工作结合起来。设计部分是程序人员独立完成的工作,由于它脱离使用者,因此容易造成与现实脱节的情况,通过集成阶段,可以弥补在设计过程中的缺陷,增强系统的可行性。

二、电子商务网站的规划与建设

电子商务网站是企业对外宣传的门户和窗口。一个成功的电子商务网站能够为企业带来良好的宣传效果并产生直接或间接的经济效益。如何建好企业网站是一项复杂的系统工程,需要面对一系列复杂的问题,要用系统方法组织网站的建设。目前,企业网站的建设多是通过技术外包,或是通过虚拟主机网页生成器对外自动发布信息。由于涉及经济能力、技术实力和实际应用等多方面的问题,这两种方法都存在各自的优势和不足。随着网络经济的不断发展,网络必将成为企业竞争的又一主战场,因此,电子商务网站的建设必须组织专门的人力资源团队,有计划、按步骤地进行。电子商务网站建设必须考虑以下因素:硬件结构、软件、通信容量、网站设计、人力资源和组织能力。

(一)电子商务网站的规划

网站的规划设计是企业为了实现其商业目标,对网站实施步骤的具体计划安排。主要内容包括:制定企业实现商业目标的行动计划,确定行动过程中的人员组织、任务、时间及安排。电子商务网站规划以企业核心业务转向电子商务应用为目标,企业应设计能够支持其未来商业模式的电子商务体系结构,并选择相应的技术方案,给出具体的建设步骤及时间安排,说明网站建设时的人员组织,网站测试、维护、评估所需的必要开支以及未来收益。规划目标是制定电子商务网站的发展蓝图,决定网站在整个企业电子商务系统建设中的发展方向、发展规模和进程。

1. 电子商务网站规划的任务

为了实现电子商务网站的商业目标,网站规划的任务主要有三个。

(1)明确目标,制定发展战略。评价组织的目标是否与企业电子商务网站实现的商业目标一致,据此制定电子商务网站开发的详细计划书,对电子商务网站的目标、功能和信息需求做认真分析。评估企业商务网站的应用环境和应用现状,制定企业电子商务应用发展的政策、目标和战略。

(2)明确系统信息需求,形成系统的总体结构方案,安排系统项目开发计划。确定目前和规划中的组织在决策支持和事务处理方面的信息需求,以便向企业高层管理部门提出电子商务应用的总体结构方案;制定发展计划,根据发展战略和总体结构要求,确定网站商务逻辑的开发次序和进度安排。

(3)制定网站建设的资源分配计划。系统建设需要用到企业的许多资源,包括人才、资金和设备等,需要对硬件与软件资源、数据通信设备、技术、资金等制定合理的使用计划,并给出经费预算。

2. 电子商务网站规划的注意事项

在规划设计企业的电子商务网站时,应该注意以下几个问题。

(1)与企业战略目标一致。电子商务网站建成以后,能否取得预期的效果取决于系统的目标与组织战略目标是否一致并在网站上得到贯彻实施。企业在制定战略发展计划时,需要考虑组织的未来发展,并强调组织的战略目标与电子商务网站的目标保持一致。要让组织的管理决策人员参与和管理企业电子商务网站的开发与运营。

（2）解决实际问题，有效性是关键。在推进企业信息化建设过程中，一般应用系统在解决实际问题后都能发挥效率或效益上的优势，使系统的有效性得到保证。同样，电子商务网站能否帮助企业解决实际问题并带来效率和效益上的成功，有效性依然是关键。要使有效性得到保证，必须做到两点：一是保证电子商务系统解决实际问题时安全可靠地运行；二是网站规划与企业业务变革同步发展，也就是要使网站建设工作与企业的改革与发展相一致且见到实效。

（3）适时应变是企业网站的能力体现。现代企业生存与发展面临着来自内部和外部环境变化的双重压力，市场需求变化快，用户个性化和定制化需求增长也快。企业如何快速适应市场的变化，将电子商务网站建成企业测试市场的感应器和接受用户需求变化的包容器，这是网站建设的基本立足点。网站提供的功能和服务应该具有较强的市场适应能力，能满足用户个性化和定制化需求，只有这样，网站才是促进企业管理变革的重要手段。系统应变能力强是网站作为一个系统成功与否的重要评价指标之一。

（4）人才、管理、技术协调发展，与时俱进。电子商务应用离不开人才、管理、技术的支持。同样，电子商务网站需要各种人才、管理与技术的协调发展，提高各种人才的素质是企业成功应用电子商务的关键。企业只有通过狠抓技术应用、变革组织管理和培养各种复合型人才，才能实现管理效率与效益同步增长。人才、管理、技术三种要素之间的互相配合、协调发展，是企业发展电子商务的重要保证。

（二）电子商务网站的建设

网站是企业电子商务应用的重要组成部分，是企业的网络门户。网站是企业提供产品及服务信息的窗口，也是开展电子商务的基础设施和信息平台。应该将企业电子商务网站打造成企业对外宣传、进行信息共享与交流的窗口，要建立与拓展企业与企业、企业与客户之间相互联系的新型渠道，创建为企业增加利润来源的商务活动应用平台。

1. 网站设计的基本内容

网站是企业的网络门户，是开展电子商务的阵地，是向消费者提供产品与服务信息的窗口，网站建设如同企业的品牌建设一样重要。在网站建设中，网站设计是关键，主要包括以下内容。

（1）明确建站目标，了解用户需求。电子商务网站需要实现的一个目标是增加贸易机会，提高贸易效率和经济效益，使企业获得长期竞争优势。企业网站建设之初，必须明确建站目标，了解设立网站的实际需求，根据需要量身定制企业网站。其次，掌握消费者对企业网站的期望与需求，综合分析市场和同业竞争对手的情况，切实可行地制定网站实施细则。

（2）确定网站总体设计方案，主题鲜明。在明确建站目标以后，开始着手网站的创意构思，也就是制定网站的总体设计方案。总体设计方案是对网站的整体风格和特色的定位，也是对网站规划的组织结构调整。网站的用户来自多个层面，既有机构也有消费者个人。网站要有满足用户的个性化与定制化需求的柔性能力。企业网站的页面应简单明了、画面优美，只有这样，才能办出主题明确、特色鲜明的商业网站。

（3）网站的版式设计。网页设计是一种视觉表现艺术，讲究文字内容和图片内容的编排和布局，应充分借鉴平面设计的方法。版式设计主要通过文字图形的空间组合，展现一种和谐之美。为了使视觉效果最佳，应注意整体布局的合理性，使网页浏览者产生视觉快感。

（4）网页的色彩设计。色彩是艺术表现的要素，网页设计中的色彩搭配要以和谐、均衡、重点突出为原则。将不同的色彩按照一定的原则进行组合，通过渐近、羽化和拼接等手法实现色彩组合搭配，形成美观的网页。通常应根据网站页面的总体风格定出一两种页面主色调，如果有企业形象识别系统（CIS），应该按照 CIS 的要求运用色彩。

（5）网页形式与内容的统一。网页的设计要保持内容和形式的统一，注意将含义丰富的内容和多样化的表现形式有机地结合，形成统一的页面结构。语言描述的形式必须符合页面内容的具体要求。要善于运用对比与调和、对称与平衡、节奏与韵律、留白等表现手法与技巧，综合运用空间、文字、图片等页面表现手法，达到页面整体表现效果的均衡，产生错落有致的和谐美。

（6）三维空间与虚拟现实的运用。网上的三维空间是一个假想的视觉空间，这种空间关系需借助动静变化、图像的比例关系等空间表现要素产生一种视觉效果。页面中的图片、文字前后叠加，或者页面位置变化所产生的视觉效果各不相同。随着网页制作方法的推陈出新，人们不再满足于利用 HTML 语言制作的二维 Web 页面这种单一表达方式，通过虚拟现实建模语言（VRML）构造的具有三维空间视觉效果的页面受到人们的普遍欢迎。

（7）多媒体功能的利用。网页的内容可用二维动画、Flash 等多种形式加以表现，唯一需要注意的是浏览用户由于其自身网络带宽的限制，不能使多媒体网页的效果得到充分的体现。这就需要网站设计者在设计制作网页时，使系统能够实时检测用户的使用带宽，让用户选择适合自己的页面形式，浏览可选的页面内容。如新浪网站的新闻主页既提供多媒体网页，也提供纯文字网页，选择哪种页面形式浏览由访问者根据网速情况自行决定。

（8）网站测试和改进。网站测试事实上是模拟网络用户访问已经建好的网站，并通过使用网站提供的各种功能与服务测试网站是否达到设计要求的过程。网站测试有三种：单元测试、系统测试和验收测试。通过网站测试，可以发现网站存在的问题和不足，并针对问题提出改进意见。网站测试不仅要有实施人员参加，还要邀请网站企业、消费者和系统开发人员等不同类型的用户参与到这个环节中并提出宝贵意见。

（9）内容更新与沟通。企业网站建好以后，面临的问题就是运营。一个网站能否成功地运作，既要看它的整体规划意图能否实现，又要关注它能否不断更新内容。为了树立企业的品牌，必须重视网上的形象宣传，应该设立一些内容配合这个整体目标的实现。如提供"用户园地""自动应答系统""在线技术咨询"等直接面对最终用户的服务，做到有问必答、有求必应。同时，企业也可以将网络作为获取市场需求的第一手资料的新途径，用户利用电子邮件、BBS、论坛等新型商务沟通工具，就像在传统方式下用电话、传真沟通一样方便，而且可以做到无人值守、自动应答与回复，这种网络信息更新与沟通的形式是实现客户营销战略的主要手段。

（10）恰当地运用新技术。网页制作的技术日新月异，企业网站要以商务应用为本，网站外观和技术应用都以实现这个目标为宗旨。不应当将网站变成网页制作技术的展示窗口和新技术应用的试验田。应该时刻牢记,网站所用的一切技术都应该是先进成熟的,以满足客户需要为宗旨。方便客户快速地获取商务信息并实现商务逻辑应用是第一位的。

2. 网页设计与制作方法

(1)网页设计制作思路。网页设计制作是一个创作与实现的过程。网页成功与否,重点在于网页的构思与创意,当全新的创意与丰富的内容有机结合时,网页便焕发出勃勃生机。网页设计制作一般包括以下几个步骤。

①网页的选题。在网页制作之前,首先要确定网页的内容以及网页表现的目的。

②网页的组织结构设计。在网页主题确定以后,接着就要进行网页的组织结构设计。网页的组织结构设计也就是网站的总体结构设计,是直接关系到网站能否成功的关键步骤。在设计过程中要着眼全局,对内容了如指掌,做到布局安排合理。

③资料的收集与整理。网页经过初步构思以后,需要不断地充实和丰富内容。构成网页的基本元素有三个,即文字内容、图片影像和超链接。互联网能够在较短的时间内风靡世界的一个主要原因是其丰富的信息内容配上多媒体表现形式。由此可知,吸引人的是内容,多媒体仅是表现形式而已。因此,网页的核心是内容的组织与安排,其次才是外观设计。要注重对资料的收集与整理,对收集到的资料去粗取精、去伪存真。

④编程脚本语言的选择。一个网站的建立离不开网页编程脚本语言的选择,目前能够用来设计网站的编程语言主要有 HTML,ASP,JSP,PHP 等。也可以使用网页制作工具(FrontPage,Dreamweaver 等)来设计网站。

(2)网页设计布局类型。网页设计的布局大致可分为"同""匡""回""川""吕"等多种格式,另外,拐角型、标题正文型、左右对称型、自由格式型、上下框架型、综合框架型、封面型、Flash 型、变化型等都是常用的布局类型。下面对几种常见的布局进行简单介绍。

①"同"字型网页结构。从整体布局上来看,该网页的格式像一个大的"同"字。网页特点:页面的顶部为主导航条(主菜单),页面的左右两侧分别列出二级栏目或热点问题链接。采用这种页面版式时,需要注意页面色彩的整体搭配与协调。

②"匡"字型网页结构。"匡"字型网页结构和"同"字型网页结构有些相似,其实就是将"同"字型网页结构逆时针旋转 90 度,或者将"同"字型网页结构中右侧的布局内容取消所得到的一种布局结构。这种布局结构克服了"同"字型网页结构中色彩难以搭配的缺陷,所列的信息量基本相同。

③"回"字型网页结构。所谓"回"字型网页结构,就是以"同"或"匡"字型网页结构为基础,在其页面的底部或右部添加一个内容区块(如广告或链接等),使之形成一个较封闭的区间。这样设计的目的是更充分地利用有限的页面空间,更大限度地增加主页面中的信息量;方便客户的访问,人为地缩短标题和正文之间的链接;使需要访问的信息比较直观。但是这种版式因四面封闭显得较拥挤。

④"川"字型网页结构。这种页面结构比较特殊,将整个页面大致分成三列,主页的内容分布在这三列中。优点是可以增加首页显示的内容。不足是当页面太长时,色彩不易协调。

⑤"吕"字型网页结构。"吕"字型网页结构来源于上述几种结构,主要是将页面从上到下分成几个单独的模块。其实这种结构布局也包含前几种布局的风格。

⑥左右对称型网页结构。这类布局采用等分屏幕的办法,是一种较为简单的网页结构,一般来说,页面的左半部多设置栏目导航,右半部则列出多篇重要文章的概要或头条新闻的详细内容。这有利于访问者直接浏览。这种结构布局较灵活、简洁,多用于动态链接,一般用框架来构建。其不足是网页中所展示的信息量少,不太适合较大型的网站。

⑦自由格式型网页结构。自由格式型网页结构的风格较为随意,完成后的网页如同一张精美的图片或一则极具创意的广告,设计较为自由,多用于时尚类网站。这类网站的优点是风格鲜明、节奏明快。缺点是下载速度较慢,文字的信息量少,链接的周期长。

3. 网站界面与功能设计

(1)网站的栏目与板块设计。网站的栏目实际上是网站的大纲索引,应该明确无误地展现网站的主题。在规划网站栏目时,要对网站内容仔细斟酌、合理安排。如果网站内容比较多而且繁杂,还需要设立板块对内容进行分类索引。板块的概念比栏目大,每个板块都有自己的栏目设置。比如新浪、网易等大型门户站点都建有新闻、体育、财经、娱乐、教育等多个板块,每个板块上面都有各自的主栏目。设计网站栏目与板块时,应注意以下问题。

①目标紧扣主题。通常的做法是将主题按一定的方式进行分类,并将分类好的结果设计成网站的主栏目,主栏目个数在总栏目中要占绝对优势。这样处理以后,网站即表现出专业化水平,主题突出,能够给人留下深刻印象。

②设立网站最近更新栏目和导航栏目。最好在网站的首页上设置"最近更新"栏目,如果首页没有安排版面放置最近更新的内容信息,就有必要设立一个"最近更新"栏目来安排这些内容。当首页内容过于庞大,链接的层次较多时,如果没有站内的搜索引擎,容易导致用户迷失在网页信息中。因此,建议设置类似于"网站导航"的栏目,以帮助初访者快速找到他们想要找的内容。

③设定双向交流栏目。企业网站的栏目不宜太多,但一定要有基本的栏目,比如论坛、留言簿、邮件列表等,可以让访问者在浏览完信息以后留下意见和建议。

(2)网站的目录结构与链接结构设计。

①网站的目录结构设计。网站的目录是指建立网站时创建的目录。一个网站的目录结构好坏,访问者也许感觉不到什么,但对于网站的技术人员来说意义重大。就站点信息上传和维护来说,一个好的目录结构的信息上传效率就高,差的目录结构的信息上传效率就低。在设计目录结构时,层次不宜太多,最多不超过三层。因为若文件目录层次太多,则管理起来难度较大,导致网站效率降低。建议不要使用中文名称,也不要将目录的名称起得过长,中文目录名可能给网址的正确显示造成不必要的麻烦。另外需要注意的是,要尽量使用有明确含义的名称。

②网站的链接结构设计。网站的链接结构是指在网站页面之间建立的交互链接的拓扑结构,通常有树状链接结构(一对一)和星状链接结构(一对多)两种。设计网页的链接结构是网页制作中的重要环节,链接结构会直接影响到版面布局的整体效果。设计网页的链接

结构不仅要考虑用户浏览网页的方便程度,还要注重服务的个性化和内容的相关性。

(3)网站首页设计。网站首页又称主页,实际上是整个网站内容的一个总目录索引。如果主页仅仅是目录索引的罗列,就没有体现出首页的重要地位。首页设计直接关系到网站是否成功。成功的首页能够吸引访问者的注意力,使网站的人气指数大增,并激发访问者继续阅读其他网页的兴趣。

①首页的功能设计。首页的功能设计是指规划在首页上需要体现的内容和功能,即首页功能模块的确定。几乎所有的网站都需要确定功能模块,如网站标识、广告条、主菜单、新闻、搜索、友情链接、版权信息等。究竟选择哪些模块,实现哪些功能,是否需要添加其他模块,都是首页功能设计应该考虑的内容。

②首页的版面设计。在首页功能模块确定以后,接着开始规划首页的版面内容。如同搭积木一样,每个功能模块视同一块积木,将一块块积木按照设计要求组合起来,就搭成了一座漂亮的房子。在搭房子的过程中,需要设计人员具有丰富的创造力和想象力。版面设计的主要方法是,先将心目中构思的首页草图画出来,再绘出效果图,然后选择一种网页制作软件,按照草图和效果图的要求逐步实现设计思想,并不断修正调整直至满足要求。

③对技术细节的处理。在技术细节的处理上,需要注意以下内容。

第一,布局。以最适合浏览的方式,将图片和文字排放在页面的不同位置。

第二,草案。新建的页面就像一张白纸,没有约定俗成的规范。设计者可以尽情发挥自己的想象力,将脑海中的"景象"描绘在页面上,进行构思创意。此时,不必追求页面显示内容的工整或考虑过多的细节功能,以一个粗略的线条勾画出创意的轮廓即可。首页草案尽可能多绘制几张以备选用,等最终选定一个草案作为定稿时,继续以此为脚本进行再创作。

第三,粗略布局。在草案形成的基础上,开始确定各项内容的摆放位置,使功能模块内容在页面上安排合理。粗略布局时,必须遵循重点突出、协调平衡的原则,需要将站点的标识、主菜单等最重要的模块放在首页最突出的位置,然后考虑其他模块的位置摆放。

第四,定案。将粗略布局精细化、具体化,并经美工绘制成效果图。在版面布局过程中,需要遵循一些设计原则,使设计的效果达到理想的状态。

(三)网站营销策略与推广

网站建设好以后,首要的工作就是网站的营销与推广。若是把网站当作实体公司运作的话,必须制定长期战略目标和推广策略,只有这样,网站才能走上良性循环的发展轨道。

1. 网站营销的一般策略

网站的发展不仅要求提高网站知名度,还要求在综合考虑成本、收入、利润率等财务指标的前提下,采用合理有效的网站营销策略,实事求是地进行广告宣传。企业主要采取一种称为"步枪+鼠标"的营销策略。"步枪+鼠标"并不是指将鼠标引入传统营销策略之中,而是强调鼠标的动作——"点击"。点击,特别是有效点击是"步枪+鼠标"营销策略所要表达的核心内容,也就是用有限的资源取得最佳的营销效果。具体而言,网站营销的一般策略主要有以下几个方面:

（1）同行业网站的竞争状况分析。知己知彼,百战不殆,这一古代军事思想的精华早已成为现代商战中的基本战略。由于行业千差万别,没有针对特定行业的网络市场分析的成熟理论,只有通过调查、咨询、分析、比较,充分认识企业的网站,明确自己在行业中所处的地位,了解竞争对手及竞争产品的状况,才能制定成功的网站营销策略。

（2）确定网站营销目标。网站营销目标是企业营销战略的重要组成部分。对于中小企业网站来说,不要指望"满足80%的网民80%的需要",营销目标的确立一定要客观、现实,更要明确、具体,比如"注册用户在3个月内达到1万人"或者"通过网站促成几万元的订单"等。要取得有效点击率,首要条件是认清目标。

（3）确定营销策略组合。在制定详细的网站营销计划以后,再决定哪种营销策略组合达到的效果最优,将多少资源用于传统营销活动,多少资源用于网络营销,哪些营销推广活动需要付费,如何控制营销策略的实施,如何评价营销效果。

（4）确定媒体组合。DoubleClick的副董事长哈里斯·米里亚德对媒体组合战略的描述非常精辟:"顾客是一个多面体,受多种媒体形式的影响,我们需要采取正确的媒体组合,成功的广告就是通过正确的媒体、在正确的时间将正确的信息传递给正确的受众。"在选择宣传媒体时,要充分了解媒体对目标客户的影响,并针对各种媒体的特点、影响力、价格等因素进行权衡。另外,不要把有限的资金分散在很多媒体上,尽可能在同一媒体上增加广告的投放次数。

（5）创造新闻价值。你的网站有什么独特之处？是否在某些方面领先？在互联网不断创造新概念的时代,你的网站是否赶上了某些潮流？如果有新闻价值,不要忘记告诉新闻媒体,包括网络媒体和传统媒体。即使实在没什么特别之处,如果可以举行一个简短的新闻发布会,也不要错过这种机会。不过,像"CEO携款潜逃"之类的新闻最好不要出现在媒体上。

（6）充分利用内部资源。不要错过任何可能的宣传机会。让网站的管理者向外部发送电子邮件时,在签名档注明网站的网址（uniform resource locator,URL）;在企业所用的公文纸、信封、传真纸、名片、宣传册等任何具有宣传作用的媒介上,印上网站的URL。

（7）巧用外部资源。一个新发布的网站如果没有特别的新闻效应或者庞大的广告宣传,被淹没在信息海洋中是再正常不过的事情,不过,对此并非没有对策。你可以加入所在行业的信息网或者相关的网站联盟,可以请求已经拥有一定访问量的相关或互补的网站做链接,甚至可以与其他网站合作,为其提供内容,作为交换条件,在每篇文章下面附上自己网站的信息。事实上,这类方法很多,关键要选定目标,主动出击。

（8）利用免费资源。除了免费登录搜索引擎之外,免费公告板、免费分类广告等都是可以利用的宣传机会,这些大型网站不屑的游击战术有时会取得意想不到的营销效果。注意,在商业宣传中,尽量不要使用免费电子邮件和免费网页空间。

（9）病毒式营销。病毒式营销不是传播计算机病毒。它描述的是一种扩散信息的传递策略,这种策略利用快速复制的方式将信息传给数以千计、万计、百万计的网络信息受众,通过提供有价值的产品或服务,"让大家告诉大家",通过别人为企业的网站及产品宣传,实现营销杠杆的作用。

2. 网站的宣传推广

（1）开新闻发布会,在大型的网站上制作横幅广告。前者有较强的时效性,但难以保持持续推广的效果;后者的实际效果令人担忧,研究表明,在线广告的点击率在0.5%以下,而且还在不断下降,这两种推广的共同缺点是成本太高。

（2）大量发送商业性宣传电子邮件。请注意大量未经收件人许可的商业邮件与垃圾邮件仅有一步之遥,不请自到的电子邮件是烦人的,在广而告之的同时也损害了企业的商业形象和品牌效应。

（3）与其他站点设置交换链接。该方法的关键是交换链接的相关性,究竟能为企业网站带来多少访问量取决于网站内容与交换链接网站内容的关联程度。

（4）在BBS或新闻组中发消息。与上一条一样,相关性很关键,此方法需投入相当多的人力,且时效非常短,需要不断跟踪客户反馈的信息并对发布的信息内容及时更新。

（5）在邮件组中制作插入式广告,回应率一般在3%左右。该方法的关键是提高回应率,缺点是成本高且时效短。

（6）在人气较旺的网站或邮件组中投稿,提供有价值的信息内容以取悦访问者。该方法在短时间内有效。

（7）在大型搜索引擎中注册登记网站地址和网页,让有需要的人能快速找到企业网站。该策略的使用效果最理想,值得网站设计人员高度重视。由于该业务是免费的,访问者又具有极强的针对性,不需要花费多少时间,就能给电子商务站点带来最直接的目标访问者。现在大多数搜索引擎都提供这样的链接服务,建立一整套完善全面的网络线上宣传和网络线下宣传策略。

第四节　电子商务系统的实施与维护

一、电子商务系统的测试

系统测试是对整个系统开发过程的最终审查。尽管在系统开发的各个阶段均进行了严格的技术审查,系统可以尽早发现问题并予以修正,但依然难免会出现差错。如果错误在测试阶段没有被发现并纠正,将给整个电子商务系统造成严重的影响。系统测试是一个漫长的过程,测试阶段占用的时间、花费的人力和成本在整个系统开发中占很大比例。统计表明,开发较大规模的系统,系统测试的工作量大约占整个开发工作量的40%—50%,而对于一些特别重要的大型系统,测试的工作量更大,成本更高,甚至是系统其他各阶段总和的若干倍。

（一）系统测试的对象和目的

1. 系统测试的对象

电子商务系统的开发在很大程度上是软件系统的开发,在程序设计阶段之后,系统测试的对象不仅仅是源程序,因为系统开发周期内的各个阶段是彼此衔接的,前一阶段发生的问题如不能及时解决,就会带入下一个阶段。因此,在测试阶段发现的问题不一定是在编码阶段产生的,而是前面各阶段的错误的集中反映。也就是说,有些错误是延续下来的。因此,系统测试的对象显然不只是源程序,而应是整个系统,它把需求分析、概要设计、详细设计及程序设计各阶段的开发文档,包括需求规格说明、概要设计说明、详细设计说明以及源程序,都作为测试的对象。由于"程序+文档＝系统",所以系统测试的对象是整个系统。

2. 系统测试的目的

明确对象以后,应进一步了解测试的目的。人们普遍认为测试的目的是证明系统没有问题,因此程序编完后,只要找几个数据,使程序能够完成即可。从系统的角度看,这种认识不仅错误,而且是十分有害的。因为出于这个目的,就会不自觉地回避那些容易暴露软件错误的测试数据,从而使隐藏的错误不易被发现。因此,必须明确系统测试的目的是尽量找出程序的错误而不是证明程序无错,应该以十分挑剔的态度找出程序中容易出错的地方,精心选取那些易于发生错误的测试数据。在测试过程中,必须谨记测试的目的是"找茬",以这种观念来指导的系统测试才能避免犯主观错误。实践证明,大型系统在测试前不可能没有错误,因此,测试就是为了避免将错误遗留到以后的工作中。

3. 系统测试中容易出现的主要错误

系统测试中容易出现的主要错误按测试的目的和性质大致可以划分为以下几类。

（1）功能错误。是指因对说明书的理解不完整或不正确,导致在编码时对功能有误解而产生的错误。

（2）系统错误。包括与外部接口的错误、参数调用错误、子程序调用错误、资源管理错误等。

（3）数据错误。包括动态数据与静态数据混淆,参数与控制数据混淆,数据结构、内容、属性错误等。

（4）程序错误。主要指运算错误、初始过程错误、逻辑错误等。

（5）编码错误。包括语法错误、变量名错误、局部变量与全局变量混淆、程序逻辑错误和编码书写错误等。

（二）系统测试的方法

系统测试的主要方法是人工测试和机器测试。其中人工测试的方法主要有人工复查、走查、会查,机器测试的方法主要有黑盒测试和白盒测试。通常的测试步骤是在源程序完成后,先经过人工测试,然后再进行机器测试。人工测试采用人工方式进行,目的在于检查程序的静态结构,找出编译过程中没有发现的错误。机器测试是运用事先设计好的测试用例,执行被测试程序,通过对比运行结果与预期结果的差别来发现错误。机器测试和人工测试各有侧重。机器测试仅能发现错误的症状,不能找到问题发生的位置。而人工测试一旦发现错误,就确定了错误的位置、类型和性质。所以,人工测试与机器测试都是必不可少的。

二、电子商务系统的实施与发布

电子商务系统测试完成后的工作是系统的实施与发布,该项工作涉及技术设备的安装调试、人员培训、场地环境准备等方面,是一项复杂的系统工程。在系统实施推广过程中,必须建立相关的组织机构和保证措施,才能顺利地将企业的业务活动转移到电子商务系统这一技术平台上,降低企业业务切换的风险。

电子商务系统的实施与发布工作主要包括以下两项内容。

(一)实施组织机构的建立

建立实施组织机构是系统顺利实施的保证,是一项非常重要的工作。由于电子商务系统的实施直接关系到企业商务活动的正常运转,涉及企业机构、人员和业务活动处理流程等诸多方面,以及人、财、物等方面的保障,所以,如果没有一个有效的对企业决策有影响力的组织,那么很可能造成实施过程无序、实施过程中的问题难以得到及时解决,进而影响企业的信息,也可能造成实施进度的延误,增加实施成本。

(二)制定实施计划

制定实施计划的目的是通过对实施过程中的各项任务进行合理的安排,明确实施工作的人员责任,使得实验工作能够有条不紊地进行,从而保证实施进度可控,降低实施成本。制定实施计划时,可以将实施工作的各项任务及其内容、责任人员、预期进度等进行列表,建立任务、人员、时间矩阵,将实施计划表转换成 Pert 图、横道图、甘特图等形式,从而有效地掌握实施计划中的关键环节。在制定实施计划时,需要注意每项工作必须有明确的人员责任,并且确定各项工作完成的标志。

1. 实施准备

实施准备工作是实施计划落实的重要步骤,其内容主要包括:

(1)电子商务系统的域名申请与注册。主要是企业法人根据相关的域名管理办法,申请电子商务系统的域名。

(2)系统运行环境准备。运行环境的准备主要包括:系统运行的机房、电力、空调等设备的安装调试和计算机与网络设备的安装调试等。

(3)人员培训。人员培训的对象主要包括:电子商务系统的维护人员和业务使用人员。对于维护人员,主要培训系统结构、性能、维护与管理等内容;对于业务使用人员,主要培训系统功能、操作方式等内容。

(4)数据准备。是指从企业既有的信息系统中搜索、加工整理新系统需要的原始数据,为电子商务系统的投产运行做好准备。

2. 试运行和上线切换

所谓试运行是指系统在一个与真实运行环境相似的准环境中运行,以便对系统的性能进行全面考核。这一过程不仅便于进一步排除系统潜在的问题,而且可以使业务人员尽快熟悉系统操作和新的业务处理流程,也能从中积累处理异常问题的经验。

3. 系统发布

系统切换完成后,需要进行广泛的宣传,使得用户了解企业提供的新服务或新功能,扩大企业的影响力。

三、电子商务系统的维护

电子商务系统运行之后,系统维护工作也就开始了。系统维护的目的是保证电子商务系统正常可靠地运行,并且不断改进系统,以充分发挥其作用。下面将详细讲述电子商务系统维护的内容。

(一)电子商务系统维护的作用

系统维护是为了保证系统中的各个要素随着环境的变化处于最新的、正确的工作状态所做的工作。电子商务系统的维护就是对电子商务系统进行全面的管理。它一方面监控和管理系统输入和输出两个方向的信息流,以保证网上业务处理安全顺利地进行;另一方面确保整个系统内容的完整性和一致性,从而为企业电子商务的运作提供良好的服务。因此,在系统的整个使用寿命中,都将伴随着系统维护工作的进行。

(二)电子商务系统维护工作的内容和类型

系统维护包括一般性维护和电子商务网站的维护。

一般性维护主要是指硬件设备的维护、数据的维护、代码的维护和应用程序的维护。

电子商务网站的维护主要是指网站内容的更新和交互信息的处理。网站维护的主要内容包括以下几方面。

(1)网站及时发布企业最新的价格、产品、服务等信息。

(2)经常更新网站页面设计。

(3)及时处理用户的投诉或需求信息并向用户反馈处理结果。

(4)对用户信息的搜索、统计并交各部门及时处理分析。

(三)电子商务系统维护的组织与管理

系统维护并不仅仅是技术性工作,为了保证系统维护的质量,需要安排大量的管理工作,包括建立维护组织、安排计划和维护的实施等。

(1)建立维护组织。建立一个电子商务系统维护组织机构。这个机构的成员可包括主管、系统硬件和软件维护人员、数据库管理员、应用软件和网页维护人员等。

（2）安排计划。电子商务系统维护工作应当有计划、有步骤地统筹安排。各类维护申请首先提交给维护主管，再由技术主管负责对维护申请进行评估，作出评估报告，该报告要对所提出的问题的原因、严重程度、维护方法、维护计划和维护时间等进行论证，制定出合理的维护计划。然后由维护主管出面协调，并下达维护任务。

（3）维护的实施。系统的维护工作应按照维护计划开展。当维护任务完成后，维护人员应填写一份书面维护报告呈交给维护主管，维护主管按照验收标准对维护结果进行验收，最后将整个文档资料保存起来。

四、电子商务系统的评估

网络经济条件下，企业发展离不开经济高效的电子商务系统，电子商务系统的优劣直接关系到企业信息系统投资的有效性和企业未来的发展，因此，作为企业资产重要组成部分的电子商务系统的评估问题自然浮出水面。电子商务系统是新生事物，成熟的企业评价体系不能完全适合企业电子商务系统的评估，准确把握企业电子商务系统的评估，是网络经济环境下企业电子商务系统健康运转的保证。

（一）电子商务系统评估的作用

电子商务系统评估是根据系统测试的结果对系统性能进行的评价。评估过程对电子商务系统的整个生命周期是非常重要的，评估的结果有多方面的作用。

（1）作为系统设计是否完整的依据。

（2）是未来系统维护和升级的基础。

（3）是系统进一步优化的依据。

系统评估的结果能够检验系统是否满足设计的要求，能否投入到企业的商务应用当中，同时，从评估的结果中能够发现影响系统性能的瓶颈，这些结论有助于进一步完成对系统性能的改善。

（二）电子商务系统评估的原则

任何评估行为都必须遵循一定的原则，评估作为经济活动中的一项技术、一门学科，有其成熟的理论基础和技术方法，以此作为评估的依据是评估工作的保证。然而，根据评估对象的不同，在具体操作中必须考虑评估对象的特性及涉及的内容。

1. 评估应遵循的工作原则

（1）独立性原则。评估机构和评估人员不应与该电子商务系统有任何利益上的联系，在效益评估过程中应摆脱与所评估的电子商务系统有直接或间接利益关系的当事人的影响，评估工作应始终坚持独立的第三者立场。评估工作不应受外界干扰和委托者意图的影响。

（2）客观性原则。客观性原则是指评估结果应以充分的事实为依据。评估的指标应具有客观性，评估过程中的预测、推理和逻辑判断等应基于市场和现实的基础资料。

（3）科学性原则。科学性原则是指在效益评估过程中，必须根据评估的特定目的，选择适当的价值类型和方法，制定科学的评估实施方案，使评估结果科学合理。

2. 评估应遵循的经济原则

（1）贡献原则。贡献原则是指电子商务系统对企业效益的贡献，取决于它对企业相关部门和企业整体的贡献度，或者它对企业整体效益的影响程度。

（2）替代原则。电子商务系统的可替代性是评价的重要方面。可替代性是指事物是否具有唯一性。一个事物或一个系统能被其他事物或系统替代的程度是不同的。如不同品牌、相同功能的电冰箱是完全可替代的，而含有专利技术的产品和其他同类产品具有不完全替代性。电子商务系统的效益评估所要确定的是该系统的成本效益。如果一个电子商务系统为企业带来巨大的经济效益，但其投入过大，也是评价必须考虑的。

（3）预期原则。电子商务系统的效益评估不应仅停留在对已发生利润的考虑上，同时要考虑未来收益的期望值。预期原则要求在进行效益评估时，合理预测电子商务系统潜在的获利能力和时限。

（三）电子商务系统的评估指标

企业电子商务系统的价值评估受到很多因素的影响，主要有以下几个方面。

（1）盈利水平。企业的盈利水平与投资者的投资回报率紧密联系，是决定企业电子商务系统价值的重要因素。企业实现的盈利水平是投资者是否投资的最终决定因素。

（2）市场专注度。市场专注度是指企业市场定位的明确度。市场定位明确、具有创新能力的企业电子商务系统更受投资者关注。

（3）企业的商业模式。好的商业模式是企业成功的开始，企业电子商务系统往往依靠新颖的商业模式吸引投资者。

（4）市场份额和推广能力。市场份额决定了企业的潜在增长能力。

（5）网络的宏观经济环境。企业电子商务系统是网络行业的基本元素之一，网络行业的发展和企业电子化进程对企业电子商务系统的价值有很大影响。网络行业发展越快，企业电子化程度越高，企业电子商务系统的价值就越大。

评价的前提是建立能够完整地反映评价对象价值的评价指标体系。由于企业电子商务系统不但是企业的电子经营平台，还是企业与消费者交流的窗口和企业文化的反映，电子商务系统的评估应包括反映电子商务系统为企业带来收益的经济评价和反映电子商务系统为企业带来社会影响的社会评价。同时，电子商务系统支持的在线交易的方便性和安全性，也是系统健康运行的重要因素。电子商务系统的评估指标体系确定之后，所面临的具体问题就是评价指标的相关数据如何获取。有几种方法可供参考：首先，可以运用层次分析方法对评价任务进行分析，使评价指标体系成为适用的、有序的层次结构模型，并确定指标权重。其次，对于定量指标，运用统计分析方法获取指标数值；对于定性指标，可以运用专家评议方法等给出定量值；对于用户感知评价指标，则可以运用用户调查法，特别是网络调查法获取；对于已获得的数据及其他指标，可以运用数据挖掘方法进一步挖掘。在实际的评估工作中，要根据具体评价内容和任务进行技术路线设计。

(四)电子商务系统的评估方法

企业电子商务系统评估更重视电子商务系统的实效性和使用安全性。

(1)委托权威专业评估机构评估。专业评估机构以其科学系统的评估方法和拥有经验丰富的专业评估人员,成为企业评估电子商务系统的首选。目前,有很多专业评估机构,有的针对某一行业,有的承接综合业务。有些公司凭借其对电子商务网站评估的权威性,已形成一些权威的评测标准。

(2)自我评价。DIY(do it yourself)评价系统是指企业利用专业机构在互联网上提供的评价服务软件进行的自我评价。与委托权威专业评估机构相比,DIY系统有以下优势:保密性好、成本低及使用方便等。

(3)客户评价。客户评价是针对客户对企业电子商务系统的满意度的定性评价。客户评价一般采取问卷调查的形式,企业在策划问卷调查时必须考虑到调查的全面性和客观真实性。企业通过网络向顾客发送调查表,或通过有奖调查的形式获得客户的评价,再对反馈信息进行统计分析。目前,为了调动客户的积极性,通常采取有奖问卷的方式进行调查,但可能会导致有人以得奖为目的乱填而使调查失去意义。企业为避免这种情况,应注意不要过分宣传奖品,让客户提出意见和建议,使企业提供更好的产品和服务。企业应认真进行问卷的统计分析工作,并积极采取行动,用事实证明企业对客户意见的重视。

拓展阅读

美团电商平台系统架构案例分析

国内曾经出现的团购类网站有6400多家,到四年多以后的现在,美团已经成为国内最大的本地生活服务平台,不管怎么说,现在美团在这些电商,至少团购类的电商里边是比较成功的。那肯定不是因为运气。在我们内部,很多同学在做思考总结,我们希望找出一些比较好的东西能留下来,然后以后继续保持,在这其中分析来分析去,其中有一部分很重要的原因,就是我们技术团队的努力。今天与大家分享的,就是在技术团队中,不断追求极致努力的一小部分经验。

第一部分首先讲一讲技术架构。其实在初期的时候,美团的技术架构非常简单,在最初2010年、2011年的时候,技术是没有门槛的,任何一个人都可以写一个电商的网站。图5-5就是一个最初期的架构,一个比较典型的LAMP架构,前端加上Apache/PHP,后端是MySQL,当然我们会有一些运维的工作在里面。可能大家如果自己写个网站的话,一开始都是这种架构,这种架构一开始也很好用。然后慢慢的,当业务量大了之后,我们发现整个系统的性能跟不上。那时候我们也只是做一些简单的优化就够了,比如说一开始我们是在前端,就是在Nginx和Apache之间加一些Varnish的缓存,然后在后端,我们可能用Memcached来减少MySQL的压力,这些都是缓存,整个架构还是没有太大的变化,还是一个优化了的LAMP架构,如图5-6所示。

图5-5 技术架构:初期(一)　　**图5-6 技术架构:初期(二)**

　　然后到2011年的时候,我们开始做移动端,这时候架构还是没有太大的变化,只不过是在Apache这种已有服务的API前面,又包了一层。就是我们在提供给PC端的同时,我们也包了一层移动的API,这样我们可以继续给手机端的用户提供服务,如图5-7所示。

图5-7 技术架构:初期(三)

　　这个时候其实也就是简单地把LAMP架构做了一点点扩展,但是已经可以支撑很多很多的用户,很多很多的容量了。我们在这种架构的前提下发展,直到我们想去做新的业务。美团一开始起步是个团购公司,后来我们去做一些新的,比如说酒店业务、电影业务,直到现在大家可能使用过的美团外卖的业务。当我们去做很多不同的业务的时候,我们发现做每一个业务似乎需要添加一些新的部分,这样一个部分、一个部分堆积,对很多做技术的同学来说,这是不能容忍的,那我们怎么去改进它呢? 我们希望把中间的很多的公共的东西,与业务无关的东西抽取出来,形成一些公共的技术的组件,这样可以为很多的不同的业务来使用,发展到现在,形成这样一个看起来稍微复杂的架构(图5-8)。

图5-8 技术架构:现在

　　在最底层会有云平台,对内对外都有服务,会有云主机、云存储、虚拟网络,包括一些负载均衡的东西。在云平台上面,我们会有一些基础的组件,这些基础组件跟业务的逻辑相隔比较远,它会有比如配置、队列中心、注册中心,包括一些SQL和NoSQL的存储等等,这些技术组件我们在所有的业务里都会使用,所以我们把它提取出来。再往上,确实有一些东西与业务结合比较多,比如说用户中心、支付、搜索、推荐、风险控制,以及建立用户的一些地理位置的库,这些东西与业务是有交互的。但是我们去分析之后发现在不同的业务里面,这些组件还是差不多的,所以我们也把它抽象出来,现在叫业务组件,这些业务组件在所有的业务之间也是共用的。再往上才是我们各个不同的业务的,真正的比较独特的一些逻辑。在这些业务逻辑前面,是前端的接入,这个前端接入其实对不同的业务也是一样的,它会有前端的接入和转发,会有前端内容的过滤,就是一些防抓取,防攻击这样的内容过滤。比如说为了做用户访问性能的优化,我们会做大量的各种各样内容的缓存,包括 CDN 和一些验证码的服务等。所以在这种架构下面,当我们再要去做一个新的业务的时候,我们只关注中间业务逻辑就可以了,这样可以很快地去拓展新的业务逻辑,而且每一个人,每一个团队,只关注真正最有价值的那一部分的软件的开发。运维的工作,安全的工作,是在每一层都会涉及的。但是整个这样一个逻辑发展到现在,我们觉得是最适合美团现在这个阶段的一套技术架构。从一开始的最简单的 LAMP 到现在的技术架构,可能我们分了很多个组件、很多的层,这些架构看起来是非常不一样的。但是我们现在回想起来并不觉得原来的就不好,现在的就好。我们觉得在公司发展的不同的阶段,一开始就适合那种最简单的情况。如果说我们一开始,比如说美团 2010 年成立的时候就上这种很复杂的架构,那可能我们 2010 年底才把软件开发完,等上线的时候,可能已经有五千多家团购网站在线上了,所以这是不切实际的。所以整体来说,我们觉得在整个技术架构的演变过程中,就是找当前真正能够满足我们业务需求的。

资料来源:摘自《美团电商平台系统架构案例分析》
http://www.zhongkerd.com/news/content-739.html

关键词

电子商务系统　电子商务系统规划　电子商务系统的体系结构系统集成
网络平台　网站设计

思考与讨论

1. 电子商务服务平台是什么?
2. 电子商务系统的体系结构是什么?
3. 电子商务系统的运行需要哪些技术支持?
4. 为实现电子商务系统,应选择怎样的服务器?
5. 比较各种电子商务系统操作的优劣。
6. 电子商务系统规划的主要任务是什么?
7. 电子商务网站的推广方式有哪些?
8. 搭建电子商务系统平台需要注意哪些问题?

9. 如何对电子商务系统进行有效的维护？

10. 如何对电子商务系统进行评估？

11. 电子商务网站的页面设计需要注意哪些问题？

12. 网页设计有哪些布局类型？各有什么优劣？

实践练习

1. 登录五个知名门户网站，分析其页面设计属于哪种布局类型。

2. 对比几个电子商务网站的推广方式，想想哪些方式更为有效。

3. 对比同行业两个电子商务系统的组成，试比较其优劣并谈谈你的改进建议。

第六章 电子支付与网络金融

1. 掌握电子支付的概念和特点。
2. 了解电子支付系统的构成及分类。
3. 了解电子支付模式的概念和第三方电子支付模式的类型。
4. 熟悉常用的电子支付工具。
5. 了解电子货币的概念和特点。
6. 掌握网络金融的基本概念及分类。
7. 了解当前网络金融的发展状况。

案例引入

电子支付的变革

随着电子商务的发展,电子支付已成为大众消费的支付手段之一。电子支付作为一种新兴的产业,已在全球范围内展开了广泛的应用,并在日韩美等国取得了巨大的成功。目前,中国电子支付产业正处于发展、变革阶段。中国关于电子支付领域的重大变革,一是支付介质将发生重大改变,总体呈现出介质虚拟化、账户电子化、入口多样化,如 NFC 支付、二维码支付、生物支付等;二是支付功能的日趋丰富、完善,如跨境支付、手机支付、本外币一体化支付等;三是与生活场景的深度融合,未来支付结算将实现与日常生活场景的无缝衔接,跨行业整合应用必将成为趋势。这种趋势对众多行业提出了严峻的考验,但也提供了发展的机会。

资料来源:编者整理

本章将首先介绍电子支付的有关概念、支付方式、支付平台,然后对电子商务发展的高级阶段——网络银行及网络金融的概念、分类和发展状况进行详细介绍。

第一节　电子支付的概念

随着国际电子商务环境的规范和完善,中国电子商务企业迅猛发展。银行在电子商务中是必不可少的重要组成部分,银行的支付结算服务是电子商务得以开展的必要条件。在电子商务环境下,必须采用全新的电子支付方式。

一、电子支付的定义和特点

电子支付是以金融电子化网络为基础,以商用电子化机具和各类交易卡为媒介,以计算机技术和通信技术为手段,将货币以电子数据(二进制数据)形式存储在银行的计算机系统中,并通过计算机网络系统以电子信息传递形式实现流通和支付。简单地说,电子支付就是电子交易的当事人(包括消费者、厂商、金融机构)使用安全电子支付手段通过网络进行的货币支付或资金流转。

电子支付方式的出现要早于互联网,电子支付的五种形式分别代表着电子支付的不同发展阶段(图6-1)。

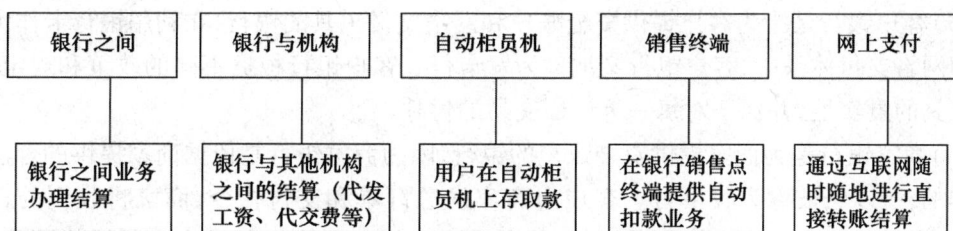

银行之间	银行与机构	自动柜员机	销售终端	网上支付
银行之间业务办理结算	银行与其他机构之间的结算(代发工资、代交费等)	用户在自动柜员机上存取款	在银行销售点终端提供自动扣款业务	通过互联网随时随地进行直接转账结算

图6-1　电子支付的五种形式

与传统的支付方式相比,电子支付具有以下特征。

(1)电子支付是采用先进的技术通过数字流转来完成信息传输的。

(2)电子支付的工作环境是基于一个开放的系统平台(即互联网)。

(3)电子支付使用的是最先进的通信手段,如互联网、外联网等,而传统支付使用的则是传统的通信媒介。

(4)电子支付具有方便、快捷、高效、经济的优势。

二、电子支付系统

电子支付系统是电子商务系统的重要组成部分,是指消费者、商家和金融机构之间使用安全的电子手段交换商品或服务,即把电子支付工具的支付信息通过网络安全传送到银行或相应的处理机构来实现电子支付。

（一）电子支付系统的构成

基于互联网的电子交易支付系统由客户、商家、认证中心、支付网关、客户银行、商家银行和金融专用网络七个部分组成。

（1）客户一般是指利用电子交易手段与企业或商家进行电子交易活动的单位或个人。它们通过电子交易平台与商家交流信息，签订交易合同，用自己拥有的网络支付工具进行支付。

（2）商家是指向客户提供商品或服务的单位或个人。在电子支付系统中，它必须能够根据客户发出的支付指令向金融机构请求结算，这一过程一般是由商家设置的一台专门的服务器来处理的。

（3）认证中心是交易各方都信任的公正的第三方中介机构，它主要负责为参与电子交易活动的各方发放和维护数字证书，以确认各方的真实身份，保证电子交易整个过程的安全稳定进行。

（4）支付网关是完成银行网络和因特网之间的通信、协议转换和进行数据加密、解密，保护银行内部网络安全的一组服务器。它是互联网公用网络平台和银行内部的金融专用网络平台之间的安全接口，电子支付的信息必须通过支付网关进行处理后才能进入银行内部的支付结算系统。

（5）客户银行是指为客户提供资金账户和网络支付工具的银行，在利用银行卡作为支付工具的网络支付体系中，客户银行又被称为发卡行。客户银行根据不同的政策和规定，保证支付工具的真实性，并保证对每一笔认证交易的付款。

（6）商家银行是为商家提供资金账户的银行，因为商家银行是依据商家提供的合法账单来工作的，所以又被称为收单行。客户向商家发送订单和支付指令，商家将收到的订单留下，将客户的支付指令提交给商家银行，然后商家银行向客户银行发出支付授权请求，并进行它们之间的清算工作。

（7）金融专用网络是银行内部及各银行之间交流信息的封闭的专用网络，通常具有较高的稳定性和安全性。

（二）电子支付系统的分类

根据在线传输数据的种类（加密、分发类型），电子支付系统被分为以下三类。

1. 使用"信任的第三方"（trusted third party）

客户和商家的信息如银行账号、信用卡号等都被信任的第三方托管和维护。实施交易时，网络上只传送订单信息和支付确认、清除信息，而没有任何敏感信息。这种支付系统没有任何实际的金融交易是在线（on-line）实施的。网络上传送的信息甚至可以不加密，因为真正金融交易是离线实施的。不加密信息，可以看成是系统的一个缺陷，客户和商家必须到第三方注册才可以交易。First Virtual 是典型的信任第三方系统。

2. 传统银行转账结算的扩充

在利用信用卡和支票交易中,敏感信息被交换。例如,客户要从商家购买产品,客户可以通过电话告知信用卡号以及接收确认信息;银行同时也接收同样的信息,并响应校对用户和商家的账号。如果这样的信息在线传送,就必须经过加密处理。著名的 Cyber Cash 和 VISA/Mastercard 的 SET 就是基于数字信用卡(digital credit cards)的典型支付系统。这种支付系统,对于 B2C 在线交易是主流,因为现在大部分人,更习惯于传统的交易方式。通过合适的加密和认证处理,这种交易形式比传统的电话交易更安全可靠,因为电话交易缺少必要的认证和信息加密处理。

3. 各种数字现金(digital cash)、电子货币(electronic money and electronic coins)

这种支付形式传送的是真正的"价值"和"金钱"本身。前两种交易中,信息的丢失、伪造通常只是信用卡号等,而这种交易中信息被偷窃,不仅仅是信息丢失,往往也是财产的真正丢失。

按支付手段划分,又可以将电子商务支付系统分为电子信用卡支付、Smart Card 支付、电子现金支付、电子支票支付等。

第二节　电子支付方式

一、电子支付模式

目前电子支付模式有支付系统无安全措施模式、通过第三方经纪人支付模式、电子现金支付模式、简单加密支付系统模式和 SET 模式。

(一)支付系统无安全措施模式

用户从商家订货,信用卡信息通过电话、传真等非网上传送手段进行传输;也可在网上传送信用卡信息,但无安全措施。商家与银行之间使用各自现有的授权来检查各自的网络。

特点:风险由商家承担;信用卡信息可以在线传送,但无安全措施。

(二)通过第三方经纪人支付模式

用户在第三方付费系统服务器上开一个账号,用户使用账号付费,交易成本很低,对小额交易很适用。用户在网上经纪人处开账号,网上经纪人持有用户账号和信用卡号,用户用账号从商家订货,商家将用户账号提供给经纪人,经纪人验证商家身份,给用户发送 E-mail,要求用户确认购买和支付后,将信用卡信息传给银行,完成支付过程。

特点:用户账号的开设不通过网络;信用卡信息不在开放的网络上传送;使用 E-mail 来

确认用户身份,防止伪造;商家自由度大,无风险;支付是通过双方都信任的第三方(经纪人)完成的。

(三)电子现金支付模式

用户用现金服务器账号中预先存入的现金来购买电子现金(E-Cash)证书,这些电子现金就有了价值,可以在商业领域中进行流通。电子现金的主要优点是匿名性,缺点是需要一个大型的数据库存储用户完成的交易和 E-Cash 序列号以防止重复消费。这种模式适用于小额交易。

流程:用户在 E-Cash 发布银行开 E-Cash 账户,购买 E-Cash;使用 PC E-Cash 终端软件从 E-Cash 银行取出一定数量的 E-Cash 存在硬盘上,通常少于 100 美元;用户从同意接收 E-Cash 的商家订货,使用 E-Cash 支付所购商品的费用;接收 E-Cash 的商家与 E-Cash 发放银行之间进行清算,E-Cash 银行将用户购买商品的钱支付给商家。

特点:银行和商家之间应有协议和授权关系;用户、商家和 E-Cash 银行都需使用E-Cash软件;适用于小的交易量(mini payment);身份验证是由 E-Cash 本身完成的;E-Cash 银行负责用户和商家之间资金的转移;具有现金特点,可以存、取、转让。

E-Cash 银行在发放 E-Cash 时使用了数字签名,商家在每次交易中,将 E-Cash 传送给 E-Cash 银行,由 E-Cash 银行验证用户支持的 E-Cash 是否有效(是否伪造或使用过等)。

(四)简单加密支付系统模式

使用这种模式付费时,用户信用卡号码被加密。采用的加密技术有 SHTTP、SSL 等。这种加密的信息只有业务提供商或第三方付费处理系统能够识别。因为用户进行在线购物时只需一个信用卡号,所以这种付费方式给用户带来方便。这种方式需要一系列的加密、授权、认证及相关信息传送,交易成本较高,所以对小额交易而言是不适用的。

特点:部分或全部信息加密;使用对称和非对称加密技术;可能使用身份验证证书;采用防伪造的数字签名。

流程:以 Cyber Cash 安全因特网信用卡支付系统为例:①Cyber Cash 用户从 Cyerb Cash 商家订货后,通过电子钱包将信用卡信息加密后传给 Cyber Cash 商家服务器;②商家服务器验证接收到的信息的有效性和完整性后,将用户加密的信用卡信息传给 Cyber Cash 服务器,商家服务器是看不到用户的信用卡信息的;③Cyber Cash 服务器验证商家身份后,将用户加密的信用卡信息转移到非 Internet 的安全地方解密,然后将用户信用卡信息通过安全专网传送到商家银行;④商家银行通过与一般银行之间的电子通道从用户信用卡发行银行得到证实后,将结果传送给 Cyber Cash 服务器,Cyber Cash 服务器通知商家服务器交易完成或拒绝,商家通知用户。整个过程大约历时 15—20 s。

交易过程中每进行一步,交易各方都以数字签名来确认身份,用户和商家都须使用 Cyber Cash 软件。签名是用户、商家在注册系统时产生的,且本身不能修改。用户信用卡加密后存在微机上。加密技术使用工业标准,使用 56 位 DES 和 768—1024 位 RSA 公开/秘密密钥对来产生数字签名。

(五) SET 模式

SET 是安全电子交易的简称,它是一个在开放网上实现安全电子交易的协议标准。SET 最初是由 Visa Card 和 Master Card 合作开发完成的,其他合作开发伙伴还包括 GTE、IBM、Microsoft、Netscape、SAIC、Terisa 和 VeriSign 等。

SET 协议规定了交易各方进行安全交易的具体流程。SET 协议主要使用的技术包括:对称密钥加密、公共密钥加密、哈希算法、数字签名技术以及公共密钥授权机制等。SET 通过使用公共密钥和对称密钥方式加密保证了数据的保密性,通过使用数字签名来确定数据是否被篡改、保证数据的一致性和完整性,并可以完成交易防抵赖。

交易各方之间的信息传送都使用 SET 协议以保证其安全性。电子钱包是 SET 在用户端的实现,电子商家是 SET 在商家的实现,支付网关是银行金融系统和 Internet 网之间的接口,完成来往数据在 SET 协议和现存银行卡交易系统协议(如 ISO 8583 协议)之间的转换是 SET 在金融方的实现。

二、电子支付工具

(一) 电子货币

电子货币是指采用电子技术和通信手段在信用卡市场上流通的以法定货币单位反映商品价值的信用货币。也就是说,电子货币是一种以电子脉冲代替纸张进行资金传输和储存的信用货币。电子货币具有通用性、安全性、可控性、依附性、起点高等特征。

1. 电子货币与传统货币的关系

(1)电子货币是在传统货币的基础上发展起来的。二者在本质、职能及作用等方面有很多共同之处,比如本质都是固定充当一般等价物的特殊商品,同时具有价值尺度、流通手段、支付手段、贮藏手段和世界货币的职能。

(2)两者产生的背景不同。电子货币通过微机进行处理和存储,没有传统货币的大小、重量和印记等。

(3)两者的流通领域不同。电子货币只能在转账领域内流通,流通速度非常快,而传统货币可以在任何地区流通使用。

(4)两者的发行单位不同。传统货币是由国家发行并强制流通的,而电子货币是由银行发行,其使用只能宣传引导,不能强迫命令。在使用中,要借助法定货币去反映和实现商品的价值,结清商品生产者之间的债权和债务关系。

2. 电子货币功能

(1)转账结算功能,直接消费结算,代替现金转账。

(2)储蓄功能,使用电子货币存款和取款。

（3）兑现功能,异地使用货币时,进行货币兑换。

（4）消费贷款功能,先向银行贷款,提前使用货币。

3. 常用的电子货币

目前,常用的电子货币有以下几种。

（1）储值和信用卡型,如储蓄卡（deposit card）和信用卡（credit card）。

（2）智能卡型,如 IC 卡（IC card）。

（3）电子支票型,电子支票（electronic check）指启动支付过程后,计算机屏幕上出现的支票图像,出票人用电子方式做成支票并进行电子签名而出票。

（4）数字现金型,指依靠 Internet 支持在网络上发行、购买、支付的数字现金（digital cash）。

（二）电子现金

电子现金又称为数字现金,是一种表示现金的加密序列数,它可以用来表示现实中各种金额的币值,是能被客户和商家、银行所接受的,购买商品或服务时使用的一种交易媒介。

电子商务中各方从不同的角度,对电子现金系统有不同的要求:客户要求电子现金系统方便灵活,同时具有匿名性;商家要求电子现金系统高度可靠,该系统所接收的数字现金必须可以兑换成真实的货币;银行（金融机构）要求电子现金系统只能使用一次,不能被非法使用、伪造。

电子现金的软件供应商包括 Modex 卡和 E-Cash 软件。Modex 卡最早由英国西敏银行和米德兰银行开发,现已成为万事达卡（Marster Card）子公司。E-Cash 软件由数字现金公司（DigiCash）开发。

1. 电子现金的属性

（1）货币价值:现实价值支撑。

（2）独立性:不依赖于所用的计算机系统。

（3）可交换性:可与其他价值形式互换。

（4）匿名性与可传递性:可以很容易地从一个人传给另一个人,不能提供用于跟踪持有者的信息。

（5）不可重复使用:必须防止现金的复制和重复使用。

（6）安全存储:安全地存储在计算机的外存、IC 卡及其他设备中,取出时需要严格的身份认证。

（7）可分性:有不同的币值。

2. 电子现金的支付过程

一般而言,电子现金的支付过程可分为以下四步。

（1）用户在银行开立电子现金账户,存入足够的资金购买兑换数字现金。

（2）使用个人电脑电子现金终端软件从银行账户取出一定数量的电子现金存在硬盘上。

（3）用户从同意接收电子现金的商家订货，使用电子现金支付所购商品的费用。

（4）接收电子现金商家与用户银行之间进行结算，用户银行将用户购买商品的钱支付给商家。

3. 电子现金支付方式的特点

（1）银行和卖方之间应有协议和授权关系。

（2）E-Cash 银行必须介入，实现三方支付。

（3）三方皆使用 E-Cash 软件。

（4）E-Cash 银行负责身份认证和交易双方之间的资金转移。

（5）可能丢失：可能被黑客非法盗取，也可能买方的硬盘出现故障并且没有备份而丢失。消费者如果感到交易之后剩下来的电子现金放在硬盘里不安全，可以放回到银行的库里。

（6）具有现金特点，可以存、取、转让，适用于小的交易量。

4. 电子现金支付方式存在的问题

（1）少数商家接受数字现金，且只有少数几家银行提供数字现金开户服务。

（2）成本较高。数字现金对于硬件和软件的技术要求较高，需要一个大型的数据库存储用户完成的交易和数字现金序列号以防止重复消费。因此，尚需开发出硬件和软件成本低廉的数字现金。

（3）存在货币兑换问题。由于数字现金仍以传统的货币体系为基础，各国银行只能以本国的法定货币的形式发行数字现金，因此从事跨国贸易就必须要使用特殊的兑换软件。

（4）风险较大。如果某个用户的硬盘损坏，数字现金丢失，这个风险许多消费者都不愿承担。电子伪钞的出现，也是一个很大的风险。

（5）E-Cash 的发行迫切需要规范。

（三）电子支票

电子支票（electronic check）是一种电子付款形式，它借鉴纸张支票转移支付的优点，利用数字传递将钱款从一个账户转移到另一个账户。电子支票的出现和开发比较晚，几乎和纸质的支票有着同样的功能。一个账户的开户人可以在网络上生成一个电子支票，其中包括支付人的姓名、支付人金融机构名称、支付人账户名、被支付人姓名、支票金额。最后，像纸质支票一样，电子支票需要经过数字签名，被支付人数字签名背书，使用数字证书确认支付者/被支付者身份、支付银行及账户，金融机构就可以使用签过名和认证过的电子支票进行账户存储了。

电子支票的支付目前一般是在专用网络、设备、软件上通过一套完整的用户识别、标准报文、数据验证等规范化协议完成数据传输，从而控制安全性。这种方式已经较为完善。电子支票发展的主要问题是今后逐步过渡到公共互联网络上进行传输。目前的电子资金转账（electronic fund transfe，EFT）或网上银行（Internet Banking）服务方式，是将传统的银行转账应用到公共网络上进行的资金转账。一般在专用网络上应用具有成熟的模式（例如 SWIFT

系统);公共网络上的电子资金转账仍在实验之中。目前大约 80% 的电子商务仍属于贸易上的转账业务。

电子支票的内容包括使用者姓名及地址、支票号、传送路由号(9 位数)、账号。

1. 电子支票的优势

(1)电子支票可为新型的在线服务提供便利。它支持新的结算流;可以自动证实交易各方的数字签名;增强每个交易环节上的安全性;与基于 EDI 的电子订货集成来实现结算业务的自动化。

(2)电子支票的运作方式与传统支票相同,简化了顾客的学习过程。电子支票保留了纸制支票的基本特征和灵活性,又加强了纸制支票的功能,因而易于理解,能迅速被采用。

(3)电子支票非常适合小额结算。电子支票的加密技术使其比基于非对称的系统更容易处理。收款人、收款人银行和付款人银行能够用公钥证书证明支票的真实性。

(4)电子支票可为企业市场提供服务。企业运用电子支票在网上进行结算,可比现在采用的其他方法成本都低;由于支票内容可附在贸易伙伴的汇款信息上,电子支票还可以方便地与 EDI 应用集成起来。

(5)电子支票要求建立准备金,而准备金是商务活动的一项重要要求。第三方账户服务器可以向买方或卖方收取交易费来赚钱,它也能够起到银行作用,提供存款账户并从中赚钱。

(6)电子支票要求把公共网络同金融结算网络连接起来,这就充分发挥了现有金融结算基础设施和公共网络作用。

2. 电子支票的使用过程

(1)购买电子支票。首先买方必须在提供电子支票服务的银行注册,开具电子支票。电子支票应具有银行的数字签名。

(2)电子支票付款。买方用自己的私钥在电子支票上进行数字签名,用卖方的公钥加密电子支票,使用电子邮件或其他传递手段向卖方进行支付;卖方只有收到用卖方公钥加密的电子支票,用买方的公钥确认买方的数字签名后,才可以向银行进一步认证电子支票,之后即可以发货给买方。

(3)清算。卖方定期将电子支票存到银行,支票允许转账。

3. 电子支票支付实例——FSTC 电子支票支付流程

FSTC(financial service technology consortium) 即金融服务技术联合会,是以提高美国金融服务业的竞争能力为目的,由美国的银行、大学、研究机构以及政府机构等联合成立的非营利性团体。

FSTC 电子支票支付流程如下。

(1)付款人在签发支票时,使用由电信设备公司生产的,被称为"智能辅币机"的安全硬件设备来产生一张电子支票。该设备的功能就是安全地存储密钥和证书信息,并保存最近签发或背书过的支票记录。

（2）生成的电子支票通过安全电子方式，或通过双方之间加密过的交互对话方式进行传送。

（3）收款人收到支票后，将利用票据交换所来清算支票。电子支票通过银行清算网络进行传送，相应地，资金从付款人银行账户转到收款人银行账户。

（四）智能卡

智能卡（smart card）是一种内嵌有微芯片的塑料卡。一些智能卡包含一个 RFID 芯片，所以它们不需要与读写器的任何物理接触就能够识别持卡人。智能卡配备有 CPU 和 RAM，可自行处理数量较多的数据而不会干扰到主机 CPU 的工作。智能卡还可过滤错误的数据，以减轻主机 CPU 的负担。适应于端口数目较多且通信速度需求较快的场合。

1. 智能卡的分类

智能卡是 IC 卡（集成电路卡）的一种，按所嵌的芯片类型的不同，IC 卡可分为三类。

（1）存储器卡：卡内的集成电路是可用电擦除的可编程只读存储器 EEPROM，它仅具数据存储功能，没有数据处理能力；存储卡本身无硬件加密功能，只在文件上加密，很容易被破解。

（2）逻辑加密卡：卡内的集成电路包括加密逻辑电路和可编程只读存储器 EEPROM，加密逻辑电路可在一定程度上保护卡和卡中数据的安全，但只是低层次防护，无法防止恶意攻击。

（3）智能卡（CPU 卡）：卡内的集成电路包括中央处理器（CPU）、可编程只读存储器（EEPROM）、随机存储器（RAM）和固化在只读存储器（ROM）中的卡内操作系统 COS（chip operating system）。卡中数据分为外部读取和内部处理部分，以确保卡中数据安全可靠。

2. 智能卡的结构

智能卡的结构主要包括以下三个部分。

（1）建立智能卡的程序编制器。程序编制器在智能卡开发过程中使用，它从智能卡布局的高水平方面描述为卡的初始化和个人化创建所需的数据。

（2）处理智能卡操作系统的代理。包括智能卡操作系统和智能卡应用程序接口的附属部分。该代理具有极高的可移植性，它可以集成到芯片卡阅读器设备或个人计算机及客户机/服务器系统上。

（3）作为智能卡应用程序接口的代理。该代理是应用程序到智能卡的接口。它帮助对使用不同智能卡代理的管理，并且还向应用程序提供了一个智能卡类型的独立接口。

由于智能卡内安装嵌入式微型控制器芯片，因而可储存并处理数据。卡上的价值受持有人的个人识别码（PIN）保护，因此只有持有人能访问它。多功能的智能卡内嵌入有高性能的 CPU，并配备有独自的基本软件（OS），能够如像个人电脑那样自由地增加和改变功能。

这种智能卡还设有"自爆"装置，如果不法分子想打开 IC 卡非法获取信息，卡内软件上的内容将立即自动消失。

3. 智能卡的工作过程

首先,在机器上启动因特网浏览器(这里所说的机器可以是 PC,也可以是一部终端电话,甚至是付费电话);然后,通过安装在 PC 上的读卡机,用智能卡登录到为自己服务的银行 Web 站点上,智能卡会自动告知银行账号、密码和其他一切加密信息。完成这两步操作后,就能够从智能卡中下载现金到厂商的账户上,或从银行账号下载现金存入智能卡。

在电子商务交易中,智能卡的应用类似于实际交易过程。用户在自己的计算机上选好商品后,键入智能卡的号码登录到发卡银行,并输入密码和在线商户的账号,完成整个支付过程。

(五)银行卡

银行卡(bank card)是由银行发行、供客户办理存取款业务的新型服务工具的总称。银行卡是智能卡的一种应用,按功能分类,银行卡主要有以下几种。

1. 信用卡

信用卡是商业银行向个人和单位发行的,凭此向特约单位购物、消费和向银行存取现金,具有消费信用的特制载体卡片。通俗地说,信用卡就是银行提供给用户的一种先消费后还款的小额信贷支付工具。持卡人无须在银行履行存款或借款手续,凭卡就可以在银行规定的信用额度内,到指定机构接受服务或购买商品,或者到银行支取现金。如果持卡人在期限内结清余额,则无须支付任何利息。

使用信用卡支付的流程如下。

(1)持卡人到信用卡特约单位消费,特约单位向收单行要求支付授权,收单行通过信用卡组织向发卡行要求支付授权。

(2)特约单位向持卡人确认支付及金额。

(3)特约单位向收单行请款。

(4)收单行付款给特约单位。

(5)收单行与发卡行通过信用卡组织的清算网络进行清算。

(6)发卡行给持卡人账单。

(7)持卡人付款。

2. 借记卡

借记卡是指先存款后消费(或取现),没有透支功能的银行卡。它是一种具有转账结算、存取现金、购物消费等功能的信用工具,附加了转账、买基金、炒股等众多理财功能,还提供了大量增值服务。如今,有少数借记卡允许短期透支,但必须在当月月底之前还清全部透支金额。如果要预支现金,还必须支付一定数量的手续费。

使用借记卡支付的流程如下。

(1)持卡人到特约单位消费,特约单位向收单行要求支付授权,收单行向发卡行验证卡号、密码及账户金额。

（2）特约单位向持卡人确认支付及支付金额。

（3）特约单位向收单行请款。

（4）收单行从发卡行的持卡人账户划拨资金到特约单位。

3. 现金卡

现金卡也是支付卡的一种。持现金卡可在银行柜台或 ATM 机上支取现金。通常对每张现金卡都规定了每周或每天取现的最大金额。使用现金卡也可以购物、查询个人账户余额或进行转账处理。

4. 支票卡

支票卡是凭信用卡签发支票付款的信用卡。支票卡一般都规定了使用期限与最高金额，在限额内，银行保证支付，如果超过限额则可以拒付。

（六）电子钱包

电子钱包的发展经历了两个阶段，即 Mondex 电子钱包（智能卡形式的支付卡）和虚拟电子钱包。Mondex 卡最早是由英国的西敏银行（Nationnal Westminster Bank）和米德兰银行（Midland Bank）为主开发和倡议使用的，使用起来十分简单，只要把 Mondex 卡插入终端，就可以使用。用它付账时，不需要在收据单上签名，也不要等待用电话或计算机来核准支付的金额。但使用 Mondex 卡需要一套电子设备，包括一台微型显示器和一部 Mondex 兼容电话。

目前电子商务中应用的电子钱包是虚拟电子钱包，已经完全摆脱了实物形态。

无论是网上信用卡的使用还是数字现金的使用都需要在客户端安装专门的应用软件，而目前的网上支付系统的开发者出于对用户多种需求的考虑，往往同时提供多种支付手段并将相应的软件集成，这样便形成各种类型的电子钱包软件。

电子钱包的主要功能有：电子证书管理（包括电子证书的申请、存储和删除），安全电子交易（进行 SET 交易时辨认商户身份并发送交易信息），交易记录的保存（保存每一笔交易记录以备日后查询）。在电子钱包内可以装入各种电子货币、电子信用卡、电子借记卡等。电子钱包软件不仅支持网上支付的操作，还可以使用电子钱包软件管理这些电子货币和处理交易记录等。

网上购物使用电子钱包，需要在电子钱包服务系统中运行。电子商务活动中的电子钱包软件通常都是免费提供的。可以直接使用与自己银行相连接的电子商务系统服务器上的电子钱包软件，也可以通过各种保密方式利用互联网上的电子钱包软件。微软公司的 IE 浏览器就包括了一个电子钱包组件（microsoft wallet），该电子钱包支持各种类型的银行卡。

在启动电子钱包软件时，往往需要输入用户名和密码。

电子钱包能否正式投入使用并扩大使用规模的关键是商家和消费者的认可。CyberCash 公司在推出 CyberCoin（一种数字现金）之后，致力于支持他的电子钱包（CyberCash）的服务系统。中国银行电子钱包系统也正在发展其网上商家用户，用户可登录其网站（www. bank-of-china. com），了解电子钱包的使用情况，目前已有首都电子商城、中国国际航空公司、北京图书大厦等数百家客户。电子钱包在购物过程中,虽多次经过银行卡公司和商业银行等进行身份认证、银行授权、各种数据交换和财务往来等,但这些都是在极短的时间内完成的。实际上,从顾客输入订货单到拿到商家出具的电子收据为止的全过程仅用5～20 s的时间。这种电子购物方式十分省事、省力、省时。在购物过程中,顾客可以使用任何一种浏览器进行浏览和查看。由于顾客信用卡上的信息别人是看不见的,因此保密性很好,用起来十分安全可靠。另外,电子商务服务器的安全保密措施也可以保证商家身份的真实性,从而使顾客有一个安全可靠的购物渠道。

第三节　第三方支付

随着电子商务的蓬勃发展,网上购物、在线交易对于消费者而言已经从一个新鲜未知的事物变成了日常生活的一部分。对于网络商家而言,传统的支付方式如银行汇款、邮政汇款等,都需要购买者去银行或邮局办理烦琐的汇款业务;而如果采用货到付款方式,又给商家带来了一定风险和昂贵的物流成本。因此,网上支付平台在这种需求下逐步诞生。

一、第三方支付概述

第三方支付是指具备一定实力和信誉保障的独立机构,采用与各大银行签约的方式,提供与银行支付结算系统接口的交易支持平台的网络支付模式。

电子支付不是新概念,从1998年招商银行率先推出网上银行业务之后,人们便开始接触到网上缴费、网上交易和移动银行业务。这个阶段,银行的电子支付系统无疑是主导力量,但银行自身没有足够的动力也没有足够的精力去扩展不同行业的中小型商家参与电子支付。于是非银行类的企业开始进入支付领域,它们通常被称为第三方电子支付公司。

第三方支付平台是指平台提供商通过通信、计算机和信息安全技术,在商家与银行之间建立连接,从而实现从消费者到金融机构以及商家之间货币支付、现金流转、资金清算、查询统计的一个系统平台。在通过第三方支付平台的交易中,买方选购商品后,使用由第三方平台提供的账户进行货款支付,由第三方通知卖家货款到达、进行发货。买方检验物品,确定收货后,第三方再将款项转至卖家账户。

第三方支付平台将交易信息和物流信息进行整合,为电子商务的资金流、信息流、物流三大瓶颈问题提供一致的解决方案。通过第三方支付平台,商家网站能够解决实时交易查询和交易系统分析,提供及时的退款和支付服务,便于客户查询交易动态信息、物流状态以及对交易进行相应处理等。第三方支付平台关于交易信息进行详细记录,可以防止交易双方在交易中发生有违信用的行为,也为售后可能出现的纠纷问题提供相应的证据,维护双方权益。

第三方支付平台是基于网络安全平台建立的在线支付服务系统,作为买卖双方交易过程中的"中间件",第三方支付平台旨在通过一定手段为交易双方提供信用担保,从而消除网上交易风险的不确定性,有效防止电子交易中的欺诈行为,增加网上交易成交的可能性,并在交易后提供相应的增值服务。

概括地说,第三方电子支付平台有如下优势。

(1)第三方支付平台作为中介方,可以促成商家和银行的合作。对于商家,第三方支付平台可以降低企业运营成本;对于银行,可以直接利用第三方的服务系统提供服务,帮助银行节省网关开发成本。

(2)第三方支付服务系统有助于打破银行卡壁垒。由于目前我国实现在线支付的银行卡各自为阵,每个银行都有自己的银行卡,这些自成体系的银行卡纷纷与网站联盟推出在线支付业务,客观上造成消费者要自由地完成网上购物,手里面必须有十几张卡。同时,商家网站也必须装有各个银行的认证软件,这样就会制约网上支付业务的发展。第三方支付服务系统可以很好地解决这个问题。

(3)第三方支付平台能够提供增值服务,帮助商家网站解决实时交易查询和交易系统分析,提供方便及时的退款和止付服务。

二、第三方支付的特点

第三方支付的特点可以总结为以下几点。

(1)第三方支付平台提供一系列的应用接口程序,将多种银行卡支付方式整合到一个界面上,负责交易结算中与银行的对接,使网上购物更加快捷、便利。

(2)较之 SSL、SET 等支付协议,利用第三方支付平台进行支付操作更加简单而且易于接受。SSL 是现在应用比较广泛的安全协议,在 SSL 中只需要验证商家的身份。SET 协议是目前发展的基于信用卡支付系统的比较成熟的技术。但在 SET 中,各方的身份都需要通过 CA 进行认证,程序复杂、手续繁多、速度慢且实现成本高。有了第三方支付平台,商家和客户之间的交涉由第三方来完成,使网上交易变得更加简单。

(3)第三方支付平台本身依附于大型的门户网站,且以与其合作的银行的信用作为信用依托,因此第三方支付平台能够较好地突破网上交易中的信用问题,有利于推动电子商务的快速发展。

三、第三方支付模式的类型

目前,我国主要存在四种第三方支付模式:支付网关型模式、自建支付平台模式、第三方垫付模式、多种支付手段结合模式。

1. 支付网关型模式

支付网关型模式是指一些具有较强银行技术的第三方支付公司以中介的形式分别连接商家和银行,从而完成商家的电子支付的模式。这样的第三方支付公司包括网银在线、上海环讯、北京首信等。它们不是真正的支付平台,是商家到银行的通道。它们的收入主要是与银行的二次结算获得的分成。一旦商家和银行直接相连,这种模式就会因为附加值低被抛弃。

2. 自建支付平台模式

自建支付平台模式是指由拥有庞大用户群体的大型电子商务公司为主创建或它们自己创建支付平台的模式。这种模式的实质便是以所创建的支付平台作为信用中介,在买家确认收到商品前,代替买卖双方暂时保管货款。这种担保使得买卖双方的交易风险得到控制,主要解决了交易中的安全问题,容易保证消费者的忠诚度。采用自建支付平台模式的企业有淘宝网、易趣、慧聪网等。这种支付平台主要服务于母公司的主营业务,其发展也取决于母公司平台的大小。

3. 第三方垫付模式

第三方垫付模式是指由第三方支付公司为买家垫付资金或设立虚拟账户的模式。它通过买卖双方在交易平台内部开立的账号,以虚拟资金为介质完成网上交易款项支付,这样的公司有99bill、Yeepay等。

4. 多种支付手段结合模式

多种支付手段结合模式是指第三方电子支付公司利用电话支付、移动支付和网上支付等多种方式提供支付平台的模式。这种模式中,客户可以通过拨打电话、手机短信或者银行卡等形式进行电子支付。

四、第三方支付平台的运作机制

第三方支付使商家看不到客户的信用卡信息,同时又避免了信用卡信息在网络多次公开传输而导致的信用卡被窃事件。第三方支付一般的操作步骤如下。

(1)消费者在电子商务网站选购商品,决定购买,买卖双方在网上达成交易意向。

(2)消费者选择利用第三方支付平台作为交易中介,用借记卡或信用卡将货款划到第三方账户。

(3)第三方支付平台通知商家,消费者的货款已到账,要求商家在规定时间内发货。

(4)商家收到消费者已付款的通知后按订单发货,并在网站上做相应记录,消费者可在网站上查看自己所购买商品的状态。如果商家没有发货,则第三方支付平台会通知顾客交易失败,并询问是将货款划回其账户还是暂存在支付平台。

(5)消费者收到货物并确认满意后通知第三方支付平台。如果消费者对商品不满意,或认为与商家承诺有出入,可通知第三方支付平台拒付货款并将货物退回商家。

(6)消费者满意,第三方支付平台将货款划入商家账户,交易完成;消费者对货物不满意,第三方支付平台确认商家收到退货后,将该商品货款划回消费者账户。

五、第三方支付平台产品介绍

第三方支付平台的应用为商家开展 B2B、B2C,甚至 C2C 交易等电子商务服务和其他增值服务提供了完整的支持。其中,最典型的是 eBby 采用的 PayPal 支付工具。PayPal 对全世界近 40 个国家开放,是现在网络上最流行的免费信用卡工具。

国内市场上早在 1998 年就有了第一家第三方支付公司。国内网上支付平台服务比较知名的提供商主要有首信"易支付"、易达信动、云网等。其中,首信、易达信动等平台服务商的服务范围已跨越 B2B、B2C、C2C 等多个领域,在国内外积累了一定的固定用户数量,占据了先天的业务背景优势。而云网则以网络游戏虚拟货币为切入点,随着网络游戏在国内的兴起而迅速走红,成为电子支付行业的一匹黑马。

随着网络支付的迅速发展,越来越多的第三方支付服务平台加入战团。目前中国国内的第三方支付产品主要有 PayPal(易趣公司产品)、支付宝(阿里巴巴旗下)、财付通(腾讯公司,腾讯拍拍)、盛付通(盛大旗下)、易宝支付(Yeepay),等等。

下面简单介绍由阿里巴巴集团创办的第三方支付平台——支付宝。

支付宝(中国)网络技术有限公司于 2004 年由阿里巴巴集团创办,是国内领先的独立第三方支付平台。支付宝致力于为中国电子商务提供"简单、安全、快速"的在线支付解决方案。它的功能就是为淘宝的交易者以及其他网络交易的双方乃至线下交易者提供"代收代付的中介服务"和"第三方担保"。支付宝的设计初衷是为了解决中国国内网上交易资金的安全问题,特别是为了确保在其关联企业淘宝网 C2C 业务中买家和卖家的货款支付流程能够顺利进行。其早期基本模式是买家在网上把钱付给支付宝公司,支付宝收到货款之后通知卖家发货,买家收到货物之后再通知支付宝,支付宝这时才把钱转到卖家的账户上,交易到此结束。在整个交易过程中,如果出现欺诈行为,支付宝将进行赔付。要成为支付宝的用户,必须经过注册流程,用户须有一个私人的电子邮件地址,以便作为在支付宝的账号,然后填写个人的真实信息(也可以公司的名义注册),包括姓名和身份证号码。在接受支付宝设定的"支付宝服务协议"后,支付宝会发送电子邮件至用户提供的邮件地址,然后用户在点击了邮件中的一个激活链接后,才激活了支付宝账户,可以通过支付宝进行下一步的网上支付步骤。同时,用户必须将其支付宝账号绑定一个实际的银行账号或者信用卡账号,与支付宝账号相对应,以便完成实际的资金支付流程。

支付宝处理用户支付时有两种方式。第一种方式是买卖双方达成付款的意向后,由买方将款项划至其在支付宝账户(其实是支付宝在相对银行的账户),支付宝发电子邮件通知卖家发货;卖家发货给买家,买家收货后通知支付宝,支付宝于是将买方先前划来的款项从买家的虚拟账户中划至卖家在支付宝账户。另一种方式是支付宝的即时支付功能,"即时到账交易(直接付款)",交易双方可以不经过确认收货和发货的流程,买家通过支付宝立即发起付款给卖家。支付宝发给卖家电子邮件(由买家提供),在邮件中告知卖家,买家通过支付宝发给其一定数额的款项。如果卖家这时不是支付宝的用户,那么卖家要通过注册流程成为支付宝的用户后才能取得货款。支付宝提供的这种即时支付服务不仅限于淘宝和其他的网上交易平台,而且还适用于买卖双方达成的其他的线下交易。从某种意义上说,如果实际上没有交易发生(即双方不是交易的买卖方),也可以通过支付宝向任何一个人进行支付。

第四节 网上银行

网上银行是随着互联网的发展而出现的重要电子商务活动,发展电子商务客观上要求银行业必须同步实现电子化,以保证资金流及时、安全地在网上流通,进而保证电子商务目的的最终实现,而银行业适应电子商务发展的基本途径就是大力发展网上银行。

一、网上银行概述

网上银行又称网络银行、在线银行、电子银行或虚拟银行。它利用互联网和内联网技术,为客户提供综合、统一、安全、实时的银行服务,包括提供对私、对公的各种零售和批发的全方位银行业务,还可以为客户提供跨国的支付与清算等其他的贸易、非贸易的银行业务服务。

网上银行最早起源于美国,其后迅速蔓延到互联网所覆盖的各个国家。自 1995 年全世界第一家网络银行——安全第一网络银行(SFNB)在美国出现,立即吸引了世界各大金融机构的目光。网上银行作为一种新型的客户服务方式,迅速成为国际银行界关注的焦点。

网络银行开始在各发达国家迅猛发展,年均增长速度达 50% 以上。2002 年,发达国家网上银行业务比重达到 15% ,2005 年这一比重达到 30% 。在中国,继 1998 年招商银行率先推出网上银行业务"一卡通"服务后,中国银行、中国工商银行、中国建设银行、交通银行、光大银行等各家银行纷纷推出网上银行业务。

二、网上银行的特点

与传统银行相比,网上银行具有如下特点。

(1)全面实现无纸化。网上银行不再使用纸币,全面使用电子钱包、电子信用卡、电子现金等电子货币。电子银行的高新技术将信用卡的信息资料输入计算机(主要是存款信息)保存在电子钱包内,成为电子信用卡。所有传统银行使用的票据和单据全面电子化,使用电子支票、电子汇票和电子收据等。一切银行业务文件和办公文件完全改为电子化文件、电子化票据和证据,签名也采用数字化签名。网上银行不再以邮寄的方式进行银行与客户相互之间纸面票据和各种书面文件的传送,而是利用计算机和数据通信网传送,利用电子数据交换(EDI)进行往来结算。

(2)改变了传统银行的服务模式。网上银行摒弃了银行由店堂前台接柜开始的传统服务流程,把银行的业务直接在互联网上推出。金融机构不再需要大量的分支机构,营业机构将被网络和计算机取代。网上银行的出现改变了原来金融机构在时间、空间和形式上的限制,它可依托迅猛发展的计算机网络与通信技术,将银行服务渗透到全球每个角落。客户处理金融服务业务不会再受到地点和时间因素的限制。完善的网上银行将能够提供"3A 式服务",即在任何时间(anytime)、任何地方(anywhere),以任何方式(anyhow)为客户提供安全、准确、快捷的金融服务。

(3)降低经营成本。网上银行通过计算机和网络处理客户要求,不需要依赖密集的分支行网点,节省建立网点的投资,同时通过网上交易,又可以大大节省交易费用。

现代商业银行面临资本、技术、服务和管理水平等全方位的竞争,各家银行不断推出新的服务手段如电话银行、自助银行、ATM、客户终端等。在不断运用高新技术的基础上,使成本进一步降低。这主要是由于其采用开放技术和软件,利用电子邮件提供服务,使开发和维护费用都极大地降低。

网上银行客户端采用的是公共浏览器软件,不需银行去维护、升级。这样可以极大节省银行的客户维护费用,使银行专心于服务内容的开发。由于客户使用的是公共 Internet 网络资源,银行避免了建立专用客户网络所带来的成本及维护费用。

客户只要连接互联网便可享受银行服务,并且服务跨越时间和空间限制,这样也降低了客户的成本。另外,网上银行可以发布银行的广告、宣传材料及公共信息。

(4)实现了银行机构网络化。网络银行是一种无边界银行,突破了营业网点约束对银行业务扩张的限制,使金融服务从有形的物理世界延伸到无形的数字世界。由于网络银行的兴起,银行发展将由注重扩大分支机构和营业网点变为注重扩展网络金融服务。

(5)功能多样。就个人用户而言,可以通过网上银行查询存折账户、信用卡账户中的金额及交易情况,还可以通过网络自动定期交纳各种社会服务项目的费用,进行网络购物;就企业用户而言,可以查询本公司和集团子公司账户的金融、汇款、交易信息,还能够在网上进行电子贸易。网上银行还提供网上支票报失、查询服务等,维护金融秩序,最大限度地减少国家、企业的经济损失。

(6)保障安全。网上银行服务采用了多种先进技术来保证交易的安全,不仅用户、商户和银行三者的利益能够得到保障,随着银行业务的网络化,商业罪犯也将更难以找到可乘之机。

三、网上银行的功能

网上银行的功能一般包括银行业务项目、商务服务以及信息发布。

1. 银行业务项目

银行业务项目包括个人银行业务、网上信用卡业务、对公业务(企业银行)、多种付款方式、国际业务、信贷服务及特色服务等功能。

(1)个人银行业务。它包括网上开户、清户、账户余额查询、交易明细查询、利息的查询、电子转账、票据兑现等。

(2)网上信用卡业务。它包括网上信用卡申办,查询信用卡账单,银行主动向持卡人发送电子邮件、信用卡授权和清算。

(3)对公业务。它包括集团查看账户余额和历史业务情况,不同账户间划转资金,核对账户,电子支付雇员工资,将账户信息输出到空白表格,了解支票利益情况,打印显示各种报告和报表,如每日资产负债表、余额汇总表、详细业务记录表、付出支票报表、银行明细表、历史平均数表。

(4)多种付款方式。它提供数字现金、电子支票、IC 卡、智能卡付款方式。

(5)国际业务。国际业务包括经网上进行的资金汇入、汇出。

(6)信贷服务。个人和企业在网上查询贷款利率,申请贷款,银行根据以往信用记录决定贷款。

(7)特色服务。特色服务依每个网上银行的服务而不同。常见的特色服务有提供免费下载金融管理软件,利用互联网网络向客户直接促销新的金融商品,并以此寻找潜在客户。

2. 商务服务

商务服务包括投资理财、资本市场、政府服务等功能。

银行通过网上投资理财服务,更好地体现以客户为中心的服务策略。投资理财可以有两种方式。一种是客户主动型,客户可以对客户的账户及交易信息、汇率、利率、股价、期货、金价、基金等理财信息(金融信息)进行查询,使用或下载银行的分析软件帮助客户分析,按自己需要进行处理,能满足自己的各种特殊需求。网上理财现在在国内刚刚起步,很多实质性业务都没有开展。国内现在比较成形的网上理财业务是网上证券交易。另一种方式是银行主动型,银行可以把客户服务作为一个有续进程,由专人跟踪,进行理财分析,提供符合其经济状况的理财建议、计划及相应的金融服务。在最近十年中,投资已成为美国发展最快的行业,如共同基金、养老金。

3. 信息发布

信息发布包括国际市场外汇行情、对公利率、储蓄利率、汇率、国际金融信息、证券行情、银行信息等功能。

目前,网上银行实现的功能主要是信用卡、个人银行、对公业务等客户与银行间关系较密切的部分。

四、网上银行模式

网上银行模式包括两个方面的内容,一个是指网上银行的运行机制,另一个是指网上银行的业务模式。

1. 网上银行的运行机制

从网上银行的运行机制方面讲有两种模式。一种是完全依赖于互联网发展起来的全新电子银行。这类银行的几乎所有银行业务交易都依靠互联网进行。另一种模式是指现在传统银行运用公共互联网,开展传统的银行业务交易处理服务,通过其发展家庭银行、企业银行等服务。在美国的前 50 家银行中,目前已有大部分银行允许客户通过 WWW 访问其网址,查看自己的账户信息,部分银行还提供网上存钱转账业务。国内中国银行、招商银行也在网上实现了部分业务。

2. 网上银行的业务模式

从目前网上银行业务发展方面看,有三种模式。第一种模式,把网上银行所针对的客户群设定为零售客户,把网上银行作为银行零售业务柜台的延伸,达到 24 小时不间断服务的效果,并节省了银行的成本。美国的花旗银行(Citibank)和美洲银行(Bank of America)都有成功的经验可供借鉴。第二种模式,网上银行以批发业务为主,即在网上处理银行间的交易(如拆借)、银行间的资金往来(结算和清算)。第三种模式,是前两种的结合,即网上银行包括两个方面的业务。采用何种方式取决于金融机构对其准备要推出的网上银行业务的市场定位和服务内容。

第五节　网络金融

一、网络金融的概念和特点

1. 网络金融的概念

网络金融,又称电子金融(E-finance),从狭义上讲,是指在国际互联网上开展的金融业务,包括网络银行、网络证券、网络保险等金融服务及相关内容;从广义上讲,网络金融是以网络技术为支撑,在全球范围内开展的所有金融活动的总称,它不仅包括狭义的内容,还包括网络金融安全、网络金融监管等诸多方面。网络金融不同于传统的以物理形态存在的金融活动,是存在于电子空间中的金融活动,其存在形态是虚拟化的、运行方式是网络化的。

2. 网络金融的特点

网络金融与传统金融最显著的区别在于其技术基础不同,计算机网络给金融业带来的不仅仅是技术的改进和发展,更重要的是运行方式和行业理念的变化。

(1)信息化和虚拟化。网络金融的虚拟化体现在三个方面:服务机构的虚拟化、金融业务的虚拟化和交易媒介货币的虚拟化。

(2)开放性。网络金融的开放性主要是指经营环境的开放性,金融活动可突破时空局限,打破传统的金融分支机构与业务网点的地域限制,吸纳更广泛的客户。只要经营者开通网络金融业务,世界各地的居民都能成为其客户,并且能在任何时间、任何地点,以多种方式为客户提供服务。作为交易媒介的货币,可以摆脱各国货币形式的束缚,为市场主体行为的国际化提供便利,促进金融业务全面走向国际。

(3)透明性。网络金融的透明性是指市场运行的透明性,主要包括信息传递、交易指令执行、清算程序及市场价格形成的透明性。市场信息的充分性与公开性极大地提高了金融市场运行的透明性。

(4)对称性。传统融资模式下,金融机构获得小微企业的信息成本较高,收益与成本不匹配。在网络金融模式下,交易双方之间信息沟通充分,交易透明,定价完全市场化,风险管理和信任评级完全数据化,这使得金融机构能较为全面地了解一个企业或个人的财力和信用状况,减少信息不对称。

(5)直接性。传统融资模式下,资金供求双方信息经常不匹配,资金需求方无法及时得到资金支持的同时,资金供给方也不能找到好的投资项目。互联网金融模式下,资金供求双方不再需要银行或交易所等中介机构撮合,可以通过网络平台进行信息甄别、匹配、定价和交易,去中介化作用明显[①],进一步加剧了金融脱媒。

二、网络金融的产生

网络金融产生于20世纪90年代,在这一时期随着信息革命的发展,金融电子化的水平不断提高,作为新经济重要内容的网络经济也初露端倪。金融全球化进一步发展,甚至有学者指出,"真正意义上的金融全球化是90年代以来才出现的"[②]。网络经济、金融电子化和金融全球化的发展促进了网络金融的产生。

1. 网络经济是网络金融发展的外部驱动力

网络经济是在信息网络化时代产生的一种崭新的经济现象,表现为经济生活中的生产、交换、分配、消费等经济活动,以及生产者、消费者、金融机构和政府职能部门等主体的经济行为,都与信息网络密切相关,不仅要从网络上获取大量经济信息,依靠网络进行预测和决策,而且许多交易行为直接在信息网络上进行。[③]

网络金融是顺应网络经济的全球化要求而产生的。网络经济是全球化经济,在网络经济时代,金融市场作为一个整体日益全球化,并且相互关联。数字化信息技术的发展引发了信息服务概念和方式的根本转变,同时也带动了信息服务需求的增长。在金融领域,信息系统的服务包括金融的所有核心业务。而网络金融作为在互联网上开展的金融活动本身就具有互联网的特性,使得金融机构的规模可以通过发展网络用户来扩展,全世界上网的人都是网络金融机构的潜在客户。

网络经济时代,日益壮大的网络客户群和不断变化的顾客需求是网络金融发展的加速力。快速增长的网络客户群,为金融机构在互联网上开展金融业务奠定了雄厚的社会基础。同时信息技术发展推动着客户消费渠道的转变,使人们对金融服务的要求越来越高。

网络经济的发展正在以令人目眩的方式改变着我们的生活方式,这突出表现为虚拟化、数字化和全球化的趋势。作为对社会经济状况反应最为敏感的金融服务业,必然率先成为网络经济冲击的对象。网络时代金融服务的要求可以简单概括为:在任何时候、任何地点提供任何方式的金融服务。显然,这种要求只能在网络上实现,而且这种服务需求也迫使传统金融业进行大规模调整,主要表现为在更大范围内、更高程度上运用和依托互联网拓展金融业务,而且这种金融业务必须是全方位的,覆盖银行、证券、保险、理财等各个领域的"大金

---

① 言允:《互联网金融:巨头们的一大步,行为融合的一小步》,《上海证券报》,2013-07-01。
② 王子先:《论金融全球化》,北京,经济科学出版社,2000。
③ 纪玉山:《网络经济学引论》,长春,吉林教育出版社,1998。

融"服务。

电子商务的迅猛发展所产生的支付结算需求将给网络银行业的发展带来无限商机。电子商务的特点是各参与方以互联网为媒介,所有信息均以电子数据形式存在,在网上形成信息流、物流和资金流的统一。从这点看,电子商务本身就包含网络金融服务,即包含网络支付的内容。网上支付是电子商务的关键环节,也是电子商务得以顺利发展的基础条件。没有及时的电子支付手段相配合,电子商务就成了真正意义上的"虚拟商务",只能是电子商情、电子合同,而无法网上成交。正是由于电子商务的核心环节——资金流,即网上结算必须完全依赖网上银行来实现,所以网上银行的建立是大势所趋。

2. 网络金融是网络时代金融电子化进一步发展的产物

20 世纪 80 年代以来,伴随着现代计算机技术与电子通信技术的革命性发展,美国、西欧等发达国家的金融机构纷纷利用电子技术提供金融服务,从而涌现出一股声势浩大的金融创新浪潮,它彻底改变了金融观念,直接导致了金融业的革命。

金融电子化的过程就是电子计算机与高科技通信技术在金融领域应用的过程,它随着科技的发展而不断发展。信息网络技术的飞速发展及其在金融业中的应用必然推动金融业务的进一步发展,从而引起金融制度的创新。网络技术在金融业的应用不仅给客户带来了方便,而且给金融业带来了丰厚的商业利润和广阔的发展前景。

对客户来讲,网络金融业务方便且价格低廉。对于金融机构来讲,网络金融业务具有更大的优势。

(1)互联网是一个开放的网络,使得金融机构可以通过网络金融业务接触到更多的客户。

(2)金融机构可以借助网络金融业务强化其"品牌"标识。

(3)升级维护方便。网络银行的软件系统不是在终端上运行,而是在银行的网络服务器中运行。网络银行提供的各种金融服务不会受到终端设备及软件的限制,具有更大的开放性和灵活性。

(4)金融机构可以减少在技术培训方面的投入。

(5)可以永久性地留住客户。

(6)联网使金融机构的网络与其他网站发生联系和转换相当便利,有利于金融机构交叉提供金融服务产品。

(7)金融机构可以通过网络金融业务和客户进行直接接触,获得客户的信息,更好地了解市场和客户需求的变化,从而对需求的变化迅速作出反应。

(8)网络金融可以大幅降低经营成本,这也是各金融机构纷纷上网的一个主要原因。

网络技术的应用给金融机构带来的巨大利益会推动网络技术在金融领域的应用,即推动金融电子化进一步发展。随着信息网络技术在金融领域的不断应用,会从量变到质变,形成全新的金融运作模式——网络金融。

3. 金融全球化的发展为网络金融的产生创造了物质条件和制度基础

金融全球化并不是一个孤立的经济现象,它同经济全球化紧密相关。事实上,金融全球化不仅是经济全球化的一个方面,而且是经济全球化的重要组成部分,经济全球化本质上要求把全球作为一个统一的、无阻碍的自由市场,在全球范围内实现对资源的合理、有效配置。金融全球化是经济全球化中最活跃的因素,是利用市场机制完成资源最优配置的最有效手段。当然,金融全球化也有自身的发展规律,并在很大程度上独立于实体经济。

(1)金融全球化引发的激烈竞争是推动网络金融发展的内在动力。自20世纪60年代以来,伴随着美国门户开放政策的实施,不仅美国银行在国外设立分支机构,外国银行也纷纷进入美国金融市场。同样,为了增强美国金融业的稳定性和在国际金融业中的竞争力,也为了适应国际金融自由化改革的浪潮,美国对一些限制性的法规条文进行了修改。在美国的带领下,放松金融管制之风刮遍了西方国家,各国竞相出台优惠宽松的政策。这一趋势在推动金融全球化的同时也进一步加剧了金融业的竞争,掀起了金融兼并浪潮。这些兼并活动可以说是金融业激烈竞争的重要表现。在激烈的竞争压力下,金融市场日趋成为高科技巨人角斗的场所,只有拥有先进的技术才能向顾客提供更多更新的服务,从而在竞争中占有优势。这促使金融机构不断增加高科技投入,进行金融科技的创新。因此,金融业的激烈竞争是推动网络金融产生的内在动力,而竞争所导致的有实力的大型金融机构的出现则为网络金融的发展提供了物质保证。

(2)金融全球化推动的国际金融监管的一体化为网络金融的发展提供了制度支持。金融全球化在迅速改变各国传统金融体制的同时,也规范了各个国家政府对金融的干预行为。随着国际金融一体化发展进程的加快,国际金融监管的一体化趋势日益明显。"金融监管最基本的目的在于保证金融机构和金融市场的健康发展,国际金融监管的一体化则为网络金融的发展提供了良好的制度环境。"[1]网络金融作为虚拟的金融服务不受地域疆界的限制,对它的监管要求国际合作。例如,网络金融服务的关键组成部分——网上支付要求各国支付结算制度的统一。如果网络金融服务的提供者在给客户提供诸如赔偿等必要的保证时不得不应付多个国家的规则,这将增加服务的成本和不便,而共同的标准将减少这些成本和不便。金融监管国际合作的加强对维护国际金融秩序有着重要的作用,国际金融体系的稳定则为以全球市场为目标的网络金融的发展提供了良好的运行环境,同时规则的统一也大大降低了网络金融的运营成本。因此,金融全球化的发展在某种意义上为网络金融的发展排除了制度上的障碍。

三、网络金融的分类及发展

按照业务类别,目前网络金融主要包括网络支付、网络融资、网络理财三大类运营模式。

1. 网络支付模式

1996年,全球第一家第三方支付公司在美国诞生,在网上交易中充当中间商的角色。随后美国的第三方支付业务迅猛发展,形成了以 PayPal 为代表的一大批第三方支付公司,如 Amazon Payments,Yahoo Pay Direct 等。如今,PayPal 拥有 1.6 亿个活跃账户,业务遍布全球

---

① 崔晓峰,王颖捷:《网络金融》,北京,中国审计出版社,2001。

绝大部分国家和地区。它开展国际货币业务,不断推出新型金融交易产品以丰富产品结构。欧洲地区的电子商务同样发展强劲,但欧洲各国电子商务的发展不平衡,丹麦、瑞典和芬兰等北欧国家处于领先地位,德国、英国、法国等中欧国家居中,意大利、希腊等南欧国家相对落后。亚洲地区,日本在第三方支付上领先,韩国、新加坡、中国、印度紧随其后。

2. 网络融资模式

国外的网络借贷起步较早,社会信用体系较为完善,相应的网络借贷服务网站发展较为成熟,发展出信用中介、担保信用中介、社交性中介三种模式。

(1)美国的 Prosper 是信用中介的代表。2006 年,Prosper 成立,它是全美第一家网络借贷企业,通过利率竞标方式来撮合借贷双方的服务,中标者获得贷款合同。

(2)英国的 Zopa 是担保信用型网贷企业。Zopa 比 Prosper 早一年成立,因此也是世界范围内首家网贷平台。Zopa 不仅提供担保和信用服务,还对借款者建立信用评级标准,提供综合性服务。

(3)Lending Club 是美国的网贷平台与社交网站的综合尝试。Lending Club 的用户群来自各大社交网站,有借贷需求的人们能够在常用的社交网站直接进入 Lending Club 的界面进行交易。用户的信息搜集也是来源于社交网站本身,社交网站的朋友圈本身就是一种信用等级标识。Lending Club 将熟人借贷网络化,不仅降低了信息成本,也易于提高用户黏性。

网络融资还有一种全新的模式——众筹模式,该模式的代表是 Kickstarter。与一般的风险资金、创投不同,尽管 Kickstarter 也为创业项目提供资金,但这些资金来自大众。Kickstarter 将生产计划在网站上发布,感兴趣的人可以用"投资"的方式来参与该计划,实现网络融资。创业者把自己的项目放到 Kickstarter 上,向他人解释自己的创意和理想,一旦有人看好该项目,创业者就可获得资金支持。

3. 网络理财模式

网络理财的杰出代表当属成立于 1998 年的 PayPal。PayPal 设立了账户余额的货币市场基金,用户只需简单地进行设置,存放在 PayPal 账户中不计利息的余额就将自动转入货币市场基金,从而获得收益,堪称互联网金融的创举。从 PayPal 的角度看,做货币市场基金并不是为了赚钱,也不是为销售业务探路,PayPal 运作货币基金的主要目的是为客户提供理财便利,吸引更多的沉淀资金,提高客户黏性。

四、中国网络金融的发展现状

1. 网络支付的发展现状

网络支付的典型模式是互联网支付。按照主要经营领域以及是否存在物理介质来划分,大体可以将国内互联网支付分为以支付宝、快钱、汇付天下等为代表的线上支付模式,以及以拉卡拉、盒子支付等为代表的线上线下结合支付模式。前者完全利用第三方机构的网络客户端进行操作,后者则由第三方机构提供一定的物理介质如手机刷卡器等。与此同时,随着智能手机的迅速普及,互联网支付迅速拓展至移动支付领域,并积极布局线下银行卡收单、预付卡发行与受理等其他支付服务市场,互联网支付的深度和广度进一步扩大。

（1）业务规模稳定增长。随着第三方支付的业态逐步稳定,在现有格局下,全行业将进入稳定增长时期,预计近两年会保持35%左右的增速。

（2）业务竞合关系深化。第三方机构与银行充分利用各自优势,在资金账户管理、业务与商户拓展、客户信息和风险管理等方面开展合作,增强互联网支付产品的专业性、便捷性与安全性,提高支付效率,降低交易成本。

（3）开展差异化创新竞争。第三方支付业务早期集中于网上购物、航空票务、公用事业缴费等传统应用领域。为了应对传统领域日趋饱和以及同质化竞争日趋激烈的局面,第三方支付机构纷纷加快业务创新步伐,以差异化创造竞争优势。在支付领域方面,教育、医疗卫生、保险、基金、跨境交易等成为第三方机构新的细分市场。

（4）移动互联网支付崭露头角。移动互联网支付以纯软件形式的客户端支付、应用内支付、刷卡器支付三种类型为代表,市场具有高度集中性。

2. 网络融资的发展现状

（1）网络借贷模式。按照网络借贷的贷款者的性质进行第一级分类。贷款者是个人的贷款网站称为 P2P 网贷平台,其借款者一般也是个人;贷款者是金融机构和非金融机构企业的贷款网站称为第三方网贷平台。

P2P 网贷平台根据其业务模式主要分为纯信用模式、信用 + 担保模式、抵押模式和其他模式。第三方网络贷款平台依据借款人和网贷平台的不同可以划分为:B2B 和 B2C 模式,其中,B2B 的借款者是企业,B2C 的借款者是个人;线上 + 线下模式,其网贷平台的母公司是金融机构,最有名的例子是平安旗下的平安陆金所;电商 + 银行模式,其网贷平台从属于电商企业,主要贷款人是银行见表6-1。

表6-1　网络借贷业务分类一览表

类型		代表企业	业务特点
P2P 网贷平台	纯信用模式	拍拍贷	撮合交易,提供技术支持,建设信用等级体系;由贷款人设定利率,平台只限定最高贷款利率;纯中介作用
	信用 + 担保模式	宜信	信息匹配,信用评定;平台根据借款者的信用决定利率;充当中介和担保方
	抵押模式	速贷邦	除提供撮合和信用的中介服务外,还是借款者抵押物的托管人,借款者无法偿还借款时,由平台处置抵押物
	其他模式	红岭创投	提供信用中介、担保、抵押托管服务,以投标方式撮合交易
		人人贷	推出理财计划,有"信托化"的倾向

类型		代表企业	业务特点
第三方网络贷款平台	B2B 模式	阿里小贷	贷款人为阿里巴巴的会员企业,根据电商平台的企业数据建立信用体系,无须担保抵押;批量贷款
	B2B + B2C 模式	易贷中国	充当银行和企业、个人的信用中介;整合银行、担保、典当、风险投资的资源
	线上 + 线下模式	平安陆金所	线下与平安系的企业紧密结合,资源丰富,营销手段多样;线上提供标准化、担保本息的固定利率和期限的产品
	电商 + 银行模式	敦煌贷款	主要为建设银行提供中介网贷平台;依托敦煌 B2B 电商网的小批发商用户资源;无担保抵押
		生意宝贷款	充当银行与企业之间的信用中介;依托纺织企业的 B2B 客户资源;介入第三方支付行业

（2）众筹模式。国内众筹融资兴起相对较晚,但近几年来,类似 Kickstarter 的众筹融资网站很快发展起来。从各大众筹模式网站的数据来看,筹资项目较多集中于文化创意类,涉及电影、音乐、动漫、游戏、设计、出版等领域,占所有筹资项目的 50% 以上。部分众筹网站呈现出比较明显的专业化特点,专注于某一领域的创意或设计。例如,淘梦网专注于微电影领域的创意,乐童音乐网专注于音乐行业的相关创意,亿觅网和 JUE. SO 则主要专注于生活类的创意和设计。

3. 网络理财的发展现状

近年,以货币基金为典型代表的属于非传统金融通道的网络理财得到快速发展,它是基于传统金融产品的网络渠道创新,显著分流了商业银行的代理、代缴、理财等业务。国内市场上网络理财模式大致可以分为基于货币基金的创新和基于“资产 + 担保”的创新两大类。

（1）基于货币基金的创新。基于货币基金创新的网络理财产品首推余额宝。余额宝与全球首款 PayPal 货币基金非常相似,通过将天弘基金网上销售系统嵌入支付宝中,客户将资金转入余额宝后即可自动购买天弘货币基金,从而可以获得远高于银行活期收益的回报。客户可随时使用余额宝里的资金进行支付转账、网上购物等,从而实现基金赎回。余额宝得到市场的充分认可,更多款网络理财工具相继推出,它们针对余额宝的部分理财功能进行拓展,以满足客户的多样化金融理财需求。

（2）基于“资产 + 担保”的创新。基于“资产 + 担保”的网络理财主要由大型非银行金融机构发起。此类机构利用其信誉优势,通过引入担保机构,将小额信贷通过网络平台销售给普通投资者。这种模式的兴起为网络理财提供了创新的尝试。其运作模式与互联网 P2P 贷款比较相似,主要区别在于担保公司会对贷款人的借款进行全额担保,并负责对贷款用途进行审核和风险控制。基于“资产 + 担保”的理财创新兼具信用中介和信用创造功能,在追求高收益的同时,具备流动性高、资金安全有保障等特点。

关键词

电子支付　电子支付系统　电子货币　电子现金　电子支票　电子钱包
第三方支付　网络金融

思考与讨论

1. 什么叫电子支付? 它的特征是什么? 举出身边应用电子支付的例子。
2. 什么叫第三方电子支付模式,它有哪些类型?
4. 什么叫电子货币,它有什么特征?
4. 简述电子现金的定义及功能。
5. 什么是电子钱包? 它的主要功能有哪些?
6. 什么是网上银行? 网上银行具有哪些功能?
7. 网上银行与传统银行相比,具有哪些优势?
8. 什么是网络金融?
9. 目前网络金融主要包括哪些运营模式?
10. 试探讨我国网络金融的未来发展趋势。

实践练习

1. 上网调研国内目前几种常见的银行卡的网络支付的应用与技术特点,选择喜欢的一种银行卡来详细阐述,并说明原因。
2. 开设某家银行的网上银行服务,登录网上银行,了解其提供的功能与服务有哪些。
3. 了解阿里和腾讯在移动支付领域的发展,实际体验其不同的支付平台。

第七章 电子商务安全与防范

学习目标

1. 了解信息安全的基本特征。
2. 了解电子商务的主要安全威胁。
3. 熟悉并掌握电子商务常用的加密技术、访问控制和身份认证技术、SSL 协议。
4. 理解防火墙、虚拟专用网、入侵检测系统的含义。

案例引入

携程系统存技术漏洞用户银行卡等信息被泄露

2014 年 3 月 22 日,国内网络安全问题反馈平台——乌云漏洞平台发布消息称,携程系统存技术漏洞,可导致用户个人信息、银行卡信息等泄露;漏洞泄露信息包括用户姓名、身份证号、银行卡类别、银行卡卡号、银行卡 CVV 码(卡号、有效期和服务约束代码生成的 3 位或 4 位数字)等,上述信息可能被黑客读取。

资料来源:《2013—2014 年度中国电子商务法律报告》摘选

当今,在互联网消费、电子支付普及的同时,也暴露出众多的安全隐患,如出现了大量的仿冒网站、钓鱼网站和被篡改、植入后门的网站等,这些都威胁着电子商务的安全。为了提高安全性,我们有必要掌握相关的知识,做好防范工作。

第一节　电子商务安全概述

安全是电子商务健康发展的基础。在电子商务活动中,交易数据、隐私安全和双方利益保护都需要有强有力的安全技术和措施保障。

一、电子商务安全的定义

电子商务安全是一个系统的概念。从狭义上讲,电子商务安全主要指电子商务信息的安全,主要包括信息的存储安全和信息的传输安全。从广义上讲,电子商务安全不仅与计算机系统结构有关,还与电子商务应用的环境、人员素质和社会因素有关。它包括电子商务系统的硬件安全、软件安全、运行安全及电子商务安全立法。

(1)电子商务系统硬件安全。硬件安全是指保护计算机系统硬件(包括外部设备)的安全,保证其自身的可靠性和为系统提供基本安全机制。

(2)电子商务系统软件安全。系统软件安全的目标是使系统中信息的存取、处理和传输满足系统安全策略的要求。根据计算机软件系统的组成,软件安全可分为:操作系统安全、数据库安全、网络软件安全和应用软件安全。

(3)电子商务系统运行安全。运行安全是指保护系统能连续和正常地运行。

(4)电子商务安全立法。电子商务安全立法是指对电子商务犯罪的约束,它是利用国家机器,通过安全立法,体现与犯罪斗争的国家意志。

综上所述,电子商务安全是一个复杂的系统工程。电子商务安全不仅涉及技术问题,也涉及立法和社会管理等多个方面。

二、信息安全的基本特征

信息安全是电子商务安全的主要内容,保证交易安全可靠地进行,就要求保证信息的认证性、机密性、完整性、可用性和不可否认性。

(1)信息的认证性。交易者身份的真实性是指交易双方确实是存在的,不是假冒的。网上交易的双方相隔很远,互不了解,要使交易成功,必须互相信任,确认对方是真实的,对商家要考虑客户不是骗子,对客户要考虑商店不是黑店。通常的做法是建立认证系统,由第三方认证机构作为交易双方的认证人,或各自出示双方都信赖的认证机构颁发的证书。

(2)信息的保密性/机密性。信息的保密性是指信息在传输过程或存储中不被他人窃取。电子商务是建立在一个较为开放的网络环境上的,维护交易信息的保密性是电子商务业务顺利开展的重要保障。

(3)信息的完整性。信息的完整性一方面是指信息在利用、传输、存储等过程中不被篡改、丢失、缺损等,另一方面是指信息处理方法的正确性。不正当的操作,如误删文件,有可能造成重要文件的丢失。

(4)信息的可用性。信息的可用性是指确保那些已经被授权的用户在需要的时候,确实可以访问到所需信息。例如,通信线路中端故障、网络的拥堵会造成信息在一段时间内不可用,影响正常的业务运营,这是信息可用性的破坏。

(5)信息的不可否认性。信息的不可否认性又称抗抵赖性,即由于某种机制的存在,人们不能否认自己发送信息的行为和信息的内容。传统的方法是靠手写签名和加盖印章来实现信息的不可否认性。在互联网电子环境下,可以通过数字证书机制进行的数字签名和时间戳,保证信息的抗抵赖性。

综上所述,电子商务的实现存在着多种多样的不安全因素的威胁,为了顺利开展商务活动,有必要采用各种安全技术来保证电子商务的认证性、机密性、完整性、可用性和不可否认性等安全要求。

三、电子商务的安全管理策略

电子商务安全管理策略涵盖范围很广，一个完整的电子商务安全管理策略一般都可以分为物理安全策略、网络安全策略以及灾难恢复策略等。

（一）物理安全策略

物理安全策略是整个电子商务安全管理策略的不可忽视的重要基础。基于互联网的电子商务交易过程中，对电子商务系统包含的相关物理设备有相当高的安全要求。影响电子商务系统安全的物理安全风险主要有自然灾害风险、人为风险和硬件防护风险。相应的物理安全策略也围绕上述三个物理安全风险展开。

1. 自然灾害安全防范策略

自然灾害安全防范主要包括防火、防水和防雷措施。设备所在场所应避免火灾、水灾的发生并采取相应的隔离措施以保证在意外火灾、水灾下的设备防护。另外，电子商务系统的设备主要由电路组成，因此，制定全方位、安全灵活的防雷措施显得非常有必要。

2. 人为风险防范策略

人为风险包括人为的操作错误引起的安全问题、设备防盗以及计算机犯罪问题等。人为操作方面引起的风险可以通过建立和健全安全制度来加以防范，同时加强和培育安全意识。对于设备防盗问题，如果资金允许，可以建立较为完善的防盗系统；如果资金不足，可以通过加强内部管理的方法加以解决。对于内外部人员的计算机犯罪问题，一是通过法律途径解决；二是加强自身安全防范。

3. 硬件防护策略

硬件防护包括电磁防护和硬件设备维护。硬件维护包括服务器及其他相关设备的电源保护、有效的防静电措施以及要抑制和防范电磁泄露与电磁干扰。关于硬件设备维护，如果条件允许，可以增加设备信息保护装置。另外，除了日常维护以外，还需要定期对设备进行检修。

（二）网络安全策略

网络安全是电子商务系统安全的核心，需要从技术和管理两方面入手，因此，网络安全策略分为技术策略和管理策略。

1. 技术策略

在技术上保障网络安全通常使用以下几项策略。

（1）安装使用网络安全检测设备和相关软件。借助一些专用的网络安全监控设备和软件，加强对各种不法行为的监控和防范。

（2）加强网络访问控制。访问控制是网络安全防范和保护的主要策略，它包括入网访问控制、网络权限控制、网络监测和锁定控制等。

（3）采用防火墙技术。防火墙用来检查内部网和外部网之间的信息往来，它可以鉴别网络服务请求是否合法，以便采取响应或拒绝的措施。

（4）数据加密。数据加密是采用一定的加密技术，以防在传输过程中数据一旦被截获不致造成信息的泄露，其核心是加密的方式以及密钥的分配和管理。

（5）引入鉴别机制。鉴别是查明另外一个实体身份和特权的过程，以确定其合法性，并做出响应。

2. 管理策略

确保网络安全不能仅靠技术手段，在管理上还应该注意以下几点。

（1）加强电子商务网络系统的日常管理和维护。

（2）建立严格的保密制度。

（3）加强对管理人员的监督和培训，落实工作责任制。

（4）建立跟踪、审计和稽核制度。

（5）完善病毒防范制度。

（6）建立健全相关法律法规制度。

（三）灾难恢复策略

对于电子商务系统来说，灾难主要指意外的自然灾害以及由于黑客攻击等原因使数据库受到破坏。灾难恢复策略是为了在数据资源遭受破坏后迅速恢复系统功能，最大程度地保持数据资源的完整性，将损失降至最低。因此，灾难恢复主要包括备份和恢复两个环节。

灾难备份工作的要点通常有确定备份方案、建立数据恢复中心和建立完善的备份制度三项。

数据恢复一般要经过评估数据损失情况、确定数据恢复方案和恢复数据三个步骤。

第二节　电子商务的主要安全威胁

电子商务面临的安全攻击可以分为两种类型：非技术型攻击和技术型攻击。非技术型攻击（nontechnical attacks）指攻击者利用欺骗或是其他诱惑手段使得被攻击者透漏敏感信息。非技术攻击主要体现在社会学工程（social engineering）攻击。技术型攻击（technical attacks）则是利用软件和系统知识展开攻击。常见的恶意代码（malware）就是典型的技术型攻击手段。通常情况下，安全攻击常常是技术型攻击和非技术型攻击的结合体。例如，入侵者可能利用软件发送即时通信信息，该信息会引导浏览者下载恶意软件。当未设防的浏览者下载并安装了恶意软件后，攻击者就可以控制终端并展开攻击。

一、社会工程学攻击

高德纳（Gartner）咨询公司信息安全与风险研究主任理查·摩古尔（Rich Mogull）曾在2006年提出："社会工程学是未来10年最大的安全风险,许多破坏力最大的行为是由于社会工程学而不是黑客或破解行为造成的。"

1. 社会工程学原理和特点

社会工程学（social engineering）是一种利用人际关系的互动性,通过人的本能反应、好奇心、信任、贪婪等心理弱点实施诸如窃取、欺骗等危害手段,取得访问保密信息系统的权限以获取非法利益的攻击行为。通过利用"人性弱点",熟练的社会工程学攻击者不仅能成功获取保密信息系统的访问权限,而且可以植入"后门",甚至在信息系统中加入可被进一步利用的漏洞风险。与一般的攻击手法不同的是,社会工程学攻击往往是无法用技术措施进行防范的。因此,社会工程学在信息安全领域又被誉为"一种让他人遵从自己意愿的科学或艺术"。社会工程学攻击充分利用了人性中"恐惧""信任"和"健忘"三个弱点,将攻击目标置于现实场景中进行分析研究。在实际的攻击行动中,攻击者基于这一基本策略,依赖于物理环境和各种软硬件条件,经过繁杂的资料收集整理、目标信息研究、关联性分析和一致性引导,采用社会工程学特有的技术方法对目标实施攻击,其攻击体系结构如图7-1所示。

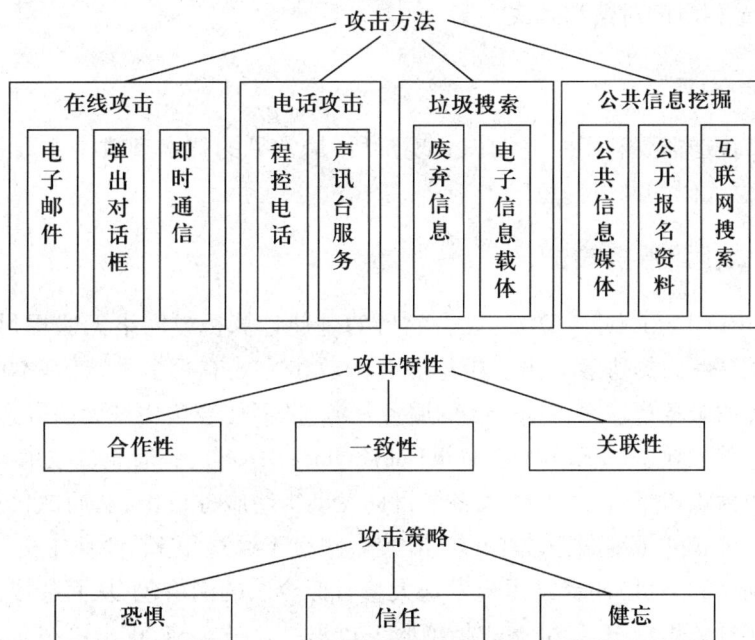

图7-1　社会工程学攻击体系结构

社会工程学攻击可分为三个步骤:搜集用户信息并分析脆弱点,利用部分信息设置陷阱,对落入陷阱的管理员进行系统入侵。搜集用户信息就是对系统或系统管理员的相关信息进行搜集整理,分析出系统管理员的心理弱点,针对心理弱点制定入侵策略。入侵策略确定完毕即通过设置陷阱对系统管理员进行欺骗,迷惑系统管理员。如果欺骗成功,就相当于为下一步入侵做好了准备工作。

2. 社会工程学防御策略

下面是对防御社会工程学制定的三点策略。

(1)建立完善的信息安全管理策略。信息安全管理策略是通过对系统整体中关于安全问题所采取的原则、对安全产品使用的要求、如何保护重要数据信息以及关键系统的安全运行。信息安全策略中确定对每个资源管理授权者的同时,还要设立安全监督员。如果安全监督员没有对资源管理授权者的操作进行审核,就无法对资源的合法使用进行约束和监管。对于系统中的关键数据资源,对其可操作的范围应尽可能小,范围越小就越容易管理,相对也就越安全。

(2)要把信息安全管理策略与培训相结合。对系统管理相关人员进行培训,建立信息安全培训机制,制订相应的培训计划,确定什么是敏感信息,提高安全意识。尤其是要强化用户名和密码保护意识,更改所有默认口令,不要用常见或常用信息作为用户名或密码,密码复杂性要高。

(3)应建立安全事件应急响应小组。安全事件响应小组应当由经验丰富权限较高的人员组成,由小组负责进行安全事件应急演练,有效地针对不同的攻击手段分析出入侵的目的与薄弱环节。同时,模拟攻击环境和攻击测试进行自查分析,就能有效地评价安全控制措施是否得当,并制定相应的对策和解决方案。

二、技术型攻击

实施技术型攻击需要利用专业知识。现阶段,最常见的技术型攻击主要包括大规模拒绝服务攻击、恶意代码和网络钓鱼等。

(一)分布式拒绝服务攻击

拒绝服务(denial of service,DOS)攻击的目的是使计算机或网络无法提供正常的服务,是一种对网络危害巨大的恶意攻击。拒绝服务的攻击方式有很多种,最基本的拒绝服务攻击就是利用合理的服务请求来占用过多的服务资源,从而使合法用户无法得到服务。

分布式拒绝服务攻击(distributed denial of service,DDOS),一般通过技术手段,将多个计算机联合起来作为攻击平台,对一个或多个目标发动拒绝服务攻击,从而成倍地提高拒绝服务攻击的威力。分布式拒绝服务攻击的攻击策略侧重于通过很多"僵尸主机"(被攻击者入侵过或可间接利用的主机)向受害主机发送大量看似合法的网络包,从而造成网络阻塞或服务器资源耗尽而导致拒绝服务,分布式拒绝服务攻击一旦被实施,攻击网络包就会犹如洪水般涌向受害主机,从而把合法用户的网络包淹没,导致合法用户无法正常访问服务器的网络资源。因此,拒绝服务攻击又被称为"洪水式攻击"。

(二)恶意代码

恶意代码(malware)又称为恶意软件,是指故意编制或设置的、对网络或系统会产生威胁或潜在威胁的计算机代码。最常见的恶意代码有计算机病毒、特洛伊木马、计算机蠕虫等。

1. 计算机病毒

计算机病毒(computer virus)在《中华人民共和国计算机信息系统安全保护条例》中被明确定义为:"指编制或者在计算机程序中插入的破坏计算机功能或者破坏数据,影响计算机使用并且能够自我复制的一组计算机指令或者程序代码。"也就是说,计算机病毒是一个程序,一段可执行码。就像生物病毒一样,计算机病毒有独特的复制能力。计算机病毒的增长速度已远远超过计算机本身的发展速度,其破坏性越来越大,传播速度也越来越快。目前计算机病毒已成为电子商务发展的重大障碍之一。

2. 计算机蠕虫

与计算机病毒不同,蠕虫(worm)能够不需要人为参与而自我传播。这种恶意代码的特性是通过网络或者系统漏洞进行传播。比如2006年春天流行的"熊猫烧香"及其变种就是计算机蠕虫。"熊猫烧香"利用了微软视窗操作系统的漏洞,计算机感染这一病毒后,会不断自动上网,并利用文件中的地址信息或者网络共享进行传播,最终破坏用户的大部分重要数据。近些年,即时通信工具已经成为蠕虫最为常用的传播工具。由于蠕虫传播得比病毒快,为了防范其传播,用户需要积极发现新的漏洞并及时安装系统补丁。

3. 特洛伊木马

特洛伊木马(Trojan horse),名字来源于希腊神话里的"特洛伊木马"。一个完整的特洛伊木马套装程序包含了两部分:服务端(服务器部分)和客户端(控制器部分)。植入对方电脑的是服务端,而黑客正是利用客户端进入运行了服务端的电脑。运行了木马程序的服务端以后,会产生一个进程(通常伪装成系统程序)暗中打开端口,向指定地点发送数据(如网络游戏的密码、实时通信软件密码和用户上网密码等),黑客甚至可以利用这些打开的端口进入电脑系统。这时用户电脑上的各种文件、程序、账号、密码等,就毫无安全可言了。

目前,恶意软件已经成为实施计算机犯罪的主要工具。特别是随着电子商务的发展,犯罪分子开始对支付工具以及购物网站进行盗号和诈骗。比如,犯罪分子将木马植入视频、二维码、中奖弹窗中,骗取账号及密码进行资料售卖,或是通过非法入侵,进入第三方支付软件获取用户数据卖给诈骗分子以牟取利益。

(三)网络钓鱼

网络钓鱼(phishing)是指盗取他人个人资料、银行及财务账户资料的网络相关诱骗行为,可分为诱骗式及技术式两种。诱骗式是利用特制的电邮,引导收件人链接到特制的网页,这些网页通常会伪装成真正的银行或理财网页,令登录者信以为真,输入信用卡或银行卡号码、账户名称及密码等;技术性的网络钓鱼则是将程序安装到受害者的电脑中,直接盗取个人资料或使用木马程序、按键记录程序等。

需要着重注意的是手机终端中,犯罪分子会利用短信群发器发送大量含诈骗内容的短信,直接欺骗网民登录假冒银行的钓鱼网站骗取网银资金。有时候也会通过短信、电话欺骗网民通过自动存取款机或网上银行转账。

第三节　访问控制、加密和公钥基础设施

一、访问控制与身份认证

简单而言,访问控制确定谁可以合法地使用网络的资源以及可以使用哪些资源。资源可以是任何东西——网页、文本、数据库、应用软件、服务器、打印机,或任何其他的信息资源。访问控制的功能主要有如下三个方面:第一防止非法的主体进入受保护的网络资源,第二允许合法用户访问受保护的网络资源,第三防止合法的用户对受保护的网络资源进行非授权的访问。

在定义了用户之后,就必须对之实行身份认证。身份认证是在计算机网络中确认操作者身份的过程。确认过程通常基于一种或多种用户特征,这些特征可以把某个人与其他人区分开来。

这些能起到区分作用的特征可以是信息(密码),可以是某人的所有物(凭证),同样也可以是某人的生物特征(指纹)。

二、访问加密

(一)加密介绍

密码技术是保护信息安全的重要手段之一,它是结合数学、计算机科学、电子与通信等诸多学科于一体的交叉学科。

1. 加密

我们将原始未经变换的信息称之为明文。为了保护明文,将其通过一定的方法变换成使人难以识别的一种编码,即密文。这个变换处理的过程称为加密。

2. 解密

密文可以经过相应的逆变换还原成明文,这个变换处理的过程称为解密。

3. 密钥

对信息进行加密和解密通常是在原文和密文上增加或除去一些附加信息,这些附加信息就是我们常说的密钥。密钥是由数字、字母或特殊符号组成的字符串。在加密和解密过程中,控制加密变换的密钥称加密密钥,控制解密变换的密钥称为解密密钥。加密密钥和解密密钥不一定相同。

4. 加密算法

如果把加密解密的变换处理过程抽象成数学函数,这个函数便是加密算法。用来实施加密的为加密函数,反之为解密函数。

为了使密文信息更加安全可靠,应该经常变换密钥和算法。但由于算法设计起来比较困难,不可能与每一个人通信都采用不同的算法,因此通常的做法是使用不同的密钥。另外,密钥的位数决定着加密系统的安全性,密钥越长,破解密钥需要的计算时间就越长,因此也就越安全。

明文通过加密变换成为密文,网上交易的各方使用密文进行通信,密文通过解密还原为明文。采用这种方式,网上传输的密文即使被偷窃,窃取者由于没有解密手段也无法理解其含义,这样源信息就得到了保护。而解密手段对于信息的合法接受者来说是开放的,从而使源信息的内容得以安全传送。

(二)对称加密体系

对称加密体系又被称为秘密密钥,其特点是:无论加密还是解密都使用同一把密钥,即加密密钥和解密密钥相同。

1. 对称加密体系的工作过程

对称加密体系采用相同的加密密钥和解密密钥进行工作,这意味着双方都可以利用该密钥进行加解密,当然这种加密方法是基于双方共同保守秘密的基础之上的。

首先,发送方对要传送的明文使用密钥进行加密;然后,利用互联网把密文传送给接收方,再找寻一条安全的途径把密钥发送给接收方;最后,接收方利用密钥对收到的密文进行解密,从而获得明文信息。如果企业有 N 个合作者,该企业需要 N 个不同的密钥,增加了企业密钥的管理难度。利用对称加密机制加密的流程如图 7 – 2 所示。

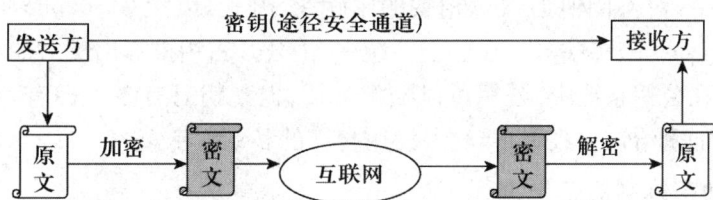

图 7 – 2　对称加密机制加密流程

2. 数据加密标准——DES

对称密码体制中最有代表性的、使用最为广泛的是 1977 年由美国国家标准局颁布的数据加密标准算法(DES 算法)。

数据加密标准算法是 20 世纪 60 年代末由 IBM 的一个研究项目组开发的,随后在 1976 年被美国国家标准局(ANSI)采纳并成为数据加密标准(data encryption standard, DES)。该算法用来保护金融信息和私密报文通信等。该加密算法的原理是将明文分成固定长度的组(块),如 64 bit 一组,用同一密钥和算法对每一块加密,输出也是固定长度的密文。同时还采用一些精心设计的置换和迭代,最终产生每块 64bit 的密文。它的原始密钥是 56 位长度,另有 8 位校验位,共 64 位。DES 经常作为政府及商业部门的非机密数据的加密标准。

数据加密标准算法的解密与其加密一样,只不过是子密钥的顺序相反数据加密标准算法,加密解密需完成的只是简单的算术运算和比特串的异或处理的组合,因此速度快,密钥生成容易,能以硬件或软件的方式非常有效地实现。

后来数据加密标准算法得到了广泛的应用,一个非常重要的应用是银行交易。数据加密标准算法主要被用于加密个人身份识别号(PIN)和通过自动取款机(ATM)进行的记账交易。

3. 对称加密体制存在的问题

对称加密算法的优点是速度快、效率高。但我们也很容易从它的工作流程中发现缺陷:首先是密钥数目问题,有 N 个交易者就需要 N 个不同的密钥,而在电子商务的交易中,每个企业都可能有数目庞大的交易对象,而且随着时间的推移,这个数目还会不断扩大,如何保存和管理密钥将成为一大难题;其次对称加密算法需要一条安全的途径来传送密钥,但现实的问题是很难才能找到一条安全的通道,无论是电话、邮递还是互联网都存在不安全的因素,面对面的交换也是不现实的,因此安全传送密钥也是一个难题;最后由于数据发送方和接收方都使用同一个密钥,无法鉴别发送方和接收方的身份。

(三)非对称加密体系

非对称加密,或公用密钥,即通信各方使用两个不同的密钥,一个是只有发送方知道的专用密钥,另一个则是对应的公用密钥,任何人都可以获得公用密钥。专用密钥和公用密钥在加密算法上相互关联,一个用于数据加密,另一个用于数据解密。

1976 年,美国学者 Whitfield Diffie 与 Martin Hellman 发表开创性的论文,提出公开密钥密码体系的概念:一对不同值但数学相关的密钥,公开钥匙(公钥,public key)与私密钥匙(私钥,private key or secret key)。在公钥系统中,由公开密钥推算出配对的私密密钥于计算上是不可行的。在公钥系统中,公钥可以随意流传,但私钥只有该人拥有。典型的用法是,其他人用公钥来加密给该接收者,接收者使用自己的私钥解密。

1. 非对称加密体制的工作流程

由于非对称加密体制的工作原理是由公开密钥不能推导出私有密钥,因此企业可以把公开密钥像电话号码一样公布在网站等公共媒体上,任何生意伙伴都可以利用你的公开密钥对信息进行加密,而你在接到密文后就可以利用自己持有的私有密钥对其进行解密,由于你是唯一持有私有密钥的人,其他人即使获得了加密文件也无法解开利用。非对称加密体制的工作流程如图 7-3 所示。非对称加密算法的一个致命缺点就是处理速度很慢,不适于对大量数据进行加密/解密运算,而且其密钥长度必须很长才能保证安全性。

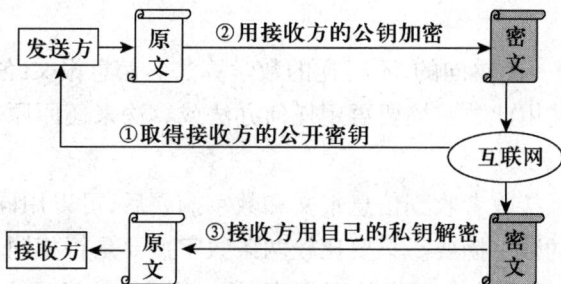

图 7 - 3 非对称加密体制的工作流程

2. RSA 算法

RSA 算法是罗纳德·李维斯特、阿迪·萨莫尔和伦纳德·阿德曼发明的。RSA 由发明者的姓氏的第一个字母得名。

RSA 算法使用两个密钥,一个公共密钥(公钥),一个私有密钥(私钥)。如用其中一个加密,则另一个解密。密钥长度从 40 bit 到 2048 bit 可变。加密时也把明文分成块,块的大小可变,但不能超过密钥长度。RSA 算法把每一块明文转化为与密钥长度相同的明文块。密钥越长,加密效果越好,但加密的开销也越大。所以要在安全和性能之间折中考虑。RSA 算法已经被应用于多种互联网标准及特定协议中。

(四)数字摘要与哈希算法

电子商务中通信双方在互相传送如电子合同、电子支票等数据信息时,不仅要对相关数据进行保密,不让第三者知道,还要能够知道数据在传输过程中有没有被别人改变,也就是要保证数据的完整性,其中一个有效手段就是采用数字摘要技术。

1. 数字摘要的原理

数字摘要,就是发送方对被传送的一个信息报文根据某种数学算法(通常是哈希算法)计算出一个此信息报文的摘要值,数字摘要与原始信息报文之间有一一对应的关系,并将此摘要值与原始信息报文一起通过网络传送给接收方。接收者根据此摘要值来检验信息报文在网络传送过程中有没有发生变化,判断信息报文真实与否,从而来判断信息报文的完整性。其过程示意图如图 7 - 4 所示。

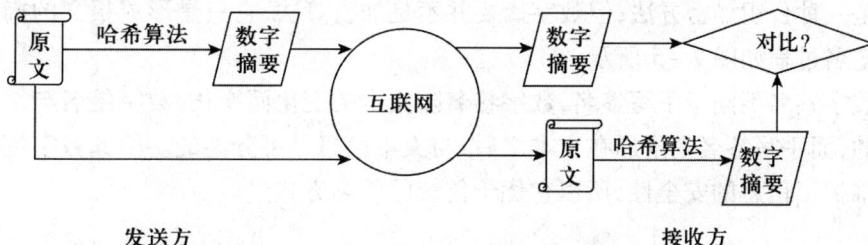

图 7 - 4 数字摘要生产示意图

2. 哈希算法

哈希(Hash)算法是一个单向的、不可逆的数学算法。信息报文经此算法处理后,能产生一个数字摘要,但不可能由此数字摘要再用任何办法或算法来还原原来的信息报文,从而保护了信息报文的机密性。

哈希算法是公开的,接收者收到信息报文和数字摘要后,可以用同样的哈希算法处理收到的信息报文,得到新的数字摘要。只要比较两条数字摘要是否相同,就可以确定所收到的信息报文在传送过程中是否被改变或是否是真的。不同的信息原文将产生不同的数字摘要,对原文数据哪怕仅改变一位数据,数字摘要也将会产生很大变化。

3. 数字摘要的优缺点

数字摘要可以用于保证信息原文的真实性,可以在一定程度上防伪防修改,类似于签名的真实性检验,所以数字摘要也是数字签名技术之一。

但是数字摘要技术如哈希算法本身并不能保证数据的完整性,因此还必须与其他密钥加密技术结合起来使用才能保证。因为哈希算法是公开的,如果某人改变了传送的信息报文的明文,可以很容易地同时改变由哈希算法生成的数字摘要。单用数字摘要显然无法保证数据的完整性,因此必须将数字摘要保护起来,使别人无法伪造。

(五)数字签名

在电子商务中,完善的数字签名应具备签字方不能抵赖,他人不能伪造,在公证人面前能够验证真伪的能力。目前的数字签名是建立在公共密钥体制基础上的,其基本原理是,发送方用私钥对所传输的报文加密(签名),接收方用公共密钥解密(核对签名)。

由于数字签名使用的是发信方的私钥进行签名,事后发信方则无法抵赖其所发出的报文,从而实现了交易的不可抵赖性。但这样的方式在报文较长时会影响效率。

结合数字摘要和数字签名技术,可以解决传输完整性和不可抵赖性问题,同时又解决了加密方法的效率问题。具体做法是:发送方将报文所产生的数字摘要用自己的私钥签名,连同报文一起寄出。接收方用发送者的公共密钥解密数字摘要,再利用哈希算法重新计算收到报文的数字摘要,两相对照后即可认定报文在传输过程中是否被篡改。由于私钥只有发送者本人拥有,因此它的签名具有不可否认性,即信息的确是发送人发出的。要注意的是,数字签名是一种公钥加密方法,但数字摘要并不是加密算法,它只是形成报文的摘要以防篡改。数字签名过程如图7-5所示。

另外数字签名不同于手写签名,数字签名随文本的变化而变化,数字签名与文本信息是不可分割的,而手写签名是附加在文本之后,与文本信息是可分离的。因此数字签名在更高的层次上维护了信息的安全性,所以它优于传统的签名方式。

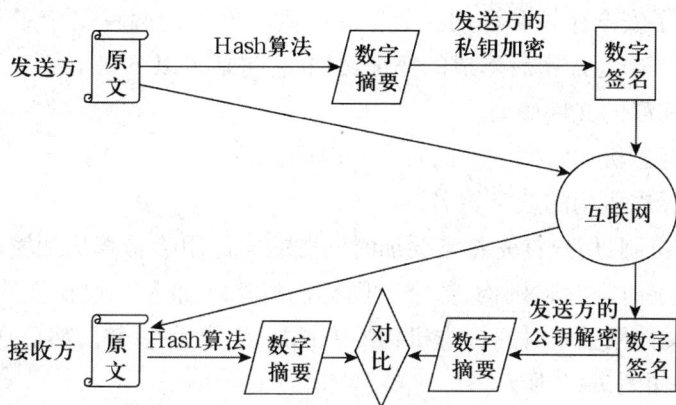

图 7 - 5　数字签名过程

(六)数字信封

数字信封技术结合了对称加密技术和非对称加密技术的优点,使用两层次的加密来获得公共密钥技术的方便性和对称密钥技术的高效性。

具体做法是:每当发信方需要发送信息时,首先生成一个单密钥,用这个单密钥加密所要发送的报文。然后用收信方的公共密钥加密这个密钥,连同加密了的报文一同传送给收信方。只有收信方可用其私钥解密,首先解密出被加密的单密钥,再用这个单密钥解密出真正的报文。数字信封产生过程如图 7 - 6 所示。

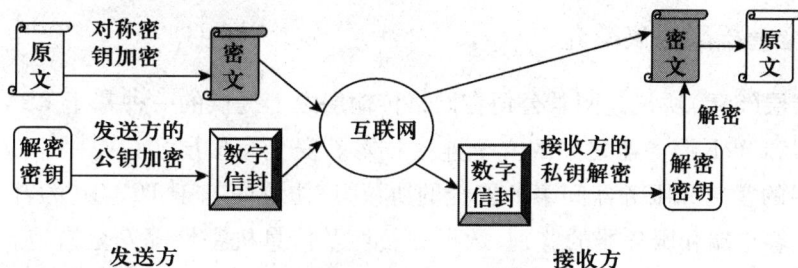

图 7 - 6　数字信封加密过程

数字信封技术在外层使用公共密钥技术,就可以享受其传递方便、加密性能好的优点;而于内层使用单密钥加密报文,因而使得加密效率提高。同时也使得公共密钥加密的相对低效率被降到最低。而且由于可以在每次传送报文时,使用不同的对称密钥,使系统的安全性又得到了进一步保证。有了公共密钥技术、单密钥技术以及配套的数字信封技术,网上电子交易的安全性就得到了保障。

(七)数字时间戳

数字时间戳相当于邮戳。在交易文件中,文件签署的时间是十分重要的信息。相当于书面合同中,文件签署日期和盖章的时间同样重要。在电子商务中,同样需要对交易文件的日期和时间信息采取安全措施,因此数字时间戳或称数字时间标志(DTS)的提出为电子文件的发表时间提供了安全保护和证明。数字时间戳是网上的两种安全服务项目,由专门机构提供。时间戳是一个经加密后形成的凭证文档,它包括了以下三个部分。

(1)需要加时间戳的文件摘要。

(2)数字时间标志机构收到文件的日期和时间。

(3)数字时间标志机构的数字签名。

时间戳产生的机制:用户首先将需要加时间戳的文件用哈希算法加密后形成摘要,然后将该摘要发送到数字时间标志机构,数字时间标志机构在加入了收到文件摘要的日期和时间信息后,再对该文件用数字时间标志机构的密钥加密(数字签名),然后送回用户手中。数字时间戳产生过程如图7-7所示。

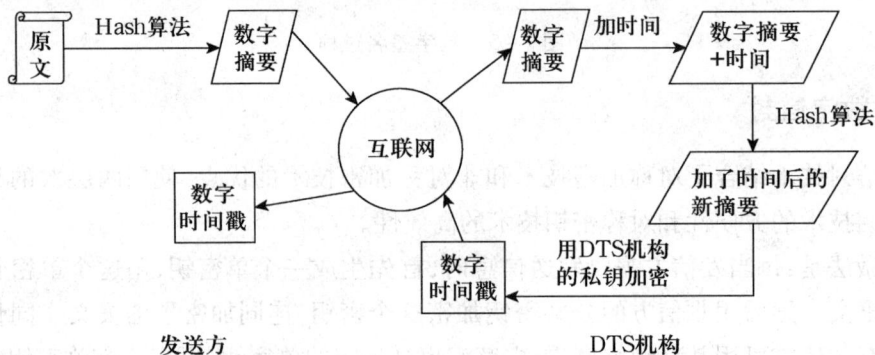

图7-7 获得数字时间戳的过程

(八)安全套接层协议简介

安全套接层(SSL)协议是网景公司在网络传输层之上提供的一种基于 RSA 和保密密钥的用于浏览器和 Web 服务器之间的安全连接技术。安全套接层协议是一个保证任何安装了安全套接层的客户和服务器间事务安全的协议,该协议向基于 TCP/IP 的客户/服务器应用程序提供了客户端和服务器的鉴别、数据完整性及信息机密性等安全措施。目的是为用户提供互联网和企业内联网的安全通信服务。安全套接层协议在应用层收发数据前,协商加密算法、连接密钥并认证通信双方,从而为应用层提供了安全的传输通道,在该通道上可透明加载任何高层应用协议以保证应用层数据传输的安全性。安全套接层协议握手流程由两个阶段组成:服务器认证和用户认证。安全套接层采用了公开密钥和专有密钥两种加密:在建立连接过程中采用公开密钥,在会话过程中使用专有密钥。加密的类型和强度则在两端之间建立连接的过程中判断决定。它保证了客户和服务器间事务的安全性。

拓展阅读

SSL 协议的漏洞

随着网络的普及,网络安全环境对 SSL 证书的需求日益加大,世界500强企业中93%的公司和世界100家最大的银行中97%的银行,以及全球50家大型电子商务网站中的47个网站都安装了 SSL 证书。

现有的 SSL 协议已发展出 SSL 2.0、SSL 3.0、TLS vl、TLS 1.1 及 TLS 1.2 等多个版本。但是,2014 年 4 月,SSL 3.0 曝出名为"贵宾犬"的高危漏洞(漏洞编号 CVE-2014-3566),可导致网络中传输的数据被黑客监听,使用户的敏感信息、网络账号和银行账户被盗。据此情况,赛门铁克公司发出声明,SSL 协议漏洞与 SSL 证书本身无关,并推荐使用更安全的 TLS 1.1 及 TLS 1.2 协议即可避免受到漏洞影响。

三、公钥基础设施

公钥基础设施(public key infrastructure,PKI)是指用公钥概念和技术来实施,支持公开密钥的管理并提供真实性、保密性、完整性以及可追究性安全服务的具有普适性的安全基础设施。

(一)PKI 的基本组成

完整的 PKI 系统必须具有权威认证机构(CA)、数字证书库、密钥备份及恢复系统、证书作废系统、应用接口(API)等基本构成部分,构建公钥基础设施也将围绕着这五大系统来着手。

公钥基础设施技术是信息安全技术的核心,也是电子商务的关键和基础技术。公钥基础设施的基础技术包括加密、数字签名、数据完整性机制、数字信封、双重数字签名等。一个典型、完整、有效的公钥基础设施应用系统至少应具有以下部分。

(1)认证机构(CA),即数字证书的申请及签发机关,CA 必须具备权威性的特征。

(2)数字证书库。用于存储已签发的数字证书及公钥,用户可由此获得所需的其他用户的证书及公钥。

(3)密钥备份及恢复系统。如果用户丢失了用于解密数据的密钥,则数据将无法被解密,这将造成合法数据丢失。为避免这种情况,公钥基础设施提供备份与恢复密钥的机制。但须注意,密钥的备份与恢复必须由可信的机构来完成。并且,密钥备份与恢复只能针对解密密钥,签名私钥为确保其唯一性而不能够作备份。

(4)证书作废系统。这是公钥基础设施的一个必备的组件。与日常生活中的各种身份证件一样,证书有效期以内也可能需要作废,原因可能是密钥介质丢失或用户身份变更等。为实现这一点,PKI 必须提供作废证书的一系列机制。

(5)应用接口(API)。公钥基础设施的价值在于使用户能够方便地使用加密、数字签名等安全服务,因此一个完整的公钥基础设施必须提供良好的应用接口系统,使得各种各样的应用能够以安全、一致、可信的方式与公钥基础设施交互,确保安全网络环境的完整性和易用性。

通常来说,认证中心是证书的签发机构,它是公钥基础设施的核心。众所周知,构建密码服务系统的核心内容是如何实现密钥管理。公钥体制涉及一对密钥(即私钥和公钥),私钥只由用户独立掌握,无须在网上传输,而公钥则是公开的,需要在网上传送,故公钥体制的密钥管理主要是针对公钥的管理问题,目前较好的解决方案是数字证书机制。

(二)公钥基础设施的优势

公钥基础设施的优势主要表现在以下几方面。

(1)采用公开密钥密码技术,能够支持可公开验证并无法仿冒的数字签名,从而在支持可追究的服务上具有不可替代的优势。这种可追究的服务也为原发数据的完整性提供了更高级别的担保。支持可以公开地进行验证,或者说任意的第三方可验证,能更好地保护弱势个体,完善平等的网络系统间的信息和操作的可追究性。

(2)由于密码技术的采用,保护机密性是公钥基础设施最得天独厚的优点。公钥基础设施不仅能够为相互认识的实体之间提供机密性服务,同时也可以为陌生的用户之间的通信提供保密支持。

(3)由于数字证书可以由用户独立验证,不需要在线查询,原理上能够保证服务范围无限制地扩张,这使得公钥基础设施能够成为一种服务巨大用户群的基础设施。公钥基础设施采用数字证书方式进行服务,即通过第三方颁发的数字证书证明末端实体的密钥,而不是在线查询或在线分发。这种密钥管理方式突破了过去安全验证服务必须在线的限制。

(4)公钥基础设施提供了证书的撤销机制,从而使得其应用领域不受具体应用的限制。撤销机制提供了在意外情况下的补救措施,在各种安全环境下都可以让用户更加放心。另外,因为有撤销技术,不论是永远不变的身份还是经常变换的角色,都可以得到公钥基础设施的服务而不用担心被窃后身份或角色被永远作废或被他人恶意盗用。为用户提供"改正错误"或"后悔"的途径是良好工程设计中必需的一环。

(5)公钥基础设施具有极强的互联能力。不论是上下级的领导关系,还是平等的第三方信任关系,公钥基础设施都能够按照人类世界的信任方式进行多种形式的互联互通,从而使公钥基础设施能够很好地服务于符合人类习惯的大型网络信息系统。公钥基础设施中各种互联技术的结合使建设一个复杂的网络信任体系成为可能。公钥基础设施的互联技术为消除网络世界的信任孤岛提供了充足的技术保障。

第四节　电子商务网络安全

电子商务网络安全对电子商务异常重要,本节简要介绍防火墙技术、虚拟专用网和入侵检测技术等常用的电子商务网络安全技术。

一、防火墙技术

防火墙的概念是从建筑学上引过来的。在建筑学中的防火墙是用来防止大火从建筑物的一部分蔓延到另一部分而设置的阻挡设施。计算机网络的防火墙是一个由软件和硬件设备组合而成的、在内部网(可信赖的安全网路)和外部网(不可靠的网路环境)之间的界面上构造的保护屏障,如图7-8所示。只有被允许的通信才能通过防火墙,从而起到内部网与外部网隔离的作用,可以限制外部用户对内部网络的访问和内部用户对外部网络的访问。它控制所有内部网与外部网之间的数据流量,防止企业内部信息流入互联网,控制外部有害信息流入内部网。防火墙还能执行安全策略,记录可疑事件。

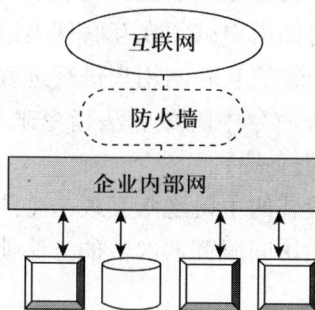

图7-8　防火墙系统示意图

防火墙是一种安全有效的防范技术,是访问控制机制,安全策略和防入侵的措施。从狭义上讲,防火墙是指安装了防火墙软件的主机或路由器系统。从广义上讲,防火墙还包括整个网络的安全策略和安全行为。

1. 防火墙的构成

防火墙主要包括安全操作系统、过滤器、网关、域名服务和电子邮件处理五部分,如图7-9所示。有的防火墙可能在网关两侧设置两个内、外过滤器,外过滤器保护网关不受攻击,网关提供中继服务,辅助过滤器控制业务流,而内过滤器在网关被攻破后提供对内部网络的保护。

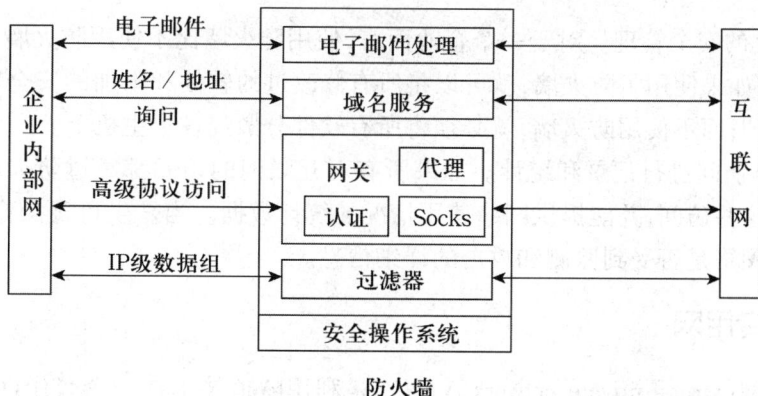

图7-9　防火墙的构成

防火墙的主要目的是控制数据组,只允许合法流通过。它要对内域网和互联网之间传递的每一数据组进行干预。过滤器则执行由防火墙管理机构制定的一组规则,检验各数据组决定是否允许放行。这些规则按IP地址、端口号码和各类应用等参数确定。单纯靠IP地址的过滤规则是不安全的,因为一个主机可以用改变IP源地址来蒙混过关。

2. 防火墙的功能

具体来说,防火墙系统可以保护计算机免受以下几类攻击。

(1)未经授权的内部访问。在互联网上的未被授权用户想访问内部网的数据或使用其中的服务。

(2)危害证明。一个外部用户通过非法手段(如复制、复用密码)来取得访问权限。

(3)未经授权的外部访问。内部用户试图在互联网上取得未经授权的访问权限或服务。

(4)电子欺骗。攻击者通过伪装的互联网用户进行远程登录,从事各种破坏活动。

(5)特洛伊木马。通过在合法命令中隐藏非法指令来达到破坏目的(如在进行电子邮件发送链接时将指令转为打开一个文件)。

(6)渗透。攻击者通过一个假装的主机隐蔽其攻击企图。

(7)泛洪。攻击者试图用增加访问服务器次数的方法使其过载。

3. 防火墙的优点

防火墙应该具有高度安全性、高度透明性及良好的网络性能,而这些特性本身相互制约、相互影响。因此用户可根据实际情况需要,选择使用哪种途径来设计满足自己网络安全所需要的防火墙。防火墙应该具有以下优点。

(1)保护那些易受攻击的服务。防火墙能过滤那些不安全的服务。具有预先被允许的服务才能通过防火墙,这样就降低了受到非法攻击的风险性,大大地提高了企业内部网的安全性。

(2)控制对特殊站点的访问。防火墙能控制对特殊站点的访问。如有些主机能被外部网络访问,而有些则要被保护起来,防止不必要的访问。通常会有这样一种情况,在内部网中只有电子邮件服务器、FTP 服务器和网页服务器能被外部网访问,而其他访问则被防火墙禁止。

(3)集中化的安全管理。对于一个企业而言,使用防火墙比不使用防火墙可能更加经济一些,这是因为如果使用了防火墙,就可以将所有修改过的软件和附加的安全软件都放在防火墙上集中管理;而不使用防火墙,就必须将所有软件分散到各个主机上。

(4)对网络访问进行记录和统计。如果所有对互联网的访问都经过防火墙,那么,防火墙就能记录下这些访问,并能提供网络使用情况的统计数据。当发生可疑操作时,防火墙能够报警并提供网络是否受到监测和攻击的详细信息。

二、虚拟专用网

虚拟专用网(virtual private network,VPN),是利用隧道技术在一个公用网络(通常是因特网)上建立一个稳定的、安全的链接。虚拟专用网是对企业内部网的扩展,可以帮助远程用户、公司分支机构、商业伙伴及供应商同公司的内部网建立可信的安全链接,并保证数据的安全传输。相对其他安全技术,虚拟专用网有以下几个特点。

1. 安全保障

虽然实现虚拟专用网的技术和方式很多,但所有的虚拟专用网均应保证通过公用网络平台传输数据的专用性和安全性。在非面向链接的公用 IP 网络上建立一个逻辑的、点对点的链接,称之为建立一个隧道,可以利用加密技术对经过隧道传输的数据进行加密,以保证数据仅被指定的发送者和接收者了解,从而保证了数据的私有性和安全性。在安全性方面,由于虚拟专用网直接构建在公用网上,实现简单、方便、灵活,但同时其安全问题也更为突出。企业必须确保其虚拟专用网上传送的数据不被攻击者窥视和篡改,并且要防止非法用户对网络资源或私有信息的访问。外部网虚拟专用网将企业网扩展到合作伙伴和客户,对安全性提出了更高的要求。

2. 服务质量保证

虚拟专用网应当为企业数据提供不同等级的服务质量保证(quality of service,QoS)。不同的用户和业务对服务质量保证的要求差别较大。如移动办公用户,提供广泛的链接和覆盖性是保证虚拟专用网服务的一个主要因素;而对于拥有众多分支机构的专线虚拟专用网网络,交互式的内部企业网应用则要求网络能提供良好的稳定性;对于其他应用(如视频等)则对网络提出了更明确的要求,如网络时延及误码率等。所有以上网络应用均要求网络根据需要提供不同等级的服务质量。在网络优化方面,构建虚拟专用网的另一重要需求是充分有效地利用有限的广域网资源,为重要数据提供可靠的带宽。广域网流量的不确定性使其带宽的利用率很低,在流量高峰时容易引起网络阻塞,产生网络瓶颈,使实时性要求高的数据得不到及时发送;而在流量低谷时又造成大量的网络带宽空闲。服务质量保证(QoS)通过流量预测与流量控制策略,可以按照优先级分配带宽资源,实现带宽管理,使得各类数据能够被合理地先后发送,并预防阻塞的发生。

3. 可扩充性和灵活性

虚拟专用网必须能够支持通过内部网和外部网的任何类型的数据流,方便增加新的节点,支持多种类型的传输媒介,可以满足同时传输语音、图像和数据等新应用对高质量传输以及带宽增加的需求。

4. 可管理性

从用户角度和运营商角度考虑,应做到可方便地进行管理、维护。在虚拟专用网管理方面,虚拟专用网要求企业将其网络管理功能从局域网无缝地延伸到公用网,甚至是客户和合作伙伴。

虽然可以将一些次要的网络管理任务交给服务提供商去完成,企业自己仍需要完成许多网络管理任务。所以,一个完善的虚拟专用网管理系统是必不可少的。虚拟专用网管理的目标为:减小网络风险,具有高扩展性、经济性、高可靠性等优点。事实上,虚拟专用网管理主要包括安全管理、设备管理、配置管理、访问控制列表管理、服务质量保证(QoS)管理等内容。

三、入侵检测系统

"入侵"(intrusion)是个广义的概念,不仅包括被发起攻击的人(如恶意的黑客)取得超出合法范围的系统控制权,也包括收集漏洞信息,造成拒绝访问(denial of service)等对计算机系统产生危害的行为。

入侵检测(intrusion detection),顾名思义,便是发觉入侵行为。它通过对计算机网络或计算机系统中若干关键点收集信息并对其进行分析,从中发现网络或系统中是否有违反安全策略的行为和被攻击的迹象。进行入侵检测的软件与硬件的组合便是入侵检测系统(intrusion detection system,IDS)。与其他安全产品不同的是,入侵检测系统需要更高的智能,它必须可以将得到的数据进行分析,并得出有用的结果。一个合格的入侵检测系统能大大地简化管理员的工作,保证网络的安全运行。

1. 入侵检测系统的功能

具体说来,入侵检测系统的主要功能有以下几项:①监测并分析用户和系统的活动;②核查系统配置和漏洞;③评估系统关键资源和数据文件的完整性;④识别已知的攻击行为;⑤统计分析异常行为;⑥操作系统日志管理,并识别违反安全策略的用户活动。

2. 入侵检测系统的分类

一般来说,入侵检测系统可分为主机型和网络型。

主机型入侵检测系统往往以系统日志、应用程序日志等作为数据源,当然也可以通过其他手段(如监督系统调用)从所在的主机收集信息进行分析。主机型入侵检测系统保护的一般是所在的系统。

网络型入侵检测系统的数据源则是网络上的数据包。系统往往将一台机子的网卡设成混杂模式(promiscmode),监听所有本网段内的数据包并进行判断。一般网络型入侵检测系统担负着保护整个网段的任务。

网络型入侵检测系统的优点主要是简便:一个网段上只需安装一个或几个这样的系统,便可以监测整个网段的情况。由于往往分出单独的计算机做这种应用,因此不会给运行关键业务的主机带来负载上的增加。但由于现在网络的日趋复杂和高速网络的普及,这种结构正受到越来越大的挑战。一个典型的例子便是交换式以太网。

主机型入侵检测系统的缺点显而易见,即必须为不同平台开发不同的程序、增加系统负荷、所需安装数量众多等,但是内在结构却没有任何束缚,同时可以利用操作系统本身提供的功能结合异常分析,更准确地报告攻击行为。

3. 入侵检测技术

对各种事件进行分析,从中发现违反安全策略的行为是入侵检测系统的核心功能。从技术上,入侵检测分为两类:一种基于标志(signature-based),另一种基于异常情况(anomaly-based)。

对于基于标志的检测技术来说,要定义违背安全策略事件的特征,如网络数据包包括头信息,检测这类特征是否在所收集到的数据中出现。此方法非常类似杀毒软件。

而基于异常的检测技术则是先定义一组系统"正常"情况的数值,如中央处理器(CPU)利用率、内存利用率、文件校验等(这类数据可以人为定义,也可以通过观察系统用统计的办法得出），然后将系统运行时的数值与所定义的"正常"数值比较，得出是否有被攻击的迹象。这种检测方式的核心在于如何定义所谓的"正常"情况。

两种检测技术的方法所得出的结论有非常大的差异。基于标志的检测技术的核心是维护一个知识库。对于已知的攻击，它可以详细、准确地报告出攻击类型，但是对未知攻击却效果有限，而且知识库必须不断更新。基于异常的检测技术则无法准确判别出攻击的手法，但它可以（至少在理论上可以）判别更广泛，甚至未发觉的攻击。如果条件允许，两者结合的检测会达到更好的效果。

关键词

电子商务安全　信息安全　分布式拒绝服务攻击　对称加密体系　非对称加密体系
数字摘要　数字签名　数字信封　安全套接层协议　虚拟专用网　入侵检测

思考与讨论

1. 电子商务面临的安全威胁有哪些？
2. 社会工程学攻击的特点是什么？
3. 防火墙的作用有哪些？
4. 简述图示数字签名的原理。

实践练习

利用所学知识，登录网证通或其他 CA 认证中心，下载个人数字证书或者安全电子邮件证书，进行数字证书的安装和导入导出；下载 Foxmail 软件或 Outlook Express 软件。两个同学一组，相互交换公钥，利用数字证书发送和接收安全电子邮件。

根据操作，简述数字证书的传送过程。

第八章 电子商务物流

1. 了解物流的概念、物流起源及发展历程。
2. 熟悉物流设施设备及相关技术。
3. 掌握供应链的定义、结构、理念,以及供应链管理的定义、内容和运作模式。
4. 了解供应链管理的发展新趋势。

案例引入

提高物流信息化和标准化水平,推动"十三五"电子商务物流发展

"十三五"是我们国家全面建成小康社会的决胜时期,随着国民经济的全面转型升级,互联网、物联网的发展,以及基础设施的进一步完善,电子商务物流的需求将保持快速的增长,服务质量和创新能力将有望进一步提升,渠道下沉和走出去特征凸现,电商物流将进入全面服务社会生产和人民生活的新阶段。

第一,电商物流的需求将保持快速的增长,电子商务近年来发展迅猛。近十年来电子商务的交易额增长了十倍,而网络零售的销售额增长更快,近十年来增长了 178 倍,随着我国新型工业化、信息化、城镇化、农业现代化的发展和居民消费水平的提升,电子商务在经济、社会和人民生活等各个领域的渗透率将不断地提升,据保守估计,到 2020 年国内网络零售市场的规模将超过十万亿,同时电子商务交易的主体和产品将更加丰富,移动购物、社交网络等将成为新的增长点。

第二,服务的质量和创新能力将显著提高。特别是随着产业结构和消费结构的逐步升级,将推动电商物流进一步提升服务质量。一方面随着网络购物和移动电商的普及,电商物流加强服务创新,对更具灵活性、时效性、规范性和高品质提出了更高的要求。另一方面智慧、流通生态圈的逐步形成,也对提高物流供应链的水平,开展适时、适地的配送,以及实现全程可知、可跟踪、可控等提出了新的要求和新的挑战。

第三,电商物流向西向下成为了新的热点。电商物流对促进区域间的商品流通、推动形成统一大市场的作用日益凸显,随着互联网和电子商务的普及,未来的网络零售市场的渠道将进一步下沉,将呈现出向内陆地区、中小城市以及县域加快渗透的这样一个趋势,这些地区的电商物流将呈现出更大的发展空间。

第四，跨境电商将快速发展。对 2014 年的跨境电商我们也做了一个初步的统计，2014 年跨境电商的交易额大约是在四万亿元左右，而且年均的增长都超过了 30%，那么到 2020 年随着我们国家"一带一路"战略，以及"互联网＋"行动计划的实施，跨境电商的交易额将超过 15 万亿元。

资料来源：中国电子商务物流服务网
http://www.56ec.org.cn/news/rwgd/2015 - 12 - 25/6080.html（有删改）

通过以上所述，我们了解到电子商务物流的发展需求和发展趋势。电子商务物流是电子商务发展不可缺少的环节之一。本章我们将对电子商务环境下的物流概念、发展、物流技术、物流模式及供应链管理等相关知识进行详细的介绍。

第一节　电子商务物流概述

一、物流概述

1. 物流概念的产生和发展

物流是一个十分现代的概念，简单地说，物流就是物的流动，但它并不是"物"与"流"的一个简单组合，这个概念经历了漫长的发展历程，并且还在不断创造奇迹。

物流（physical distribution）一词最早是由美国学者阿奇·萧于 1915 年提出，他在《市场流通中的若干问题》一书中指出"物流是与创造需求不同的一个问题"，"物资经过时间或空间的转移，会产生附加价值"。20 世纪初，西方国家出现经济危机，存在严重的生产过剩和需求不足问题，在这样的背景下，企业为了扩大销售，提出了销售和物流的问题，但当时，重点研究的是销售过程中的物流。

在第二次世界大战中，围绕战争物资供应，尤其是军火，美国研究和建立了"后勤管理"（logistics management）理论，并加以应用。"Logistics"一词的核心是将战时物资的生产、采购、运输、配给等活动作为一个整体来进行统一部署，以求对战争物资补给的费用更低、速度更快、服务更好。后来，经过实践，印证了这个理论的效果。第二次世界大战后，其理论逐渐在企业中得到了广泛的运用，之后陆续又出现了商业后勤、流通后勤的提法。这时的后勤包含了生产和流通两个过程的物流，因而是个范围更广的物流概念。

我国国内对物流概念的引入，主要通过两个途径：一个途径是在 20 世纪 80 年代初随"市场营销"理论一道从欧美引入，引用的是"physical distribution"一词，在我国被翻译成"实体分配"，即商品实体从供给者向需求者进行的物理性移动；另一个途径是从欧美传入日本，我国在 20 世纪 80 年代初直接从日本引入"物流"一词。

2. 物流的概念

物流是集成现代运输、仓储管理、产品流通加工、配送、客户服务,以及信息网络整合于一体的综合服务业务。它具有需求预测、客户管理服务、库存控制、订单处理、物资采购等16项功能。有关物流的概念目前国内外有多种看法,典型的主要有以下几种。

(1)物流是一个控制原材料、制成品、产成品和信息的系统。

(2)从供应开始经各种中间环节的转让及拥有,从而到达最终消费者手中的实物运动,以此实现组织的明确目标。

(3)物流是指物质实体从供应者向需求者的物理移动,它由一系列创造时间价值和空间价值的经济活动组成,是运输、保管、配送、包装、装卸、流通加工及物流信息处理等多项基本活动的统一体。

我国国家标准(GB/T 18354-2006)中给出的物流的定义是:物流是指物品从供应地向接收地的实体流动过程,根据实际需要,将运输、储存、装卸、搬运、包装、流通加工、配送、信息处理等基本功能有机结合,形成完整的供应链,为用户提供多功能、一体化的综合性服务。

尽管现在对物流的解释不一,但就现代物流的实质内涵而言,它应包括以下四个主要方面:①实质流动(原材料、半成品及产成品的运输);②实质储存(原材料、半成品及产成品的储存);③信息流通(相关信息);④管理协调(对物流活动进行计划、实施和有效控制的过程)。

3. 物流的分类

物流活动在社会经济领域中无处不在,对于不同领域的物流,虽然存在相同的基本功能单元,但由于物流的对象、目的、范围和范畴的不同,形成了不同的物流类型。按照物流系统中商品的运动方式、空间范围、研究对象等,可以从不同的角度对物流系统进行分类,具体如图8-1所示。

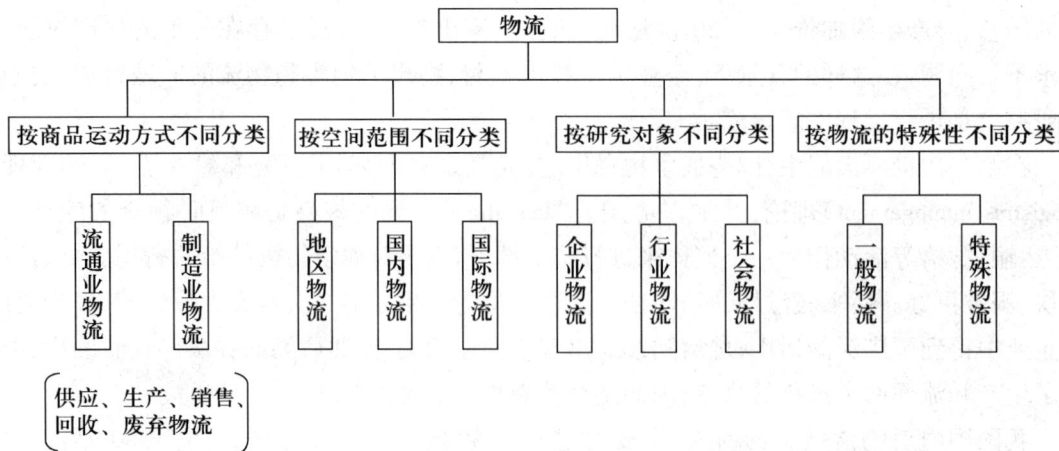

图8-1 物流的分类

下面重点介绍企业物流。企业物流是在企业经营范围内,由生产或服务活动所形成的物流系统,是企业内部的物品实体流动。企业作为一个经济实体,是为社会提供产品或某些服务的。从企业角度研究,物流活动可以分为以下几种。

（1）企业生产物流。指企业在生产工艺中的物流活动。这种物流活动是与整个生产工艺过程相伴而生的,实际上已构成了生产工艺过程的一部分。对企业生产物流的研究和优化,可以大大缩短生产周期,节约劳动力。

（2）企业供应物流。企业为保证本身生产的节奏,不断组织原材料、零部件、燃料、辅助材料供应的物流活动,这种物流活动为确保企业生产的正常、高效的运行起着重要作用。当今企业竞争的关键在于如何降低物流这一过程的成本,为此,企业供应物流就必须解决有效的供应网络、供应方式、零库存等问题。

（3）企业销售物流。指企业为保证本身的经营效益,不断伴随销售活动将产品所有权转给用户的物流活动。在现代社会中,市场是一个完全的买方市场,销售物流活动带有很强的服务性,需要人们研究送货方式、包装水平、运输路线等,并采取各种诸如少批量、多批次、定时、定量配送等特殊的物流方式达到目的,因而其研究范围是很广泛的。

（4）企业回收物流。企业在生产、供应、销售活动中总会产生各种余料和废料,这些东西的回收会伴随物流活动整个过程,而且,在一个企业中,如果回收物品处理不当,往往会影响生产环境,甚至影响产品的质量,也会占用很大空间,造成浪费。

（5）企业废弃物物流。指对企业排放的废弃物进行运输、装卸、处理等的物流活动。

二、电子商务与物流的关系

电子商务是随着计算机网络、通信技术的迅速发展,特别是互联网的普及而出现并迅速发展起来的一种崭新的商务运作方式。电子商务包括四大流:信息流、商流、资金流和物流。其中物流是基础,信息流是桥梁,商流是载体,资金流是目的。电子商务的核心是以网络信息流的畅通,带动物流和资金流的高度统一。电子商务的迅速发展引发了交易方式的创新,这种创新集中体现在商品的流通过程上,并由此引起流通模式的变革,物流环节是电子商务中实现商务目的的最终保障,缺少了能与电子商务模式下相适应的现代物流技术和体系,电子商务所带来的一切变革都等于零。

1. 电子商务促进物流技术的大发展

电子商务加速物流管理的发展表现在两个方面:一是全球化电子商务的出现,加速了物流系统的多国化。它从许多不同的国家收集所需要的资源,再加工后向各国出口。实现信息共享,提供良好服务,使物流管理和生产企业更紧密地联系。二是信息化。物流的管理系统、操作流程、信息反馈系统都要求信息化、电子化和一体化,建立网络化的物流信息系统。在内部网和外部网中确立良好的信息处理和传输系统,使客户、收货人与各仓储、运输公司等做好准备,使商品在几乎不停留的情况下快速流动,直达客户指定的目的地。大型配送公司建立有 ECR（efficient customer response）系统和 JIT（just in time）系统。

要实现在企业间的供求关系中建立一个既有效果又有效率的物流管理模式。例如,订货入口、生产计划、物料资源计划 MRP（materials resource planning）等。该模式的特点是将企业、银行、海关、税务、物流配送、商检、CA 认证机构和网络服务连成一体化的电子商务系统,使企业的非生产成本大幅度降低,逐步提高生产周期的精度,库存大幅度减少,供求关系更趋于合理。

要进一步完善物流管理的核心技术 CRM,解决企业与银行、企业与企业之间的付款、债务、资金拖欠和资信调查及监督问题,保障和维护企业的合法权益,加强物流管理对企业各项活动的整合作用,大力改善企业中成本、服务、收入和满意度,必须不断地评估竞争环境、技术及关系机会,更好地保证物流管理在电子商务的变化发展中受益,并保证其在变动的竞争环境中获得生存和发展。

2. 物流是电子商务的重要组成部分

物流作为电子商务"四流"之中最为特殊的一种,是指物质实体的流动过程,具体指运输、存储、配送、装卸、保管、物流信息管理等活动。对于少数商品和服务来说,可以直接通过网络传输的方式进行配送,如各种电子出版物、信息咨询服务等。而对于大多数商品和服务来说,都需要经由物理方式实现物的流动,但由于一系列机械化、自动化工具的应用,准确、及时的物流信息对物流过程的监控,将使物流的流动速度加快、准确率提高,能有效地减少库存,缩短生产周期。

在电子商务概念模型(图 8 - 2)的建立过程中,强调信息流、商流、资金流和物流的整合。其中,信息流最为重要,处于主导地位,它在一个更高的位置上实现对流通过程的监控,而资金流和物流是基础和保障。

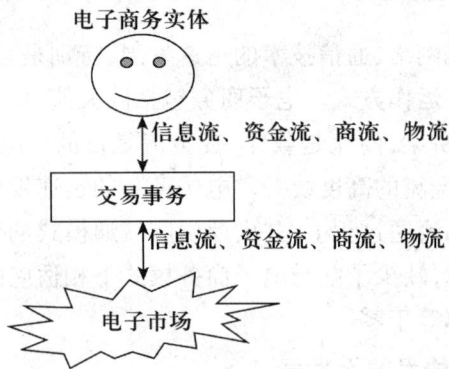

图 8 - 2　电子商务概念模型

3. 物流是电子商务的保障

电子商务业务流程由搜寻产品/服务信息、发现产品/服务信息、信息比较和选择、订购、付款、配送、产品接收和售后服务与技术支持等环节组成。其中"配送、产品接收"是物流业务,是实现电子商务的重要环节和基本保证。

(1)物流保障生产。无论在传统的贸易方式下,还是在当今电子商务环境下,生产都是商品流通之本,而生产的顺利进行需要各类物流活动的支持。一方面,必须保证物质资料不间断地流入生产企业,同时,经过生产加工过后的物料又不间断地流出生产企业。因此,合理化、现代化的物流,降低了成本、优化了库存结构、减少资金占用、缩短生产周期,从而保障了现代化生产的高效进行。

（2）物流服务于商流。在电子商务活动中,消费者通过网上单击购物,完成了商品所有权的交割过程,即商流过程。但电子商务的活动并未结束,只有在所有商品和服务真正转移到用户手上时,商务活动才算结束。而在整个电子商务交易过程中,物流扮演着商流的后续者和服务者的角色。因此,没有高效、高质量的物流,完美的商流活动仍是一纸空文。

（3）物流是实现"以顾客为中心"理念的根本保证。最大程度地方便消费者或客户是电子商务活动的目标之一。如果所购的商品迟迟不能送到,或者收到的商品质量有问题,消费者很难继续选择网上购物。因此,物流是实现"以顾客为中心"理念的根本保证。

虽然物流对电子商务的发展可以起到以上这些作用,但我国现行的物流体系对电子商务的发展还存在一些制约因素,主要表现在:社会上重电子、轻商务,重商流、轻物流,重信息网、轻物流网的倾向比较严重;适合电子商务发展的物流体系没有建立;物流基础设施不配套;物流管理手段落后;第三方物流服务滞后;传统储运的观念、体制及方法对现代物流的发展存在巨大阻力。因此,我国的电子商务的发展仍处于比较困难的成长阶段,尤其是物流、配送体系的完善是电子商务发展必须解决的课题。

三、电子商务物流管理

电子商务作为一种新的数字化生存方式,代表着未来的贸易、消费和服务方式,因此要完善整体生存环境,就需要打破原有工业的传统格局,发展建立以商品代理和配送为主要特征,物流、商流、信息流有机结合的社会化物流配送体系。

1. 物流管理

物流管理是指社会再生产过程中,根据物质资料实体流动的规律,应用管理的基本原理和科学方法,对物流活动进行计划、组织、指挥、协调、控制和监督,使各项物流活动实现最佳的协调和配合,以降低物流总成本,提高物流效率和经济效益。物流管理主要包括以下内容。

（1）从系统的角度出发,对物流的各个要素的管理,如对运输、仓储、流通加工、装卸搬运、配送、包装等的管理。

（2）对物流系统各组成要素的管理,如对其中的人、财、物、设备、方法和信息的管理。

（3）对物流活动中的具体职能的管理,如对物流计划、质量、技术及经济等职能的管理。

2. 物流系统

用系统的观点来研究物流活动是现代物流管理学科的核心问题。物流系统是由相互作用和相互依赖的物流各要素所构成的具有特定功能的有机整体。物流系统是社会经济大系统的一个子系统或组成部分。就物流过程的每一个环节来讲,其作用的发挥不仅受到其内部各要素的制约和外部条件的影响,而且这些要素和环境总是处于不断的变化之中。因此,以系统理论和系统工程的原理来研究和开发物流系统,无论对发挥物流功能、提高物流效率、降低物流费用,还是在提高物流质量、满足社会对物质产品的各种需要上,都具有极为重要的意义。

物流系统大致可由物流作业系统和物流信息系统两个子系统组成。

（1）作业系统是指在物流的作业要素（即运输、仓储、流通加工、装卸搬运、配送、包装等作业）中引入各种实用技术，以求自动化和效率化，同时使各功能之间能完整地连接起来的系统。

（2）物流信息系统在企业活动中与其他的功能，如采购、生产、销售等系统有机联系起来，从而使从订货到发货的信息活动更圆满，进而提高物流作业系统的效率。

在中国，物流作为一个产业真正崛起的一个重要标志是，围绕物流服务的供应和需求，产生了一个庞大的产业群和支持体系，它包括作为物流需求方的形形色色的制造企业、分销/批发企业、零售企业，作为物流供应方的第三方物流、第四方物流、物流咨询机构、物流基础设施供应商、物流软件公司、物流硬件设备公司、物流通信器材公司，作为物流运作监管方的政府机构和行业协会，以及作为物流支持体系的科研院所和教育培训机构等。

第二节 物流技术

物流技术贯穿于物流活动的全过程。物流技术的发展是同物流多样化需求相适应的。它是同物流活动相关的所有专业技术的总称。其水平的高低，直接影响到物流活动各项功能的完善和有效实施，关系到物流活动及物流服务效率的高低。按物流职能不同来划分，可以将物流技术划分为运输、仓储、流通加工、包装、装卸搬运、配送及信息等技术。另外，也可以按技术构成不同将物流技术分为硬件技术（材料、机械设备和设施等）、软件技术（规划、策略、评价等）和现代信息技术（计算机网络技术、EDI、自动化技术等）。传统物流下，机械设备和设施是物流技术的核心，很多先进物流技术的应用都是通过物流机械设备来实现的。但随着时代的发展，人们对信息的重视程度越来越高，再加上电子商务的发展，要求物流与信息流实现在线或离线的高度集成，使得信息技术逐渐成为物流技术的主导，因此，现代物流技术的核心可以归结为：物流设备和设施与信息技术的结合体。

一、物流仓储技术

仓储是现代物流的一个重要组成部分，是物流活动的基础要素。为了保持社会在生产过程的持续进行，必须要在仓库中储存一定量的物资，以满足一定时间内社会生产和消费的需要。

仓储技术是指仓储作业中所采用的各种技术。它是提升仓储作业效率的保证，同时也是仓储企业能力大小与仓储质量高低的直接反映。本节主要阐述仓库的基本设施设备、仓库中的基本作业流程，以及货架和仓储等技术。

（一）仓储技术的构成

仓储技术可以分为软件技术和硬件技术。软件技术主要包括一些理论、预测、优化与决策、设计、评价，以及仓储标准化等；硬件技术则涉及各种机械设备、设施、运输工具、信息设备等。高效的仓储服务需要两种技术相互支撑，共同发展。另外，仓储技术还可以分为货架技术、储存技术、自动分拣技术、库存控制技术等。这些技术构成一个有机的整体，相互联系，相互作用，共同为仓库系统服务。

（二）仓库设施及设备

现代仓库的主要设备包括储存容器、储存设备、搬运设备、拣选设备、流通加工设备，以及其他设备等。现代仓库越来越具有机械化和现代化的特点。因此，现代仓库发展水平的高低与仓库设备的机械化水平高低有直接的关系。

仓储机械设备主要是指在仓库内部使用的机械及设备，主要包括搬运机械（如叉车）、辅助设备（如托盘）、保管设备（如货架）等。有的仓库还有分拣、计量、包装等设施和设备。

（1）搬运机械主要包括装卸货物的机械、库内搬运转移场地的机械，以及堆码机械等。

（2）辅助设备主要包括托盘、叉车附属部件及吊具和索具等。

（3）仓库中的保管设备主要是货架。利用货架堆放货物，能提高仓库空间利用率。

（三）货架技术

货架（goods shell）是用立柱、隔板或横梁等组成的立体储存物品的设施。货架在物流系统中占有非常重要的地位，随着物流量日益增加和自动化仓库的增多，货架的数量会越来越多，并且要求其功能丰富，能满足自动化和机械化的要求。

1. 货架的功能

货架在现代物流活动中，起着相当重要的作用，仓库管理实现现代化，与货架的种类、功能有直接的关系。货架主要具有以下作用及功能。

（1）货架具有框架式结构，可充分利用仓库空间，提高库容利用率，扩大仓库储存能力。

（2）存入货架中的货物互不挤压，物资损耗小，可起到保护物资、减少货物损失的作用。

（3）货架中的货物，存取方便，便于清点及计量，可做到先进先出。

（4）保证存储货物的质量，采取防潮、防尘、防盗、防破坏等物品保存技术或措施，以提高物资存储质量。

（5）很多新型货架的结构及功能有利于实现仓库的机械化及自动化管理。

2. 货架的分类

货架的种类很多，按照不同的划分方式可分成不同的类型。根据货架本身的结构特点的不同可以将其分为层格架、抽屉式、悬臂式等；根据其承重力的不同又可以将其分为重型、中型和轻型货架；根据货架运动状态可以将其分为固定式和移动式、旋转式货架。下面就依据货架的运动状态来对货架的类型进行简单阐述。

（1）固定式货架。

①横梁式货架。存取快捷、方便，保证任何物品都先进先出，无叉车类型限制，较快的取货速度，空间利用率为30%—50%（由叉车类型决定）。

②通廊式货架。高密度存储，先进后出，部分按单取货，20%—30%可选，取货的速度一般，储货净空间可达整个仓库的60%。

③重力式货架。高密度、高效率的储存货物的理想之选，采用自由出入式设计，极高的存货流转率，按单取货，取货快捷，良好的地面利用率，储货净空间占仓库60%。

④阁楼式货架。阁楼式货架是用货架做楼面支撑，可设计成多层楼层（通常2—3层），设置有楼梯和货物提升电梯等，适用于库房较高，货物轻小，人工存取的情况。储货量大的情况下使用提升机和液压升降平台。

⑤托盘货架。托盘货架以储存单元化托盘货物，配以巷道式堆垛机及其他储运机械进行作业。高层货架多采用整体式结构，一般是由型钢焊接的货架片（带托盘），通过水平、垂直拉杆，以及横梁等构件连接起来。

⑥悬臂式货架。悬臂式货架适用于保管钢材、素钢材等长形物料，以及轮胎等中空的圆形物料，一般货架前端设有立柱，前伸的悬臂具有结构轻巧、载重力好的特点。也可以增加隔板，来存放小件物品，特别适合空间小、高度低的库房，管理方便。

⑦贯通式货架。贯通式货架又称为"驶入式货架"或"通廊型货架"。这是一种取消位于各排货架之间的巷道，将货架合并在一起，使同一层、同一列的货物互相贯通，这使得贯通式货架在同样的空间内比通常的托盘货架几乎多出一倍的储存能力。货物存取从货架同一侧进出，"先存后取，后取先存"。前移式叉车可方便地驶入货架中间存取货物。驶入式货架投资成本相对较低，适用于横向尺寸较大、品种较少、数量较多且货物存取模式可预定的情况，常用来储存大批相同类型货物。由于其存储密度大，对地面空间利用率较高，常用在冷库等存储成本较高的地方。品种少而数量多的货品，每一开口一个品种，先入先出或先入后出，搬运车辆可以驶入内部选取货物，支撑结构稳妥，便于滑动，单元载荷200—1 000 kg。

（2）移动式货架。移动式货架易控制，安全可靠。每排货架有一个电机驱动，由装置于货架下的滚轮沿铺设于地面上的轨道移动。其突出的优点是提高了空间利用率，一组货架只需一条通道；而固定型托盘货架的一条通道，只服务于通道内两侧的两排货架。所以在相同的空间内，移动式货架的储存能力比一般固定式货架高得多。

①敞开式移动货架。敞开式移动货架其传动机构设于货架底座内，操作盘设于货架端部，外形简洁，操作方便。货架的前后设有安全分线开关，一遇障碍物整个货架立即停止移动。

②封闭式移动货架。封闭式移动货架当不需要存取货物时，各货架移动到一起后，全部封闭，并可全部锁住。在各货架接口处装有橡皮封口，也称为封闭式货架。

（3）旋转式货架。旋转式货架设有电力驱动装置（驱动部分可设于货架上部，也可设于货架底座内）。货架沿着由两个直线段和两个曲线段组成的环形轨道运行。由开关或用小型电子计算机操纵。存取货物时,把货物所在货格编号由控制盘按钮输入,该货格则以最近的距离自动旋转至拣货点停止。拣货路线短,拣货效率高。又可分为水平旋转、立式旋转和分层水平旋转等类型。

3. 货架的选型

在选择货架时,一般需要遵循实用性、低成本高效益、安全可靠,以及追求技术先进四条原则。具体选择货架时,企业采用以下常见的方案。

(1)改造原有仓库货架。如果采用这种方案,货架应尽量采用中低层托盘式货架,以便逐步实现机械化作业。为提高库房容量,也可采用阁楼式货架。

(2)新建立体化仓库货架。如果是自动化程度一般的小型新建仓库,可选择托盘式、重力式或移动式货架;而对于自动化程度较高的大型高层立体化仓库,则可选择托盘式或旋转式货架,便于自动控制的实现。

(3)固定式货架和移动式货架。固定式货架由于其技术比较成熟,可以借鉴的经验较多,投资较少;移动式货架比较适合存放的物资以多品种、小批量、拣选作业为主的情况。

(四)仓储保管技术

仓储系统是供应和消费之间的中间环节,起到产销之间的缓冲和平衡作用。其内部作业过程一般分为入库、存储、拣取、发货等环节。其中存储环节是仓储最基本的作业流程,该环节进行严格管理,做好物品的保管将对整个仓储系统的服务水平起到决定性效果。

仓储保管技术主要是根据储存物品的特性,在保证所存物品的品质和数量的前提下,依据一定的管理规则,在一定的时期内把物品存放在一定场所所采用的方法和技术。

1. 仓储分区

存储商品时应该根据商品的自然属性,考虑仓库的设备条件按照商品的类别,把仓库划分为若干货区,再将货区分成若干单位,编成顺序号,在分类分区的基础上,按号存储商品,实行分类存放、对号入座、分区管理。

2. 仓储堆码

堆码是指根据物品的性质、形状、重量等因素,结合仓库的储存条件,将物品堆码成一定货垛的过程。仓储堆码是仓储保管作业中技术性较强的作业。主要从以下几个方面来做到合理、牢固、定量、整齐、节约、方便等要求。

(1)堆码距离设计。物品堆码要做到货堆之间、货垛之间保持一定的距离,留有合适大小的通道,一是利于物品堆放过程中的散热;二是利于物品的搬运、盘点和保养。

(2)堆码方法。根据物品本身的特性,以及存放货架的特点,可以采取不同的堆码方法。常见的方法有重叠式、纵横交错仰俯相间式、压缝式、宝塔式、鱼鳞式、通风式(间距法)、行列法、牵制法,以及截住式等方法。

二、物流信息技术

物流信息技术包含计算机网络通信技术、自动识别技术、数据传输和跟踪技术。限于篇幅,下面针对条形码技术(bar code)、二维码技术(2-dimensional bar code)、射频技术(radio frequency,RF)、地理信息系统(geographical Information systems,GIS)及全球卫星定位系统(global positioning system,GPS)等自动化技术进行简单介绍。

拓展阅读

自动识别技术

自动识别技术是信息数据自动读取、自动输入计算机的重要方法和手段,它是以计算机技术和通信技术的发展为基础的综合性科学技术。自动识别技术近几十年来在全球范围内得到了迅猛发展,初步形成了一个包括条形码、磁卡技术、光学字符识别、系统集成化、射频技术、声音识别及视觉识别等集计算机、光、机电、通信技术为一体的高新技术。尤其是以条码技术为首的自动识别技术,因其输入速度快、准确率高、成本低、可靠性强等原因,发展十分迅速。现已广泛应用于物流业的各个环节。

(一)条码技术

条码技术最早产生于20世纪20年代,诞生在西屋电气公司(Westinghouse)的实验室里。一位名叫约翰·科芒德的发明家"异想天开"地想对邮政单据实现自动分拣,那时,对电子技术应用方面的每一个设想都使人感到非常新奇。他想在信封上做条码标记,条码中的信息是收信人的地址,就像今天的邮政编码一样。为此,约翰·科芒德发明了最早的条码标识。目前条码的码制多种多样,但根据国际物品编码协会(EAN)和美国统一代码协会(UCC)的编码规范,国际上通用的物流条码码制有三种:EAN-13条码,即消费单元条码(商品条码);ITF-14条码,即储运单元条码;UCC/EAN-128条码,即UCC/EAN-128物流条码。企业在选用物流条码时,首先要根据货物规格的不同和包装形式的不同,按照国家或国际的标准,选用UCC/EAN规定的条码码制进行合理的编码。

条码是由一组按特定规则排列的条、空及其对应的数字或字符组成的表示一定信息的符号。条码中的条、空分别由深浅不同且满足一定光学对比度要求的两种颜色(常为黑、白色)表示。这组条、空和相应的字符代表相同的信息。前者用于机器识读,后者提供人直接识读或通过键盘向计算机输入数据使用。这种由条、空组成的数据编码很容易译成二进制和十进制数。这些条和空可以有各种不同的组合方法,从而构成不同的图形符号,即各种符号体系,也称码制,适用于不同的场合。

1. 商品条码

商品条码是在流通领域中用于标识商品的全球通用的条码。分为标准版商品条码(13位)和缩短版的商品条码(8位)。商品条码的左(右)侧空白区表示条码识读的开始和结束。商品条码的尺寸用放大系数表示,由于条码扫描器只能扫描一定长度的条码,因此,GB 12904标准规定放大系数必须在0.8—2.00范围内选择。在应用中,商品条码的左(右)侧空白区不得小于标准要求,同时空白区中不能有字符、图形、污损、划痕等,以保证条码能够正确识读。GB 12904对条码的颜色搭配作了严格规定:商品条码的识读是通过分辨条空的边界和宽窄来实现的,因此,要求条与空的颜色反差越大越好。条色应采用深色,空色应采用浅色。白色作空,黑色作条是较理想的颜色搭配。

2. 物流条码

物流条码是由 EAN 和 UCC 制定的用于商品单元标识的条码。商品单元由消费单元、储运单元和货运单元组成。因此,物流条码中包含商品条码、储运单元条码和货运单元条码。

其中,储运单元条码是一种专门表示储运单元编码的条码,常用于搬运、仓储、订货和运输过程,一般由消费单元组成的商品包装单元构成。在储运单元条码中,又分为定量储运单元(由定量消费单元组成的储运单元)和变量储运单元(由变量消费单元组成的储运单元)。

(1)定量储运单元一般采用 13 位或 14 位数字编码。当定量储运单元同时又是定量消费单元时,应按照定量消费单元进行编码,如电冰箱等家用电器,其定量储运单元的编码等同于通用商品编码。当含同种类的定量储运单元分配一个区别于其所包含的消费单元代码的 13 位数字代码时,也可用 14 位数字进行编码。定量储运单元代码结构见表 8-1。

表 8-1 定量储运单元代码结构

定量储运单元包装指示符	定量储运单元代码(不含校验符)	校验码
V	$X_1X_2X_3X_4X_5X_6X_7X_8X_9X_{10}X_{11}X_{12}$	X_1

表 8-1 中的指示符 V 用于指示定量储运单元的不同包装,取值范围是 $V=1,2,\cdots,8$。定量储运单元代码的条码标识可用 14 位交叉二五条码(ITF-14),也可用 14 位 EAN-128 条码标识。当定量储运单元同时又是消费单元时,应使用 EAN-13 条码表示。

(2)变量储运单元由 14 位数字的主代码和 6 位数字的附加码组成。变量储运单元代码结构见表 8-2。

表 8-2 变量储运单元代码结构

主代码			附加代码	
变量储运单元包装指示符	变量储运单元代码(不含校验符)	校验码	商品数量	校验字符
LI	$X_1X_2X_3X_4X_5X_6X_7X_8X_9X_{10}X_{11}X_{12}$	X_1	$Q_1Q_2Q_3Q_4Q_5$	C_2

表中的 LI 指示在主代码后面有附加代码,取值为 $LI=9$。厂商识别代码是标识厂商的代码。厂商识别代码取第 $X_1\sim X_8$ 位,当 $X_1X_2X_3$ 取值 690 或 691 时,厂商识别代码取 $X_1\sim X_7$ 位,商品项目代码取第 $X_8\sim X_{12}$ 位。商品项目代码标识组成储运单元的产品种类。附加码 $Q_1\sim Q_5$ 是指包含在变量储运单元内,按确定的基本计量单位(如千克、米等)计量取得的商品数量。附加码的校验字符 C_2 的计算方法参见国家标准。变量储运单元的主代码用 ITF-14 条码标识,附加码用 ITF-6(6 位交叉二五条码)标识。变量储运单元主代码和附加码也可以用 EAN-128 码标识。

物流条码具有全球唯一单元标识(按 EAN/UCC 规范编码,不会出现重码);用于供应链的全过程,实现全球物流信息共享;可表示的信息多,具有信息可变性和易维护性等特性。

物流条码所标识的物品信息内容主要有两部分:固定项目标识,如厂商信息、产品编码信息等;动态项目标识,如系列货运包装箱代码信息、生产日期、有效期、批号、数量、参考项目、位置码、特殊应用(医疗保健等)及内部使用信息等。物流条码典型应用有以下几种。

(1)销售信息系统(POS)。在商品上贴上条码就能快速、准确地利用计算机进行销售和配送管理。

(2)库存系统。在库存物资上应用条码,尤其是规格包装、集装、托盘货物上,入库时自动扫描读入计算机系统,出库则和 POS 条码应用一样。

(3)分货拣选系统。在配送方式和仓库出货时,采用分货、拣选方式,须快速处理大量的货物时,由于在每件物品外包装上都印有条码,因此利用条码技术便可以自动进行分货拣选,并实现有关的管理。

目前条码技术在很多领域采用了二维条码,用来解决一维条码的信息存储量小、过度依赖条码数据库等问题。

(二)二维码技术

一维条形码最大数据长度通常不超过 15 个字符,故多用以存放关键索引值(key),仅可作为一种数据标识,不能对产品进行描述,因此需透过网络到数据库抓取更多的数据项,因此在缺乏网络或数据库的状况下,一维条形码便失去意义。

二维条形码(2-dimensional bar code)是在水平和垂直方向的二维空间存储信息的条形码。它是用某种特定的几何图形按一定规律在平面(二维方向上)分布的黑白相间的图形记录数据符号信息的;在代码编制上巧妙地利用构成计算机内部逻辑基础的"0""1"比特流的概念,使用若干个与二进制相对应的几何形体来表示文字数值信息,通过图像输入设备或光电扫描设备自动识读以实现信息自动处理;它具有条码技术的一些共性:每种码制有其特定的字符集;每个字符占有一定的宽度;具有一定的校验功能等。同时还具有对不同行的信息自动识别功能及处理图形旋转变化等特点。

1. 二维码码制

二维条形码也有许多不同的编码办法,或称码制,通常可分为以下 3 种。

(1)线性堆叠式二维码:是在一维条形码编码原理的根底上,将多个一维码在纵向堆叠而产生的。典型的码制如:Code 16K、Code 49、Supercode、PDF 417 等。

(2)矩阵式二维码:是在一个矩形空间经过黑、白像素在矩阵中的不同散布停止编码。典型的码制如:Aztec、Maxi Code、QR Code、Data Matrix、GM、CM、QR Code 等。

(3)邮政码:经过不同长度的条形编码,主要用于邮件编码,如 Postnet、BPO 4-State。

2. 二维条形码的优势

(1)数据容量更大。相对于一维条码极低的存储量,由于高密度编码,二维条码存储大于 1KB 的信息,单位面积的 CM 存储量甚至可到 32 KB,可容纳多达 1 850 个大写字母或 2 710 个数字或 1 180 个字节或 500 多个汉字。

（2）编码范围广。二维码可以把图片、声音、文字、签字、指纹等可以数字化的信息进行编码，用条码表示出来；可以表示多种语言文字；可表示图像数据。如 PDF 417 码包含了文字框中的一切文字，超越了字母数字的限制。

（3）具有抗损毁能力。容错能力强，具有纠错能力。二维条形码的纠错功能是经过将局部信息反复表示（冗余）来完成的。如在 PDF417 码中，某一行除了包含本行的信息外，还有一些反映其他位置上的字符（错误纠正码）的信息。这样，即便条形码的局部遭到损坏，也能够经过存在于其他位置的错误纠正码将其信息复原出来，即使在条码 50% 被污损的情况下，仍然可以识读；普通条码的译码错误率为百万分之二左右，二维条码的误码率不超过千万分之一，译码可靠性极高。

（4）信息可加密。二维条码具有多重防伪特性，它可以采用密码防伪、软件加密及利用所包含的信息如指纹、照片等进行防伪，因此具有极强的保密防伪性能。

（5）采集速度快。识读速度在 300 ms 以下。

（6）成本低，易制作，持久耐用。

（7）条码符号形状、尺寸大小比例可变。

（8）二维条码可以使用激光或 CCD 阅读器识读。

3. 一维码和二维码的区别

（1）外观上，一维码是由纵向黑条和白条组成，黑白相间而且条纹的粗细也不同，通常条纹下还会有英文字母或阿拉伯数字；二维码通常为方形结构，不单由横向和纵向的条码组成，而且码区内还会有多边形的图案，同样二维码的纹理也是黑白相间、粗细不同，二维码是点阵形式。

（2）作用功能上，一维码可以识别商品的基本信息，如商品名称、价格等，但并不能提供商品更详细的信息，要调用更多的信息，需要计算机数据库的进一步配合；二维码不但具备识别功能，而且还可显示更详细的商品内容，如衣服，不但可以显示衣服名称和价格，还可以显示采用的是什么材料，每种材料占的百分比，衣服尺寸大小，以及一些洗涤注意事项等，无须电脑数据库的配合，简单方便。

4. 二维条形码的应用

（1）运输行业的应用。一个典型的运输业务过程通常经历供给商—货运代理，货运代理—货运公司，货运公司—客户等几个过程，在每个过程中都牵涉发货单据的处置。发货单据含有大量的信息，包括发货人信息、收货人信息、货物清单、运输方式等。单据处置的前提是数据的录入，人工键盘录入的方式存在效率低、过失率高的问题，已不能顺应现代运输业的请求。

二维条形码在这方面提供了一个很好的处理计划，将单据的内容编成一个二维条形码，打印在发货单据上，在运输业务的各个环节运用二维条形码阅读器扫描条形码，信息便录入到计算机管理系统中，既快速又精确。

在美国，固然 EDI 应用改造了业务流程，但不巧的是它疏忽了流程中的关键角色——货运公司。许多 EDI 报文关于货运商来说总是迟到,以致因不能及时确认精确的装运单信息而影响了货物运输和客户单据的生成。

美国货运协会(American Transportation Association,ATA)因而提出了纸上 EDI 系统。发送方将 EDI 信息编成一张 PDF 417 条形码标签提交给货运商,经过扫描条形码,信息立刻传入货运商的计算机系统。这一切都发生在恰当的时间和恰当的地点,使得整个运输过程的效率大大进步。

(2)身份辨认卡的应用。美国国防部曾经在军人身份卡上印制 PDF 417 码。持卡人的姓名、军衔、照片和其他个人信息被编成一个 PDF 417 码印在卡上。卡被用来做重要场所的进出管理及医院就诊管理。

该项应用的优点在于数据采集的实时性,低施行成本,卡片损坏(比如遭到枪击)也能阅读,以及防伪性。

我国香港特别行政区的居民身份证也采用了 PDF 417 码。其他的应用,如营业执照、驾驶执照、护照、我国城市的活动人口暂住证、医疗保险卡等也都是很好的应用方向。

(3)文件和表格应用。日本三井生命保险公司的每个经纪人在会晤客户时都带着笔记本电脑。每张保单和协议都在电脑中制造并打印出来。当他们回到办公室后需要将保单数据手动输入到公司的主机中。为了保证数据录入的精确性和速度,他们在制造保单的同时将保单内容编成一个 PDF 417 条形码,打印在单据上,这样就能够运用二维条形码阅读器扫描条形码并将数据录入主机。

其他相似的应用还有海关报关单、税务申报单、政府部门的各类申请表等。

(4)资产跟踪。美国钢管公司在各地具有不同品种的管道需求维护。为了跟踪每根管子,他们将管子的编号、位置编号、制造厂商、长度、等级、尺寸、厚度,以及其他信息编成一个 PDF 417 条形码,制成标签后贴在管子上。当管子移走或被用于装置时,操作员扫描条形码标签,数据库信息就能及时更新。

工厂能够采用二维条形码跟踪消费设备,医院和诊所也能够采用二维条形码标签跟踪设备、计算机及手术器械。

(5)质量追踪与追溯。二维码技术在汽车行业的应用广泛而深入。DPM 二维码技术现已在美国的汽车行业得到广泛应用,美国汽车制造业协会(Automotive Industry Action Group,AIAG)还专门制定了相关标准,而我国的部分合资汽车厂商也相继开始了应用步伐。从发动机的钢体、钢盖、曲轴、连杆、凸轮轴到变速箱的阀体、阀座、阀盖,再到离合器的许多关键零部件及电子点火器和安全气囊,二维码的应用比比皆是。由于生产加工质量得以全过程跟踪,提高了加工质量,而且使原生产线变成了柔性生产线,可生产多品种产品。更为重要的是,二维码的成功引入还为产品的防伪提供了有力的手段,也为产品的售后服务提供了有说服力的保障,并为 MES(制造执行系统)的实现提供了完整的数据平台。

二维码可以通过移动互联网,实现物料流通的适时跟踪和追溯。例如,不久前青岛农委推出了基于二维码的农产品质量安全追溯体系,共辐射全市 203 处农业标准化生产示范基地中的 150 处,产品涵盖蔬菜、水果、茶叶、粮油、食用菌等,通过手机扫描产品包装上的二维码,就能够知道该产品是谁种的、怎么种的、用的肥料是否安全等信息。

给猪牛羊佩戴二维码耳标,其饲养、运输、屠宰及加工、储藏、运输、销售各环节的信息都将实现有源可溯。二维码耳标与传统物理耳标相比,增加了全面的信息储存功能。在可追溯体系中,猪牛羊的养殖免疫、产地检疫和屠宰检疫等环节中都可以通过二维码识读器将各种信息输入到新型耳标中。通过编码就能很轻松地追溯到每头猪是哪个养殖场、哪个管理员饲养的,市民餐桌上的猪肉质量安全就有了保障。

(6)签到与票务。只要发送一张含有来宾手机号码、身份等二维码彩信到嘉宾手机上,来宾签到时,只需扫描二维码即可签到。省去了过去通过纸质入场券签到的复杂性,提高了签到的速度和效率。用户通过网络购买车票时输入购票信息,通过电子支付,即可完成车票的预订,稍后手机会收到二维码电子票信息,旅客凭该信息即可到客运站换票或直接检票登车。

(7)移动电商。杂志内广告上二维码普及度已经超过20%,户外广告5%左右,商品包装上的二维码使用刚刚起步,目前还低于1%,品牌企业的DM宣传单超过10%,展会展板和资料超过15%。例如,支付宝、聚划算就联手分众传媒推出手机二维码支付技术,所有在分众上的支付宝广告只需要扫描二维码就可以在手机上实现购物;腾讯也推出了基于iOS系统和安卓系统的微信会员卡,用户只需用手机扫描商家独有的二维码,就能获得一张存储于微信中的电子会员卡,可以随时享受商家提供的会员折扣服务。

此外,用户可以通过扫码直接下单购物;在优惠促销方面,用户可以通过扫码来下载电子优惠券和抽奖;在会员管理方面,用户可以通过扫码获取电子会员信息、VIP服务等。

因此,二维码被称为连接线上线下的关键入口,成为O2O模式有效运作的关键点。

(8)手机应用二维码。二维码虽然早在1994年就已发明,但实际应用较晚。2005年3月,《北京晚报》在国内率先在新闻报道中引入清华紫光二维码技术;2006年7月,《精品购物指南》开始在封面和各专版的版眉上采用彩色二维条码,之后在每期报纸的固定位置刊出彩色二维条码;德国世界杯足球赛期间,《新京报》等10多家媒体与一家二维码公司合作推出"通过手机二维条码,看世界杯精彩视频"的活动;同年,《每日新报》《楚天都市报》等也开始应用二维码技术;2007年广州两会期间,《广州日报》将二维码应用到两会报道中;2008年8月8日,北京奥运会开幕当天,《苏州日报》《姑苏晚报》和《城市商报》的指定版面上加印二维码标识,让报纸读者通过扫描二维码参加相关活动。

但只有在智能手机快速普及,微信等应用推出之后,二维码才迎来其真正的爆发期。

美国KPCB风险投资公司的著名互联网分析师玛丽·米克尔提出,2013年3月中国二维码扫描量为900万,同比2012年3月(200万)增长了350%,其中,密码类应用最广,占比42%;推广类应用次之,占比33%;信息类应用占比22%;支付类应用占比3%。

另外根据翼码二维码数据研究中心发布的《手机二维码市场报告》,2013年3月,仅中国地区手机二维码发码量已达2 574万次,扫描量达908万次。

腾讯开发出了专门配合微信使用的添加好友的微信二维码。据英国《金融时报》报道,截至2014年年底,微信用户数量同比增长41%,至5亿人。99%的微信公众账号推广时都使用二维码;2012 年 9 月 24 日,新浪微博正式宣布提供二维码相关服务,允许用户生成指向自己微博的二维码、查看二维码指向网页,以及直接打开已输入特定内容的微博发布栏;阿里巴巴旗下的聚划算网站和多家电子凭证公司合作,将消费凭证以二维码的形式发给用户;搜狗的手机输入法也具有二维码扫码功能,既支持用户扫码后直接跳转到指向内容,也支持把扫出来的链接信息直接变成输入内容。

二维码的发展也存在显著的缺陷:容易复制,所以防伪难度高;二维码技术也成为手机病毒、钓鱼网站传播的新渠道。

(三)RF 技术

1. RF 工作原理

射频识别技术(radio frequency,RF)是 20 世纪 90 年代开始兴起的一种自动识别技术,是一项利用射频信号交变磁场或电磁场实现无接触信息传递,并通过所传递的信息达到识别目标物的技术。射频系统具有以下优点:无须接触、识别距离比光学系统远、射频卡可以有读写能力、不易损坏、数据存储量大、防伪能力强且有智能型等特点。

RF 工作过程可以分为以下四步。

(1)阅读器通过发射天线发送一定频率的射频信号,当射频卡进入发射天线工作区域时产生感应电流,射频卡获得能量被激活。

(2)射频卡将自身编码等信息通过卡内置发送天线发送出去。

(3)系统接收天线接收到从射频卡发送来的载波信号,经天线调节器传送到阅读器,阅读器对接收的信号进行解调和解码,然后送到后台主系统进行相关处理。

(4)主系统根据逻辑运算判断该卡的合法性,针对不同的设定做出相应的处理和控制,发出指令信号控制执行机构动作。

2. RF 系统的组成

RF 系统主要由电子标签、阅读器、天线及计算机应用系统四部分组成。

(1)电子标签(简称 tag,即射频卡),由耦合元件及芯片组成,标签含有内置天线,用于与射频天线之间进行通信,主要是在接收到阅读器的无线电波后,将其内部的资料回传给阅读器。电子标签按供给能量方式的不同可分为主动式及被动式标签。主动式标签内含电源,可用于供给标签信号的收集和发射;被动式标签内部没有电源,其信号的收集和发射主要靠阅读器发给的能量来完成。

(2)阅读器(reader),通过天线广播无线电波并读取(在读写卡中还可以写入)标签信息的设备,将资料提供给应用程序进行物件识别工作。

(3)天线(antenna),在标签和读取器之间传递射频信号。有些系统还通过阅读器的RS-232或 RS-485 接口与外部计算机(上位机主系统)连接,进行数据交换。

(4)计算机应用系统根据逻辑运算判断该电子标签的合法性,针对不同的设定做出相应的处理和控制,发出指令信号控制执行下一步动作。

3. RF 系统的特点

RF 系统的产生无疑对现代化的生产和物流都起到非常巨大的推动作用,具有拥有唯一识别码(可防伪)、非接触式读写,以及可同时识别多个 RFID 标签(依频段不同有异)等优点;但同时也伴有一系列不足,如容易受"金属"和"水"的干扰,构建成本高(现阶段 RFID 的 tag 和 reader 都不便宜),RFID 仍有方向性,国内外 UHF 开放频段不一,仍有整合上的问题,部分 LF 低频晶片已经被破解(主要是在门禁和停车场应用),将会有被复制等问题。

4. RF 技术在物流中的应用

在车辆和货物上贴上 RFID 标签,并且每辆货车配备 GPS 接收机和 GSM 信息终端,发货时,将车辆、货物的基本信息通过 RFID 读写器存入运输调度中心信息数据库中,同时将司机的身份信息存入运输调度中心信息数据库中。由于中华人民共和国第二代居民身份证应用了无线射频技术,第二代身份证增加了一枚指甲盖大小的非接触式 IC 芯片,将持证人的照片图像和身份项目内容等信息数字化后加密存入芯片,这些信息可以经过终端读卡器判读,所以,可以通过终端读卡器直接将司机的身份信息存入运输调度中心信息数据库中,非常方便有效。与此同时,RFID 阅读器全部部署在运输货物的车辆上,在运输途中,阅读器每隔一段固定的时间以一定的频率自动无线扫描车辆和货物的电子标签,并将扫描的信息存入车载 GSM 信息终端,同时,将通过 GPS 技术获得的车辆位置信息也存入车载 GSM 信息终端,司机也要将其身份信息通过车载读卡器存入车载 GSM 信息终端,再通过 GSM 通信系统将所有采集的信息传回运输调度中心,送入中心信息数据库中。以 GIS 作为基础的信息系统平台,统一管理中心信息数据库。将收集到的信息与数据库中存在的发货时的原始信息进行比较,包括司机的信息和车辆的信息是否匹配,车辆和货物的信息是否匹配,一旦三者间有任何不匹配,说明该车货物出现了问题,必须采取紧急应对措施。如果信息完全匹配,则将新的车辆位置信息存入中心数据库中,以做货物追踪之用,通过不断的扫描修正,运输调度中心可以掌握货物和运输车辆的实时信息。货物运输防盗系统结构如图 8-3 所示。

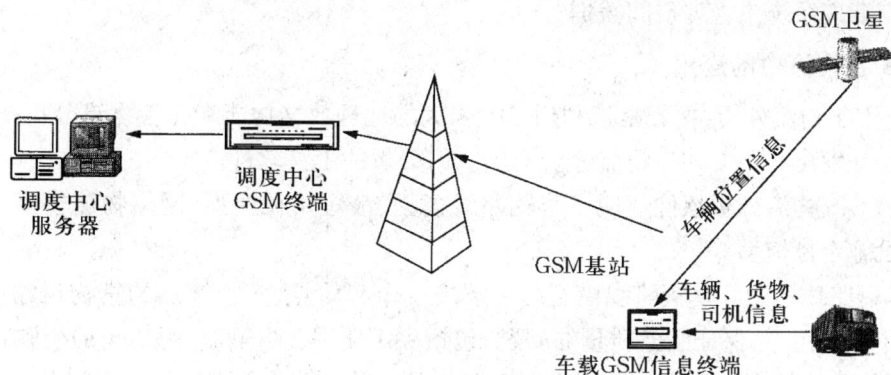

图 8-3 货物运输防盗系统结构

（四）GIS 技术

GIS 是 20 世纪 60 年代开始迅速发展起来的地理学研究新成果，是多种学科变叉的产物，它以地理空间数据为基础，采用地理模型分析方法，适时地提供多种空间的和动态的地理信息，是一种为地理研究和地理决策服务的计算机技术系统。GIS 的基本功能是将表格型数据（无论它来自数据库、电子表格文件或直接在程序中输入）转换为地理图形显示，然后对显示结果浏览、操纵和分析。其显示范围可以从洲际地图到非常详细的街区地图，显示对象包括人口、销售情况、运输线路及其他内容。

1. GIS 的特征

GIS 具有采集、管理、分析与输出多种地理空间信息的能力，具有空间性和动态性。

以地理研究和地理决策为目的，以地理模型方法为手段，具有区域空间分析、多要素综合分析和动态预测能力，产生高层次的地理信息。

简单地说，GIS 是整个地球或部分区域的资源、环境在计算机中的缩影。严格地说，GIS 是反映人们赖以生存的现实世界的现状与变迁的各类空间数据及描述这些空间数据特征的属性，在计算机软件和硬件的支持下，以一定的格式输入、存储、检索、显示和综合分析应用的技术系统。它是一种特定而又十分重要的空间信息系统，它是以采集、存储、管理、处理分析和描述整个或部分地球表面（包括大气层在内）与空间和地理分布有关的数据的空间信息系统。

2. GIS 的组成

GIS 由五个主要组成部分：硬件、软件、数据、人员和方法。其中，硬件是 GIS 所依赖的计算机；GIS 软件提供所需的存储、分析和显示地理信息的功能和工具；数据在 GIS 系统中最重要。地理数据和相关的表格数据可以自己采集或者从商业数据提供者处购买。GIS 将空间数据和其他数据源的数据集成在一起，而且可以使用那些被大多数公司用来组织和保存数据的数据库管理系统来管理空间数据。

3. GIS 在物流中的应用

GIS 应用于物流分析，主要是指利用 GIS 强大的地理数据功能来完善物流分析技术。国外公司已经开发出利用 GIS 为物流分析提供专门分析的工具软件。

完整的 GIS 物流分析软件集成了车辆路线模型、最短路径模型、网络物流模型、分配集合模型和设施定位模型等。

（1）车辆路线模型。车辆路线模型用于解决一个起始点、多个终点的货物运输中，如何降低物流作业费用，并保证服务质量的问题，包括决定使用多少辆车，每辆车的行驶路线等。

（2）网络物流模型。网络物流模型用于解决寻求最有效的分配货物路径问题，也就是物流网点布局问题。如将货物从 N 个仓库运往到 M 个商店，每个商店都有固定的需求量，因此需要确定由哪个仓库提货送给那个商店的运输代价最小。

（3）分配集合模型。分配集合模型可以根据各个要素的相似点把同一层上的所有或部分要素分为几个组,用以解决确定服务范围和销售市场范围等问题。如某一公司要设立 X 个分销点,要求这些分销点要覆盖某一地区,并且要使每个分销点的顾客数目大致相等。

（4）设施定位模型。设施定位模型用于确定一个或多个设施的位置。在物流系统中,仓库和运输线共同组成了物流网络,仓库处于网络的结点上,结点决定线路,如何根据供求的实际需要并结合经济效益等原则,在既定区域内设立多少个仓库,每个仓库的位置,每个仓库的规模,以及仓库之间的物流关系等,运用该模型均能很容易地得到解决。我国将 GIS 应用于物流分析和物流研究中,迄今为止还处于起步阶段。

（五）GPS 技术

GPS 是英文 Navigation Satellite Timing and Ranging/Global Positioning System 的缩写,NAVSTAR/GPS 的简称,其含义是"利用导航卫星进行授时和测距/全球卫星定位系统"。现在国际上已经公认将全球定位系统简称为 GPS。GPS 由美国国防部为彻底解决海上、空中、陆地运载工具的精确导向和定位而研制,于 1973 年开始建造,直到 1993 年才建成。GPS 由 24 颗卫星组成,这 24 颗卫星分布在高度为两万公里的 6 个轨道上绕地球飞行。每条轨道上有 4 颗卫星,在地球上的任何地点、任何时刻都可以接收到来自 4 颗卫星的信号。

GPS 的工作原理是基于卫星的距离修正。用户通过测量到太空各个可视卫星的距离来计算它们的当前位置,卫星的作用相当于精确的已知参考点。每颗卫星时刻发布其位置和时间数据信号,用户接收机可以测量每颗卫星到接收机的时间延迟,根据信号传输的速度就可以计算出接收机到不同卫星的距离。同时接收到至少 4 颗卫星的数据时,就可以求解算出自己的三维坐标、速度和时间。

1. GPS 组成

GPS 由三大子系统组成:空间卫星系统、地面监控系统及用户接收系统。

（1）空间部分——GPS 卫星星座。空间卫星星座由平均分布的 6 个轨道平面上的 24 颗高轨道工作卫星所构成,各轨道平面相对于地球赤道平面成 55°,轨道平面间距 60°。在每一轨道平面内,各卫星间距差 90°,任一轨道上的卫星比西侧相邻轨道上的相应卫星超前 30°。事实上,空间卫星系统的卫星数要超过 24 颗,以便及时更换老化或损坏的卫星,保障系统正常工作。空间卫星系统能保证在地球上任一地点向使用者提供 4 颗以上的可视卫星。

（2）地面控制部分——地面监控系统。该系统由均匀分布在美国本土和三大洋美军基地上的 5 个监测站、1 个主控站和 3 个注入站构成。该系统的功能是对空间卫星系统进行监测、控制,并向每颗卫星注入更新的导航电文。

（3）用户设备部分——GPS 信号接收机。GPS 信号接收机的任务是能够捕获到按一定卫星高度截止角所选择的待测卫星的信号并跟踪这些卫星的运行,对所接收到的 GPS 信号进行变换、放大和处理,以便测量出 GPS 信号从卫星到接收机天线的传播时间,解译出 GPS 卫星所发送的导航电文,实时地计算出测站的三维位置甚至三维速度和时间。

GPS 卫星发送的导航定位信号是一种可供无数用户共享的信息资源。对于陆地、海洋和空间的广大用户来说,只要拥有能够接收、跟踪、变换和测量 GPS 信号的接收设备,即 GPS 信号接收机,就可以在任何时候用 GPS 信号进行导航定位测量。根据使用目的的不同,用户要求的 GPS 信号接收机也各有差异。目前世界上已有几十家工厂生产 GPS,接收机产品也有几百种。这些产品可以按照原理、用途、功能等来分类。

2. GPS 系统的特点

GPS 系统具有以下主要特点:高精度、全天候、高效率、多功能、操作简便、应用广泛等。

(1)定位精度高。应用实践已经证明 GPS 相对定位精度很高,民用领域的 GPS 精度也可以达到 10m 以内。

(2)全天候作业。目前 GPS 观测可在一天 24 小时内的任何时间进行,不受阴天黑夜、起雾刮风、下雨下雪等天气的影响,功能多、应用广。

(3)高效率。随着 GPS 系统的不断完善、软件的不断更新,目前 20 km 以内相对静态定位仅需 15—20 分钟;快速静态相对定位测量时,当每个流动站与基准站相距在 15 km 以内时,流动站观测时间只需 1—2 分钟,然后可随时定位,每站观测只需几秒钟。

GPS 测量不要求测站之间互相通视,只需测站上空开阔即可,因此,可节省大量的造标费用。由于无须点间通视,点位位置可根据需要,可稀可密,使选点工作更为灵活。

(4)操作简便。随着 GPS 接收机不断改进,自动化程度越来越高,有的已达“傻瓜化”的程度;接收机的体积越来越小,质量越来越轻,极大地减轻测量工作者的工作紧张程度和劳动强度,使野外工作变得轻松愉快。

从这些特点中可以看出,GPS 系统不仅可用于测量、导航,而且还可用于测速、测时。测速的精度可达 0.1 m/s,测时的精度可达几十毫微秒,其应用领域不断扩大。

3. GPS 的用途

GPS 最初就是为军方提供精确定位而建立的,至今它仍然由美国军方控制。军用 GPS 产品主要用来确定并跟踪在野外行进中的士兵和装备的坐标给海中的军舰导航,从而为军用飞机提供位置和导航信息等。

目前 GPS 系统的应用已十分广泛,可以应用 GPS 信号进行海、陆、空的导航导弹的制导,大地测量和工程测量的精密定位,时间的传递和速度的测量等。对于测绘领域,GPS 卫星定位技术已经用于建立高精度的全国性的大地测量控制网,测定全球性的地球动态参数;用于建立陆地、海洋、大地测量基准进行高精度的海岛陆地联测以及海洋测绘;用于监测地球板块运动状态和地壳形变;用于工程测量成为建立城市与工程控制网的主要手段。用于测定航空航天摄影瞬间的相机位置,实现仅有少量地面控制或无地面控制的航测快速成图,从而引发地理信息系统、全球环境遥感监测的技术革命。

许多商业和政府机构也使用 GPS 设备来跟踪车辆位置,这一般需要借助无线通信技术。一些 GPS 接收器集成了收音机、无线电话和移动数据终端来适应车队管理的需要。

在物流领域 GPS 主要具有以下应用。

(1)基于 GPS 技术的车辆监控管理。该系统是将 GPS 技术、GIS 技术和现代通信技术综合在一起的高科技系统。其主要功能是将任何装有 GPS 接收机的移动目标的动态位置（经度、纬度、高度）、时间、状态等信息，实时地通过无线通信网络传至监控中心，再通过 GIS 系统查询所在位置的道路状况和环境情况等信息。

（2）用于铁路运输管理。我国铁路开发基于 GPS 的管理信息系统，可以通过 GPS 和计算机网络实时收集全路列车、机车、车辆、集装箱及所运货物的动态信息，可实现列车、货物的追踪管理。铁路部门运用这项技术可大大提高其路网及其运营的透明度，为货主提供更高质量的服务。

第三节 电子商务物流运作模式

物流模式，就是实现需要，构建相应的物流管理系统，形成有目的、有方向的物流网络，采用某种形式的物流解决方案。电子商务条件下的物流模式，可以根据其经营主体和经营方式的不同来分类，主要可以分成自营物流、第三方物流、第四方甚至第五方物流，以及整体化物流系统即供应链模式。

一、自营物流

自营物流是指生产企业借助自身的物质条件自行组织的物流活动，而它的主要的经济来源不在于物流。自营物流是企业物流模式的一种。从商品交易过程来看，站在供需双方的立场上，自营物流可以分为供方自营和需方自营两种。这里的供需双方，就是第一方与第二方。供需双方可能是生产企业与流通企业，生产企业自营物流称第一方物流，流通企业自营物流叫第二方物流。但供需双方可能都是生产企业，或都是流通企业，所以有人主张不要人为地把一方、二方物流固定化、公式化。第一方、第二方，以及后面要提到的第三方物流是一个客观存在的物流运作模式。也有相关领域的学者提出第四方物流（即专门提供物流解决方案与管理第三方物流企业的物流企业）和第五方物流（从事物流业务培训的一方）。

二、第三方物流

（一）TPL 概念

随着市场竞争的加剧，以及对效率的追求，使得在组织之间的社会劳动分工日趋细化。企业为了提高自己的核心竞争能力，降低成本，增加企业发展的柔性，越来越愿意将自己不熟悉的业务分包给其他社会组织承担。在这种趋势下，一些原来从事与物流相关的运输企业、仓储企业、货代企业开始拓展自己的传统业务，进入物流领域，逐步成长为能够提供部分或全部物流服务的企业。把这种服务称为"第三方物流"（the third party logistics，TPL），从事这样服务的企业称为第三方物流企业。第三方物流企业同货主企业的关系应该是密切的、长期的合作关系,而不是零星的业务往来。通过第三方物流企业提供的物流服务,有助于促进货主企业提供物流服务,有助于促进货主企业的物流效率和物流合理化,故 TPL 又可称为合同物流。

(二)TPL 特征

1. 信息化

信息技术的发展是第三方物流出现的必要条件。信息技术实现了数据的快速、准确传递,提高了物流过程中各环节的自动化水平,使订货、保管、包装、运输、流通加工实现一体化,企业可以更方便地使用信息技术与物流企业进行交流与协作;同时,软件技术的迅速发展,使得物流成本不再是"雾里看花",还能有效管理物流渠道中的商流。常用于支撑第三方物流的主要技术有实现信息快速交换的 EDI 技术、实现资金快速支付的 EFT 技术、实现信息快速输入的条形码技术和 RF 技术、实现物流过程控制的 GPS 技术和 GIS 技术,以及实现网上交易的电子商务技术等。

2. 合同化

第三方物流有别于传统的外协服务,外协服务只限于一项或一系列分散的物流功能,如运输公司提供运输服务、仓储公司提供仓储等。第三方物流则是根据合同条款规定的要求,是长期的,而不是临时要求,提供多功能、甚至全方位的物流服务。

3. 专业化

第三方物流服务的对象一般都较少,只有一家或数家服务时间较长,往往长达几年,不同于公共物流服务——"往来都是客"。由于这些企业熟悉市场运作,拥有专门的物流设施和信息手段,同时又有专业人才,可以提供专业化物流服务,因此第三方物流是专业化的物流机构。

4. 个性化

因为 TPL 服务对象的业务流程千差万别,而物流、信息流是随业务流程一起流动的,因而要求 TPL 的服务应按照客户的业务流程来定制,这也表明物流服务要体现各服务需求方的个性化营销的个性化物流需要。

5. 灵活性强

第三方物流配送是以合同方式建立起物流服务者与用户的关系,因此,使用起来非常灵活。物流需求方仅需向第三方物流企业支付服务费用,而不需要通过自己内部维持物流基础设施来满足这些需求。尤其对于那些业务量呈现季节性变化的公司来讲,外包物流对公司赢利的影响就更为明显。因此,对物流需求方而言,选择 TPL 模式具有灵活性强的特点。

(三)TPL 与物流一体化

物流一体化是物流产业的发展形式,它必须以第三方物流充分发育和完善为基础。物流一体化的实质是一个物流管理的问题。即专业化物流管理人员和技术人员,充分利用专业化物流设备、设施,发挥专业化物流运作的管理经验,以求取得整体最优的效果。同时,物流一体化的趋势为第三方物流的发展提供了良好的发展环境和巨大的市场需求。

三、第四方物流

电子商务及信息技术的发展给不断变革的物流模式提供了保障与活力,当业界刚刚认同第三方物流的同时,一种基于提供综合的供应链解决方案的物流理念——第四方物流(the fourth party logistics,4PL)又悄然出现。

现在人们所说的第四方物流,是指从事物流服务业务的社会组织,不需要自己直接具备承担物资物理移动的能力,而是借助于自己所拥有的信息技术和实现物流的充分的需求和供给信息,并加上对于物流运作胜人一筹的理解所开展的物流服务。这种业务与现有的货运代理业务十分相像,故也可以称为物流代理业务。

(一)4PL 的特点

与第三方物流注重实际操作相比,第四方物流更多地关注整个供应链的物流活动,这种差别主要体现在以下两个方面,并形成第四方物流独有的特点。

1. 4PL 提供一整套完善的供应链解决方案

第四方物流是通过对企业客户所处供应链的整个系统或行业物流的整个系统进行详细分析后提出具有中观指导意义的解决方案。第四方物流服务供应商本身并不能单独地完成这个方案,而是要通过物流公司、技术公司等多类公司的协助才能将方案得以实施。

第三方物流服务供应商能够为企业客户提供相对于企业的全局最优,却不能提供相对于行业或供应链的全局最优,因此第四方物流服务供应商就需要先对现有资源和物流运作流程进行整合和再造,从而达到解决方案所预期的目标。第四方物流服务供应商整个管理过程一般涉及四个层次,即再造、变革、实施和执行。

2. 4PL 通过其对整个供应链产生影响的能力来增加价值

第四方物流服务供应商可以通过物流运作的流程再造,使整个物流系统的流程更合理、效率更高,从而将产生的利益在供应链的各个环节之间进行平衡,使每个环节的企业客户都可以受益。第四方物流服务供应商对整个供应链所具有的影响能力直接决定了其经营的好坏,也就是说第四方物流除了具有强有力的人才、资金和技术支持以外,还应该具有能够与一系列服务供应商建立合作关系的能力。

(二)4PL 的运作模式

根据第四方物流服务提供商与第三方物流服务提供商之间关系的不同,可以将第四方物流运作模式划分以下三种。

1. 协同运作模式

协同运作模式下,第四方物流与第三方物流共同开发市场,双方一般以合同方式进行协作或以战略联盟的形式合作。即第四方物流服务供应商不直接与企业客户接触,而是通过第三方物流服务供应商将其提出的供应链解决方案、再造的物流运作流程等进行实施。这就意味着,在双方合作过程中,第四方物流向第三方物流提供技术支持、供应链管理决策、市场准入能力以及项目管理能力等服务。

2. 方案集成商模式

第四方物流为企业客户与第三方物流企业之间联系的桥梁,是和所有第三方物流提供商及其他提供商联系的中心。在这种模式下,第四方物流作为方案集成商除了提出供应链管理的可行性解决方案外,还要对第三方物流资源进行整合,并统一规划为企业客户提供服务。

3. 行业创新者模式

行业创新者模式与方案集成商模式都是作为第三方物流服务提供商和企业客户之间联系的纽带,将物流运作的两端连接起来。但两者又有根本的不同:前者是为同一行业的多个企业提供服务,而后者只为某一个企业客户提供物流管理服务。

该模式下,第四方物流提供行业整体供应链解决方案,这样可以使第四方物流运作的规模更大限度地得到扩大,以整合整个供应链的职能为重点。

四、物流联盟

由于国内网络覆盖广,物流成本低,信息化程度高,经营理念和服务化水平高的专业物流企业不多,企业往往难以在众多物流代理企业中选出一家各方面都符合本企业物流业务需求的合作方来实现物流配送,物流联盟就是在这种大背景下应运而生的。

物流联盟是指企业在物流方面通过签署合同形成优势互补、要素双向或多向流动、相互信任、共担风险、共享收益的物流伙伴关系。物流联盟的形式为我国电子商务企业组建物流配送体系提出了新的方向。电子商务企业可以在不同地域内选择合适的物流代理公司,通过计算机网络技术将居于各地的仓库、配送中心凭借网络系统连接起来使之成为"虚拟联盟",通过各物流代理企业商流、物流信息之间的共享及一系列的决策支持技术进行统一调度和管理,使得物流服务半径和货物集散空间变大,从而实现对消费者的配送。这一虚拟联盟对企业间物流技术、企业组织结构等都要求较高。电子商务企业应建立联盟伙伴之间的评估与淘汰机制,不断优化联盟内的资源优化组合。该方式对解决我国企业的物流配送的跨区域合作、整个物流系统资源优化配置具有重要作用。

随着我国物流产业大经济环境的改善,专业物流企业对自身进行全新的变革,全国性物流配送网络体系的构建,适应于物流全部外包的社会环境亦将逐步形成。该模式对于双方之间战略合作机制、利益分配机制、信息共享机制等提出了新的挑战。

第四节 供应链管理

一、供应链的定义

供应链（supply chain）是指围绕核心企业，通过对信息流、物流、资金流的控制，从采购原材料开始，制成产品，最后由销售网络把产品送到消费者手中的将供应商、制造商、销售商一直到最终用户连成一个整体的功能网链结构。供应链结构如图8-4所示。

供应商 零件生产商 制造商仓储和配送中心 零售商消费者

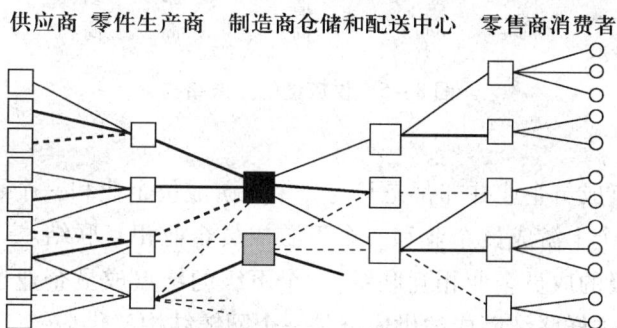

图8-4 供应链结构示意图

为了正确理解供应链的含义，需要注意以下几个方面。

（1）以客户为中心，满足消费者需求为出发点，重视服务质量和客户满意度，从而规划供应链的运作流程，为最终消费者提供所需产品或服务。

（2）一条供应链上必定存在一个核心企业，通过供应链的有效运作使物流、信息流、价值流达到最优化。供应链不同于产业链或行业链的概念，行业链是宏观层面的，一个行业链可能存在该行业的龙头企业，也可能没有；但供应链是微观层次的，没有无核心企业的供应链。

（3）网链关系强调以合作关系为纽带，但供应链上成员企业的关联类型并非都是一样的，合作性质也不尽相同，需要兼顾销售商、客户、供应商等多重复杂关系。既有与关键成员企业的战略性合作，也有竞争性合作关系，还有与非关键成员企业的传统交易型供货关系。

（4）实质在于集成化管理，供应链管理要求企业充分利用网络技术和信息技术，对传统的业务流程进行重组，实现企业之间的集成化管理。

二、供应链的结构

供应链的结构模型有许多种，下面介绍几种具有代表性的供应链结构模型。

1. 直链结构

供应链结构中一个最简单的形式是直链结构。在供应链核心企业的上游供应环节，一个上一级的结点成员企业只与一个相邻下一级的成员企业相互联结；在核心企业的下游分销环节,一个下一级的结点成员企业只与一个相邻上一级的成员企业相互联结。这样联结而成的供应链是一个直链结构的供应链。如果假定 C 为产品制造商,则 B 为零部件生产商,D 为分销商,A 为原材料供应商,E 为最终客户。如图 8-5 所描绘的就是直链结构的简略图,它把商家都抽象成一个个的点,称为结点,并用字母或数字表示。结点以一定的方式和顺序联结成一串,构成一条简易的供应链。

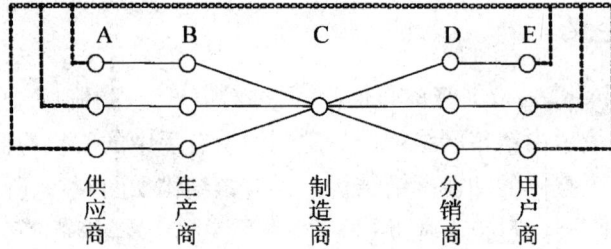

图 8-5　供应链的直链结构

2. 网链结构

供应链中的结点成员企业并非都是只与一个上游成员企业和一个下游成员企业相互联结,而是都至少与一个上游成员企业和一个下游成员企业相互联结。一个上级的结点成员企业可能与多个下级的成员企业相互联结,一个下级的结点成员企业也可能与多个上级的成员企业相互联结,这样联结而成的供应链是一个网链结构的供应链。例如,存在某一制造商的专有供应商的一对一供应关系,也存在专卖的销售商的一对一分销关系,共同构成"网链结构",如图 8-6 所示。

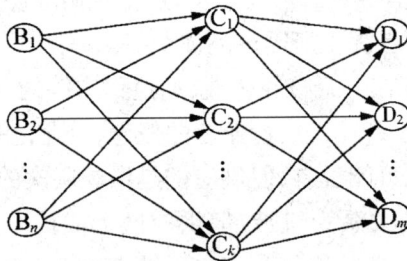

图 8-6　供应链的网状结构

3. 虚拟企业

虚拟企业是供应链网络中一些独立企业为了共同的利益和目标在一定时间内结成的相互协作的利益共同体。虚拟企业组建和存在的目的就是为了获取相互协作、某个市场机会优势等产生的效益,是企业之间的动态联盟,一旦该目的已完成或利益不存在,虚拟企业即不复存在。也就是说在一定时间内,把为了共同利益而合作的几家企业看成供应链网络上的一家企业,这家企业就是虚拟企业。由此可见,虚拟企业并不是实际意义上存在的企业,而是为了设计或者研究方便而假设的一个企业。成员企业可以集中精力发展其关键资源、核心能力,成员之间进行优势互补,共担风险,共享利益,创造出高弹性的竞争优势。这不仅有利于增强企业的核心竞争力和抗风险能力,而且还提高了市场竞争的理性,促进整个社会资源的优化配置。在虚拟企业中,传统的企业边界被打破,计算机网络保证了企业内部成员快速准确地共享信息,做出快速的反应,是企业之间相互联系、紧密合作的主要技术手段。

三、供应链管理的概念

供应链管理是借助信息技术和管理技术,将供应链上业务伙伴的业务流程相互集成,从而有效地管理从原材料采购、产品制造、分销到交付给最终用户的全过程,在提高客户满意度的同时,降低整个系统的成本,从而提高各企业的效益。

供应链管理执行着供应链中从供应商到最终用户的物流计划和控制等职能,它是一种集成的管理思想和方法。为了正确理解供应链管理的含义,需要注意以下几点。

(1)供应链管理的理念是从"纵向一体化"转向"横向合作"管理。"纵向一体化"运作的企业除了拥有自己的核心业务外,还拥有自己的原材料、半成品或零部件供应,以及产品分销网络,甚至运销;横向合作运作的核心思想是强调核心竞争力和业务外包(outsourcing)能力。发挥企业核心竞争力,将非核心业务外包给供应商和服务提供商,实现资源最大化整合和最有效利用,从而更加关注物流企业参与供应链网络的物流活动。

(2)供应链管理需要观念上的创新,注重企业之间的合作。供应链管理最关键的是需要采用合作共盟的思想和方法,而不仅仅是结点企业、技术方法等资源简单的连接。供应链上的两个或更多企业通过一个长期合作协定,共享信息,相互信任,风险共担,利益共享,发展成为伙伴关系。

(3)供应链管理具有更高的目标,在于提高服务水平的同时,降低整个系统的成本。通过运输与库存的协调合作关系实现高水平的服务和低成本的物流。服务水平反映在保证顾客订单的即时满足率(不缺货的概率),要求即时交货、快速响应需求、最小供货误差、服务质量好,以及提供产品全生命周期的物流支持等;降低总成本主要指最小存货、运送并合,实现规模经济。通过整合和优化供应商、制造商、零售商的业务效率,使商品以正确的数量、正确的品质在正确的地点、正确的时间,并以最佳的成本进行生产和销售。

(4)供应链的有效运作需要信息集成与共享,需要借助电子商务、信息技术、网络技术寻找合适的合作伙伴,以及采用新的物流管理技术(如供应商管理库存、第三方物流管理),实现小批量多频次送货的经济效益,提高供应链整体的运作效果。

四、供应链管理的内容和运作模式

美国供应链管理专业协会(Council of Supply Chain Management Professionals,CSCMP)指出供应链管理包括管理供应与需求,原材料、备用件的采购、制造与装配,物件的存放及库存查询,订单的录入与管理,渠道分销及最终交付用户。其根本目标是增强企业竞争力,以合适的状态和包装,将数量准确的产品,在恰当的时间内送到指定的地方,并将成本费用控制在合理的范围内。根据企业物流作业的性质,供应链管理包括采购与供应管理、生产作业管理、分销与需求管理、仓储与库存管理、运输与配送管理、第三方物流管理、同步化的运作计划与控制、全球信息网络集成与共享、集成化绩效评价等内容。在提高顾客满意度的同时实现销售的增长、成本的降低,以及资产的有效运用,从而全面提高企业的竞争力。

供应链的运作模式就是组织供应链物流过程中人的组织、物的配置和信息传递的方式。企业采取什么样的供应链运作模式,这是由产品市场的需求特征、企业的组织管理水平和市场竞争状况共同决定的。供应链运作模式有推动式与拉动式供应链、有效性与反应性供应链、集中型与分散型供应链、精细化与敏捷化供应链,以及近年来出现的越来越多的延迟化供应链。

传统的供应链运作模式通常被划分为推动式和拉动式两种,企业的供应链其实都是这两种形式的混合,即"推—拉"式的供应链运作模式,只是推和拉的力度各不相同,如戴尔公司。有效性与反应性供应链强调的是供应链运作模式要与产品特性相一致,从而进行合理的匹配。功能性产品的边际贡献率低,缺货的边际利润损失不大,企业宜采取有效性供应链;创新性产品的边际贡献率高,缺货的边际利润损失大,则其经营主体宜采取反应性供应链。

20世纪90年代以来,由于市场的全球化使竞争越来越激烈,消费者对产品的个性化要求的增多,迫使企业不断提高产品开发能力,大幅缩短研制周期,产品的生命周期越来越短,使得大量生产方式的不适应更加明显,人们提出供需协调和快速响应市场需求的运作理念,推行精细化和敏捷性供应链运作模式。集中型与分散型供应链侧重的是企业在进行供应链计划、采购和库存时,应根据实际情况不同采取可能集中或者分散的策略。随着竞争的进一步加剧,消费者的要求越来越苛刻,对供应商、生产厂商、分销商和零售商提出了"零时间"的要求,于是就产生了即时大量定制供应链。

五、供应链管理的发展趋势

由于环境、网络通信技术及全球的动态联盟的发展和相关要求的不断提出,供应链开始向电子化、全球化、敏捷化和绿色化方向发展。

1. 电子化供应链

电子商务的发展不仅改变了企业的经营模式和竞争环境,而且还影响着企业之间的交易和协作方式,E化供应链管理(E-supply chain management),即电子化供应链就是在这样的背景下产生的。它是企业和合作伙伴之间通过采用互联网或其他电子信息技术,实现相关各方信息系统的对接,创建一个无缝的、自动的供应链,消除整个供应链网络上不必要的运作和消耗,促进供应链向动态的、虚拟的、全球网络化的方向发展。

2. 全球化供应链

随着经济全球化的不断发展,不同国家和地区的不同技术优势与研发能力,以及全球范围内生产销售的成本驱动,促进了供应链全球化的形成及发展。全球化供应链以现代网络信息技术为支撑,是现代网络信息技术发展与跨国战略联盟思想发展的结晶。依托互联网/内联网环境建立各类信息技术平台,将成为供应链管理发展中最重要的技术支持,是全球化供应链发展的基本条件。全球化供应链是一个动态的系统结构,通过全球虚拟企业组成包括涉及不同地域甚至不同国家的供应商、制造商、分销商等合作伙伴在内的动态组织,以适应这种复杂的供应、生产及销售关系。

3. 敏捷化供应链

敏捷制造是一种面向21世纪的制造战略和现代生产模式。基于互联网/内联网的全球动态联盟、虚拟企业和敏捷制造已成为制造业变革的大趋势。敏捷化供应链以企业增强对变化莫测的市场需求的适应能力为导向,根据动态联盟的形成和解体,进行快速的重构和调整,以促进企业之间的合作和企业生产模式的转变,提高大型企业集团的综合管理水平和经济效益。

敏捷化供应链支持迅速结盟、结盟后动态联盟的优化运行和平稳解体,各结盟企业能根据敏捷化和动态联盟的要求方便地进行组织、管理和生产计划的调整。实施敏捷化供应链需要基于网络的集成信息系统、科学管理决策方法,以及高效的决策支持系统。

4. 绿色化供应链

1996年,密歇根州立大学的制造研究协会在美国国家科学基金的资助下,进行了"环境负责制造"(environmentally responsible manufacturing,ERM)研究,第一次提出了绿色供应链的概念。绿色供应链是绿色制造和供应链的学科交叉,是在供应链的基础上综合考虑环境的影响,其目的是使产品在原料获取、加工、包装、存储、运输、使用到报废处理的整个过程中,注重对环境的保护,从而促进经济与环境的协调发展。

绿色供应链的管理体系主要包括绿色设计、绿色材料、绿色供应过程、绿色生产、绿色销售、包装、运输和使用,以及产品废弃阶段的绿色处理。今后对于绿色供应链的研究则主要体现在建立绿色供应链系统的理论体系,进行绿色供应链的决策支持技术、运作和管理技术,以及集成技术等的研究上。

关键词

地理信息系统　全球卫星定位系统　第三方物流　第四方物流　供应链管理

思考与讨论

1. 讨论物流与电子商务之间的关系。
2. 简述 GPS 系统的组成。
3. 讨论条码技术的概念及应用。
4. RFID 由哪些部分组成? 说明其功能。
5. 大致说明 RF 系统的工作原理,并画出原理图。
6. 讨论供应链管理理论对我国企业有什么现实意义。

实践练习

选择一家你熟悉的企业,绘制其供应链结构,谈谈它的优点与缺点。

第九章 移动电子商务

学习目标

1. 理解移动电子商务的特征。
2. 掌握移动电子商务的定义、主要业务领域和主要技术。

案例引入

移动电子商务的渗透

无线技术和智能终端的发展为移动电子商务的发展提供了基本条件。用户只要有一台能上网的移动终端并且接入网络,就可以随时随地访问互联网。如果是智能手机,还可以安装购物网站的应用程序(APP),从而更快捷、方便地使用移动终端购物。

手机淘宝可以使用淘宝的很多功能和服务,如购物、缴费、充值、团购、旅游服务、订单管理、物流查询等。而手机浏览器几乎可以访问所有的网站,并享受网站提供的所有服务。智能终端的电子商务服务还包括O2O等丰富的方式,给人们的生活带来了很多便利,也逐渐成为人们日常生活中很重要的一部分。

资料来源:网络整理

移动电子商务不仅是PC端电商的移动化,更关键的是进入O2O领域,目前已渗入传统行业,如百货、服装、餐饮、娱乐等。各大电商如阿里、京东、苏宁、唯品会等也向移动电商倾斜。移动电子商务已经成为电商领域的重要角色,因此学习和掌握与其有关的知识也势在必行。

第一节 移动电子商务的定义和特征

一、移动电子商务的定义

移动电子商务是互联网、通信网、IT技术和手持终端技术融合发展的必然产物,是一种全新的数字商务模式,是电子商务朝着大众化、便捷化发展的一种延伸和扩展,是一种整合电子商务、沟通传统商务的创新营销应用潮流,是网络经济新的利润增长点。

移动电子商务是指通过移动通信网络进行数据传输,并且利用手机、PDA 等移动终端开展各种商务活动的一种新型电子商务模式,这些商务活动主要以借助移动通信技术、使用移动终端为特征。通过移动通信解决方案实现随时随地的沟通,创造没有疆界、不停顿的商务机会。

移动电子商务从本质上归属于电子商务的类别,是在创新技术推动下产生和形成的一种创新的、便捷的、大众化的,能够使商务主体在移动中进行的,适应市场发展与变化而出现的新型商务模式。移动电子商务具有以下优势。

(1)突破了互联网的使用局限和性能局限。

(2)适应了商务主体在移动状态下活动的要求。

(3)进一步消除了时间和地域的限制,提供了便捷、及时、直接、高效、大众化的商务交往方式,使随时随地的信息传输和商业交易成为可能。

(4)开拓了电子商务的崭新领域,在更大、更广的范围内提升了商务主体的参与范围和参与深度。

(5)节省了人力资源的成本和交易费用,不失时机地为商务价值的实现提供了机遇和可能。

随着 3G、4G 时代的来临,宽带传输、手持终端、移动视频等新技术产生的能量会进一步扩展,创新的表现形式会更丰富,技术探索会进一步发展。这一切,都为移动电子商务主体提供了更快、更好的服务。所谓 3G,其全称为 the 3rd Generation,中文含义就是指第三代数字通信。1995 年问世的第一代模拟制式手机(1G)只能进行语音通话。1996—1997 年出现的第二代 GSM、TDMA① 等数字制式手机(2G)便增加了接收数据的功能,如接收电子邮件或网页。第三代与前两代的主要区别是在传输声音和数据的速度上的提升,它能够在全球范围内更好地实现无缝漫游,并处理图像、音乐、视频等多种媒体形式,提供包括网页浏览、电话会议、电子商务等多种信息服务,同时也要考虑与已有第二代系统的良好的兼容性。

移动通信技术已经发展到 4G 时代,4G 指的是第四代移动通信技术,包括 TD - LTE 和 FDD - LTE 两种制式,能够以 100 Mbit/s 以上的速度下载数据,并能够满足几乎所有用户对于无线服务的要求。此外,4G 可以在 DSL 和有线电视调制解调器没有覆盖的地方部署,然后再扩展到整个地区。4G 技术的出现为移动商务的发展提供了更多的可能。

智能手机的发展对移动电子商务的发展而言同样功不可没。智能手机是指像 PC 一样,具有独立的操作系统、独立的运行空间,用户可以自行安装应用软件、游戏、导航等第三方服务商提供的程序,并可以通过移动通信网络来实现无线网络接入的手机类型的总称。智能手机的使用范围已经遍布全世界,因为智能手机具有优秀的操作系统、可自由安装各类软件、完全大屏的全触屏式操作,这几乎全面替代了前几年的键盘式手机。

从技术角度来看,移动电子商务是技术的创新。移动电子商务以网络信息技术和创新

---

① 时分多址,一种为实现共享传输介质或者网络的通信技术。

的现代通信技术为依托,把手机、PDA 和笔记本式计算机等移动通信终端,与因特网和移动通信网有机地结合起来。

从商务角度来看,移动电子商务是一种商务模式的创新。移动电子商务是与商务活动参与主体最贴近的,最便于大众参与的电子商务模式。用户与移动终端具有紧密的对应关系,不仅可以使移动电子商务运营和参与主体在第一时间、以第一反应速度,及时就商务信息做出反应,而且可以使用户更多地脱离设备状态和网络环境对商务活动的束缚,最大限度地在自由的商务空间进行沟通和交流、坚定购买意愿、增加购买动因、适时地进行商务决策。这就极大地提高了商务交往的速度和效率,降低了商务交易的成本,提升了社会交易效益。

移动电子商务也是一种管理模式的创新。世界著名的战略管理专家杰拉尔德·罗斯和迈克尔·凯在《反转金字塔》中写道:"机会与剧变总是迈着同样的步伐一起走近我们。每当我们身边的一切都开始蠢蠢欲动的时候,大的机遇也往往微笑着潜藏在其中。"移动技术和移动电子商务惊涛拍岸般的发展,已经把这种机遇推送到我们面前,迫使我们在商业架构、商业运营、商务管理、商务交易的层面广泛地进行变革,以便适应移动电子商务发展所带来的新的"商业气候"。

移动电子商务最大范围地走出高深,为大众所掌握,成为广大用户在商海寻宝、促商和进行多种便捷性管理的强大武器,这必将释放出巨大的价值能量。

二、移动电子商务的特征

相对于一般的电子商务,移动电子商务具有如下一些特征。

(1)即时性。用户不仅可以在移动状态下进行工作、旅行、社交及购物等活动,而且可以在移动状态下满足其即时产生的需求,获得视听信息、图文信息、定制信息和相关服务。

(2)连通性。具有相同位置或者兴趣的用户,可以方便地通过文本消息和移动聊天的方式连接到一起,广告商可以通过这种途径促销商品,并能做出特别的提议,以期望订阅者能回答和接收他们的信息。

(3)便携性。用户可以通过移动终端具有的照相功能等,保存商品的外形、公司地址、饭店和宾馆的信息、银行细目、支付和信用卡详情,以及安全信息,同时这些都可以在他们需要购物或者签订合同时通过移动终端进行传递和确认。

(4)方便性。手机作为一种移动终端,按键少、屏幕小、操作简便、响应时间短。这种便捷性使移动电子商务成为大众化的商务工具:既可以直呼通话,也可以发送短信,还可以进行搜索和查询,更可以进行决策的确认和变更。移动电子商务的运作形式和获取服务的形式都比较简单,便于广泛的人群进入和掌握,能够最大限度地扩展移动电子商务的主体规模。

(5)可定位性。很多人认为:移动电子商务的移动性会形成一种交易主体的不可知性,增加交易的风险。事实上,情况并非如此。移动电子商务的主体尽管在移动状态下进行商务活动,但是,手持移动终端和持有主体的对应性赋予了移动电子商务主体具有移动使用中的可定位性。这种特征对电子商务的创新和突破意义是重大的。不仅如此,移动电子商务服务的对象也可以通过全球定位技术实现精准定位。比如,企业可以识别派出车辆的位置、服务对象的位置、紧急救援的位置、侦察跟踪嫌疑人的位置等,依据他们的位置就可以提供特定的服务。

第二节 移动电子商务的主要业务领域和技术

一、移动电子商务的主要业务领域

移动电子商务的主要业务可以分为五类:银行、贸易、购票、购物和娱乐(主要是游戏和彩票)。

(1)银行。在移动电子商务中,银行服务允许用户使用数字签名和认证来完成以下业务:管理个人账号信息、银行账号或预付账户的资金转移;接收有关银行信息和支付到期等的提醒;处理电子发票支付等。

(2)贸易。贸易和中介应用一般都是一些实时变化的动态信息,如股票指数、事件通知、有价证券管理以及使用数字签名验证过的贸易订单等。这些实时性强的交易在移动商务中得到了空前的发展。

(3)购票。购票业务主要包括订票、购票、发票、支付和开收据等。这些应用可以用在多个领域,如航空、铁路、公路、收费站、影剧院、体育比赛、公园等。

(4)购物。在移动电子商务中,通过移动电话完成电子商场(即虚拟商场)的订单、支付、购买物理商品和服务等业务,可以更好地满足消费者需求。

(5)娱乐业。娱乐业是移动电子商务的一个很有吸引力的应用领域。在移动电子商务环境下,用户使用需要付费的在线浏览、冒险游戏和其他具有收费性质的游戏和博彩将更加方便。

针对移动电子商务的上述应用领域,许多公司开发了各种移动电子商务解决方案。每种方案的功能尽管各不相同,但它们都包括三种基本服务功能:支付功能、访问功能和安全功能。

二、移动电子商务中的新兴商业模式

移动电子商务下,也出现了一些新的商业模式。

(1)移动支付模式。作为全新的支付方式,移动手机支付正在不断走进人们的视野,进入人们的生活。移动支付并不仅限于进行线上交易,还有借助于近场通信(NFC)方式的线下交易。在手机上进行的线上移动支付非常方便快捷,因为人们和手机接触的时间要比PC接触的时间多。在支付安全性方面,作为较为私密的物品,手机一般不会公用;而且相对于PC而言,手机病毒较少,手机上也有一些独有的安全措施,所以与利用PC支付相比,移动手机支付具有更强的安全性。

线下的移动支付则需要基础设施的支持,如刷卡设备和智能卡、具有近场通信功能的手机和 POS 机。目前,我国这种支付方式的普及率还相对较低。

(2)O2O 模式。在移动通信终端日益普及的情况下,商家通过无线通信网络以及外部定位方式搜集移动通信终端用户的位置信息,借助 GIS 平台,随时随地将线下商务机会同移动通信终端结合起来,而用户通过移动通信终端即时筛选产品或服务,然后在线进行支付与结算。这是一种用户在线上选择和支付产品并在线下使用的方式,目前在我国已有较高的普及率,但是大中城市的使用率较高,一些小城市存在推广和商家认识不够等问题。团购和位置服务就是典型的 O2O 商务模式。

(3)APP 模式。随着使用智能手机和平板计算机上网的用户日益增多,大众的上网习惯正在逐渐从使用 PC 转变为使用 APP 客户端。现在的国内各大电商都先后拥有了各自的 APP 客户端,并且鼓励消费者使用 APP 客户端,比如,淘宝上的许多商品在 APP 客户端购买会有优惠。各商家的 APP 客户端的交易量也在总体交易量中占据了一定的比例。APP 客户端可以使消费者随时随地都进行电子商务交易。不过,由于移动平台不止一种,一些商家要开发支持多平台的客户端才能满足消费者的需求。

三、移动电子商务的主要技术

1. WAP 技术

WAP 是一个全球性的开放式标准网络通信协议,利用它可以把网络上的信息传送到移动电话或其他无线通信终端上。WAP 是由爱立信、诺基亚、摩托罗拉等通信业巨头在 1997年成立的无线应用协议论坛(WAP forum)中所制定的,它使用一种类似于 HTML 的标记式语言——无线标记语言(wireless markup language,WML)。通过 WAP,用户可以随时随地利用无线通信终端来获取互联网上的即时信息或公司网站的资料,真正实现无线上网。

WAP 技术让使用者可以通过手机之类的无线装置随时随地、方便快捷地接入互联网,通过小型屏幕遨游在各个网站之间,这些网站通常以 wap 开头,如网易(wap.163.com)、百度(wap.baidu.com)等。

2. 移动 IP

随着人们生活节奏的加快和对信息量的巨大需求,在固定 IP 节点之间相互通信的传统数据传输方式,已经很难满足人们在移动过程中的办公需求。同时,网络向全 IP 方向的快速发展和便携式终端的广泛应用,使得在 IP 网络中实现对移动性的支持变得越来越重要。这种重要性推动了人们对移动终端在网络层接入的研究,促使了移动 IP 技术的产生:移动 IP 技术是移动用户在跨网络随意移动和漫游中,使用基于 TCP/IP 的网络时,不用修改计算机原来的 IP 地址,仍能继续享有原网络中一切权限的技术。简单地讲,就是能让网络节点在移动的同时不断开连接,并且还能正确收发数据包。移动 IP 技术在一定程度上能够很好地支持移动电子商务的应用。

3. 蓝牙技术

1998 年 2 月,五个跨国大公司,即爱立信、诺基亚、IBM、东芝及英特尔组成了一个特殊兴趣小组,它们共同的目标是建立一个全球性的小范围无线通信技术,即现在的蓝牙(Blue-tooth)技术。同样,蓝牙设备可以使手机、笔记本式计算机、洗衣机等不同类型的产品结合在一起。

所谓蓝牙技术,实际上是一种短距离无线电技术。它在各类信息设备中嵌入一种微型、廉价的通信模块,不用电缆就可以实现小型移动设备间的无线互联,蓝牙采用的是全世界统一的开放性规范,可以使不同厂家的移动电话、计算机、PDA、笔记本式计算机等终端设备之间实现互联互通。蓝牙技术的应用模型概括起来有三大范畴:外设连接、语音/数据访问点和个人网络。

(1)外设连接。在计算机内部嵌入蓝牙链路,像键盘、鼠标等外部设备就可以通过无线链路工作,此时计算机无须电缆接口,只要有统一的蓝牙接口,外部设备就可以工作在不同的环境。

(2)语音/数据访问点。这种应用模型的目的是通过安全的无线链路把计算机设备和通信设备连接起来。例如,以手机作为数据访问点,在这个装备了蓝牙芯片的手机上连接一台装备了蓝牙芯片的计算机,那么计算机就可以收取互联网上的电子邮件了。

(3)个人网络。利用蓝牙技术可进行个人网络的建立和解除。例如,两人要交换机密的信息,两人可各自携带一个带有蓝牙芯片的笔记本式计算机,通过一些简单操作,建立起一个蓝牙网络,就可安全地进行信息的交换。

随着更多的便携式电子产品的出现,蓝牙技术将会有更广阔的发展前景。

4. Wi-Fi 技术

Wi-Fi 技术的英文全称为 wireless fidelity(无线保真),它的最大优点就是传输速度较快。根据无线网卡使用的标准不同,Wi-Fi 的速度也有所不同。其中,IEEE 802.11b 最高为11 Mbit/s,IEEE 802.11g 速度可高达 475 Mbit/s。另外,它的有效距离也很长。它与蓝牙技术一样,同属于在办公室和家庭中使用的短距离无线技术。Wi-Fi 的优势如下。

(1)无线电波的覆盖范围广。基于蓝牙技术的电波覆盖范围非常小,半径大约只有15 m,而 Wi-Fi 的半径则可达 100 m,办公室自不用说,就是在整栋大楼中也可使用。

(2)虽然由 Wi-Fi 技术传输的无线通信质量不是很好,数据的安全性能比蓝牙稍差,但它的传输速度非常快,符合个人和社会信息化的需求。

(3)厂商进入该领域的门槛比较低。厂商只要在机场、车站、咖啡店、图书馆等人员较密集的地方设置"热点",并通过高速线路将因特网接入上述场所。这样,由"热点"所发射出的电波可以达到距接入点半径数十米至一百米的地方,用户只要将支持无线 LAN 的笔记本式计算机或 PDA 拿到该区域内,即可高速接入因特网。也就是说,厂商不用耗费资金来进行网络布线接入,从而节省了大量的成本。

Wi-Fi 最主要的优势在于不需要布线,可以不受布线条件的限制,因此非常适合移动办公用户的需要,具有广阔的市场前景。目前它已经从传统的医疗保健、库存控制和管理服务等特殊行业向更多行业拓展开去,大规模进入家庭、办公室、公共场所以及教育机构等场所。

5. 通用分组无线业务

通用分组无线业务(general packet radio service,GPRS)是在 GSM 系统上发展出来的一种新的分组数据承载业务。GPRS 与 GSM 语音系统最根本的区别是,GSM 是一种电路交换系统,而 GPRS 是一种分组交换系统。因此,GPRS 特别适用于间断的、突发性的或频繁的、少量的数据传输,也适用于偶尔的大数据量传输。这一特点正适合大多数移动互联的应用。GPRS 具有实时在线、按量计费、快捷登录、高速传输、自如切换的优点。

(1)实时在线。用户可以随时与网络保持联系。例如,用户访问互联网时,手机就在无线信道上发送和接收数据。即使没有数据传送,手机还一直与网络保持连接,不但可以由用户端发起数据传输,还可以从服务器端随时启动推送(push)类业务,不像普通拨号上网那样断线后还需要重新拨号才能上网。

(2)按量计费。用户可以一直在线,按照用户接收和发送数据包的数量来收取费用,没有数据流量传递时,用户即使挂在网上,也是不收费的。

(3)快捷登录。GPRS 的用户一开机,就始终连接在 GPRS 网络上,每次使用时只需一个激活的过程,一般只需要 1—3 s 的时间就能登录至互联网,而固定拨号方式接入互联网需要拨号、验证用户名和密码、登录服务器等过程,至少需要 8 ~ 10 s,甚至更长的时间。

(4)高速传输。GPRS 采用分组交换的技术,数据传输速率的最高理论值达 171.2 Kbit/s,但实际速度受到编码的限制和手机终端的限制,可能会有所不同。而 GSM 网络的速率为 9.6 Kbit/s,由此可以看出 GPRS 相对于 GSM 在速度上占有很大优势。

(5)自如切换。GPRS 还具有数据传输和语音传输同时进行或切换进行的优势。也就是说,用户在用移动电话上网的同时,可以接收语音电话。

6. 手机定位技术

手机定位服务是在无线状态下基于通信位置的定位服务。开通这项服务,手机用户可以方便地获知自己目前所处的准确位置,并用手机查询或收取它附近各种场所的信息。手机定位服务的巨大魅力正是在于能在正确的时间、正确的地点把正确的信息发给正确的人,手机定位服务在移动商务领域具有广泛的应用前景。

单纯的定位服务带来的市场空间比较有限,但当它和其他商务应用结合起来时,就成就了一个巨大的、潜力无穷的市场。简单举个例子,定位服务与预订服务结合在一起,用户就可以立即查询自身所在地周围的酒店信息,并快速完成预订。

7. 标识识别技术

对于消费者而言,移动电子商务的第一个环节就是识别。识别可基于图像、文字、移动用户位置信息,还可以基于商品的条码、射频识别(RFID)标识码等。目前,在移动电子商务中,应用最广泛的识别技术包括二维码技术、RFID 技术及图像识别技术。

(1)二维码技术。二维码在本书第八章有过简单介绍,它是用某种特定的几何图形按一定规律在平面(二维方向)上分布黑白相间的图形来记录数据符号信息的。移动终端通过图像输入设备或光电扫描设备自动识读以实现信息自动处理。

中国物品编码中心对几种常用的二维码 PDF417、QRCode、Data Matrix、Maxi Code、Code 49、Code 16K、Code One 的技术规范进行了翻译和跟踪研究。随着我国市场经济的不断完善和信息技术的迅速发展,国内对二维码这一技术的需求与日俱增。中国物品编码中心在原国家质量技术监督局和国家有关部门的大力支持下,对二维码技术的研究不断深入。在消化国外相关技术资料的基础上,制定了两个二维码的国家标准:《二维条码网格矩阵码》(SJ/T 11349—2006)和《二维条码紧密矩阵码》(SJ/T 11350—2006),从而大大促进了我国具有自主知识产权的二维码技术的研发。

在现代商业活动中,二维码可实现的应用十分广泛,如:产品防伪/溯源、广告推送、网站链接、数据下载、商品交易、定位/导航、电子商务应用、车辆管理、信息传递等。如今智能手机扫一扫(简称313)功能的应用使得二维码更加普遍。

(2)RFID 技术。RFID 是一种非接触式的自动识别技术,它通过射频信号自动识别目标对象并获取相关数据,识别工作无须人工干预。RFID 技术在物联网和移动电子商务领域具有广泛的应用前景,也是各大运营商在移动支付业务中广泛采用的一种识读技术;对于运营商而言,将 RFID 非接触通信功能集成到手机 UIM 卡[①]是目前普遍采用的现场支付的移动支付解决方案。当前国内主流 RFID UIM 卡主要以 13.56 MHz 双界面卡为主,2.4 GHz RF 技术为辅。

由 RFID 及互联互通技术整合演变而来的 NFC 技术,在单一芯片上结合感应式读卡器、感应式卡片和点对点的功能,能在短距离内与兼容设备进行识别和数据交换。其工作频率为 13.56 MHz。但是使用这种手机支付方案的用户必须更换特制的手机。目前这项技术在日韩被广泛应用。手机用户凭着配置了支付功能的手机就可以行遍全国,他们的手机可以用作机场登机验证、大厦的门禁钥匙、交通一卡通、信用卡、支付卡等。

(3)图像识别技术。现有移动电子商务的商品搜索技术,基于文本关键字的搜索方式依然是主流。虽然目前在移动终端输入文字已有较大的进步,但大量关键字的输入仍然是一个非常冗长、低效的环节,很多潜在的电子商务用户,就在这一短板环节里流失了;而摄像头已成为移动终端的标配,可利用手机图像传感器,结合图像识别技术,采用"以图搜图"的方式引导用户进行商品搜索。

用户在拍摄及上传了商品图片后,可通过基于图像内容的图像识别技术,解析用户的心理,实现完整的电子商务路程。该模式目前主要有两大技术流派:一是基于精确匹配的电子商务模式,通过对图片的精确识别来引导用户进行移动电子商务活动,可广泛地应用于购票、购书等领域;二是基于相似度识别的电子商务模式,通过对图片的相似度匹配,挑选与用户图片最贴近的一批商品,可广泛地应用于服饰等相似度搜索场景里。

虽然基于图像识别技术搭建移动电子商务平台已成为一大热点,但是目前这一技术还

---

① User Indentify Module,即用户识别模块,UIM 卡用来接入中国电信网络,卡里有接入网络必需的数据。

受限于图像识别的准确度和图像匹配的速度。如何能从用户提交的图片里准确地分析出用户真正感兴趣的焦点对象,还有很多的提升空间。

8. 移动平台开发技术

由于智能手机的普及以及智能手机平台的多样化,电子商务企业需要制作可以在多种移动平台上运行的 APP 客户端。智能手机能够给我们提供的移动电子商务服务都对 APP 有一定依赖性。目前,主流的移动平台有 iOS、Android 和 Windows Phone。

iOS 是由苹果公司开发的移动操作系统,属于类 UNIX 的商业操作系统,使用 Swift 语言。Swift 是苹果公司在 2014 年全球开发者大会(WWDC)上发布的全新开发语言,可与 Objective-C 共同运行于 Mac OS 和 iOS 平台,用于搭建基于苹果平台的应用程序。

Android 是一种基于 Linux 的自由及开放源代码的操作系统,主要使用于移动设备,如智能手机和平板计算机。Android 使用的是 Java 语言。

Windows Phone 是微软发布的一款手机操作系统,支持多种语言的开发。目前在移动平台的市场占有率上不及 iOS 和 Android。

关键词

移动电子商务　3G　WAP 技术　移动 IP　蓝牙技术　通用分组无线业务
手机定位系统　Wi-Fi 技术

思考与讨论

1. 移动电子商务的特征有哪些?
2. 移动电子商务的业务领域主要有哪些?
3. 什么是蓝牙技术? 其应用模型有哪些?
4. 什么是 Wi-Fi 技术? 它与蓝牙技术的不同点是什么?
5. 我国移动电子商务快速发展中的问题有哪些?

实践练习

1. 进行网上检索,进一步了解蓝牙技术的具体应用。
2. 利用手机 Wi-Fi 上网,访问搜狐等门户网站。
3. 利用手机体验银行、贸易、购票、购物和娱乐业等移动电子商务应用。

第十章 网络营销

学习目标

1. 掌握网络营销的概念和特点。
2. 了解传统营销和网络营销的整合。
3. 了解网络市场的特点及网络市场调研的方法。
4. 掌握网络营销策略和网络营销方法。
5. 了解网络广告的特征和优越性。

案例引入

ALS 冰桶挑战

ALS 冰桶挑战(ALS ice bucket challenge)可以说是 2015 年夏天的大赢家,它由国外传入,并经国内最大的社交平台——微博不断发酵。率先接受挑战的是雷军、李彦宏等大佬们。而后,娱乐圈的各路明星也纷纷加入活动,使冰桶挑战的热度持续升温。围观的群众们表示虽然自己被点到名的可能性非常之小,但看着平日里高高在上的名人们发出如此亲民又好玩的视频实乃一大乐趣。

ALS 冰桶挑战赛简称冰桶挑战赛或冰桶挑战。ALS 的中文全称是"肌萎缩性侧索硬化症",患有此病的波士顿学院的著名棒球运动员皮特·弗雷茨希望更多人能够关注到这一疾病,于是发起冰桶挑战的活动,同时也希望通过此项活动募集资金帮助患者治疗。活动规则如下:参与者在社交网站上发布自己被冰水浇遍全身的视频内容,然后该参与者可以要求其他人来参与这一活动。被邀请者要么在 24 小时内接受挑战,要么选择为对抗"肌萎缩性侧索硬化症"协会捐出 100 美元,完成后还可指名 3 名挑战者。因挑战的规则比较简单,活动得到了广泛的传播。接受捐款的 ALS 协会称,仅在美国就有 170 万人参与挑战,250 万人捐款,总金额达 1.15 亿美元。

资料来源:网络整理

上述案例通过在社交公共平台发布视频,加上名人传播效应,达到了出人意料的营销效果。目前,网络营销越来越受到人们的重视,已经成为商家主要的营销手段之一。下面我们就来学习网络营销的相关知识。

第一节　网络营销概述

一、网络营销的含义

由于网络营销是一门新兴的学科,因此,目前对其含义还没有一个公认、完善的定义。网络营销是伴随信息技术的发展而发展的。目前信息技术的发展,促使互联网替代了传统营销的报刊、邮件、电话、电视等中介媒体,成为一个新的市场营销媒介,即网络市场营销媒介。而网络营销以其新的方式、方法和理念,在激烈的市场竞争中实施营销活动,促使企业和个人交易活动的实现。根据研究人员对网络营销的研究角度的不同,大家对网络营销的理解和认识也存在较大的差异。从"营销"的角度出发,目前广为接受的定义为:网络营销是企业整体营销战略的一部分,是建立在互联网基础之上、借助于互联网特性来实现一定营销目标的一种营销手段。

对这一含义可以从以下几个方面理解。

1. 网络营销不等于网上销售

网上销售是网络营销发展到一定阶段的产物,网络营销是为实现产品销售目的而进行的一项基本活动,但网络营销本身并不等于网上销售。首先,网络营销活动不一定能实现网上直接销售的目的,但是,有利于增加总的销售;网络营销作为一种收集和发布信息的工具,其效果可能表现在多个方面,如提升企业品牌价值、加强与客户之间的沟通、拓展对外信息发布的渠道、改善顾客服务等。其次,网上销售的推广也不仅仅依靠网络营销,往往还要采用许多传统的方式,如传统媒体广告、发布新闻、印刷宣传册等。

2. 网络营销不是孤立存在的

网络营销是企业整体营销战略的一个组成部分,网络营销活动不能脱离传统营销环境而独立存在。通常情况下,网络营销理论是传统营销理论在互联网环境中的应用和发展。由此也确立了网络营销在企业营销战略中的地位,无论网络营销处于主导地位还是辅助地位,都是互联网时代市场营销中必不可少的一部分。

3. 网络营销是手段不是目的

网络营销具有明确的目的和手段,但网络营销本身不是目的。网络营销是为了要营造网上经营环境,综合利用各种网络营销方法、工具、条件并协调其间的相互关系,从而更加有效地实现企业营销目的。与传统营销一样,网络营销的目的也是实现企业营销目标和消费者的需求。

4. 网络营销是营销手段的创新

作为一种新的营销手段,网络营销的内容非常丰富。网络营销要针对新兴的网上虚拟市场,及时了解和把握这个虚拟市场的消费者特征和消费者行为模式的变化,为企业在网上虚拟市场进行营销活动提供可靠的数据分析和营销依据;网络营销通过在网上开展营销活动来实现企业目标,而网络具有传统渠道和媒体所不具备的独特的特点:信息交流自由、开放和平等;信息交流费用非常低廉;信息交流渠道直接、高效。因此在网上开展营销活动,必须改变传统的一些营销手段和方式。

5. 网络营销不是仅限于网上

由于种种因素限制,人们不一定能顺利在网上找到所需要的信息。因此,一个完整的网络营销方案,除了在网上做推广外,还有必要利用传统营销方法进行“网下”推广。

6. 网络营销与电子商务的关系

网络营销与电子商务是一对既紧密联系又有明显区别的概念。网络营销是企业整体营销战略的一个组成部分,无论传统企业还是互联网企业都需要网络营销。网络营销本身并不是一个完整的商业交易过程,而只是促进商业交易的一种手段。电子商务主要是指交易方式的电子化,可以将电子商务简单地理解为电子交易,电子商务强调的是交易行为和方式。所以,网络营销是电子商务的基础,开展电子商务离不开网络营销。

二、网络营销的内容

网络营销主要是在互联网上进行营销活动,有助于企业在网络环境下实现营销目标。主要在互联网上进行营销活动的网络营销,其基本的营销目的和营销工具与传统的营销是大体一致的,但在实施和操作的过程中与传统方式有着很大区别。下面介绍网络营销的主要内容。

1. 网上市场调查

它主要利用互联网交互式的信息沟通渠道来实施调查活动,包括直接在网上通过问卷进行调查,以及通过网络来收集市场调查中需要的一些二手资料。利用网上调查工具,可以提高调查效率,并优化调查效果。互联网作为信息交流渠道,拥有大量的信息,因此在利用互联网进行市场调查时,如何利用有效的工具和手段实施调查与收集整理资料成为重点,也就是说,获取信息不再是难事,关键是如何在信息海洋中获取想要的资料信息和分析出有用的信息。

2. 网上消费者行为分析

互联网用户作为一个特殊群体,与传统市场群体有着截然不同的特性,因此要开展有效的网络营销活动必须深入了解网上用户群体的需求特征、购买动机和购买行为模式。互联网作为信息沟通工具,正成为许多兴趣、爱好趋同的群体聚集交流的地方,并且形成了很多特征鲜明的网上虚拟社区,因此了解这些虚拟社区的群体特征和偏好是网上消费者行为分析的关键。

3. 网络营销策略制定

不同的企业在市场中处于不同的地位,在采取网络营销实现企业营销目标时,必须采取与企业相适应的营销策略。因为网络营销虽然是非常有效的营销工具,但企业实施网络营销时是需要进行投入的,这是有风险的。同时企业在制定网络营销策略时,还应该考虑到产品周期对网络营销策略制定的影响。

4. 网上产品和服务策略

网络作为有效的信息沟通渠道,可以成为一些无形产品如软件和远程服务的载体,它改变了传统产品的营销策略特别是营销渠道的选择。作为网上产品和服务,必须结合网络特点,重新考虑产品的设计、开发、包装和品牌的传统策略,如传统的优势品牌在网上市场并不一定是优势品牌。

5. 网上价格营销策略

网络作为信息交流和传播工具,从诞生开始就实行了自由、平等和信息免费的策略,因此网上市场的价格策略大多采取免费或者低价策略。所以在制定网上价格营销策略时,必须考虑到互联网对企业定价影响和互联网本身独特的免费思想。

6. 网上渠道选择与直销

要问互联网对企业营销最大的影响是什么,应该说对企业营销渠道影响最大。前面案例介绍的戴尔公司借助互联网的直接性建立的网上直销模式获得了巨大成功,改变了传统渠道中的多层次选择、管理与控制问题,最大限度地降低了渠道中的营销费用。但企业建设自己的网上直销渠道必须进行一定投入,同时还要改变整个传统的经营管理模式。

7. 网上促销与网络广告

互联网作为一种双向沟通渠道,最大优势是可以实现沟通双方突破时空限制直接进行交流,且简单、高效、费用低廉。因此,在网上开展促销活动是最有效的渠道。但网上促销活动的开展必须遵循网上一些信息交流与沟通的规则,特别是遵守一些虚拟社区的礼仪。网络广告作为最重要的促销工具,主要仰赖互联网的第四媒体功能,目前网络广告作为一项新兴产业已经得到了迅猛发展。网络广告作为在第四类媒体所发布的广告,具有传统的报纸、杂志、无线广播和电视等传统媒体所发布的广告无法比拟的优势,即网络广告具有交互性和直接性等特点。

8. 网络营销管理与控制

作为在互联网上开展的营销活动,网络营销必将面临许多传统营销活动无法碰到的新问题,如网络产品质量保证问题、消费者隐私保护问题,以及信息安全与保护问题等。这些问题都是网络营销必须重视并进行有效控制的问题,否则网络营销效果会适得其反,甚至会产生很大的负面效应,这是因为网络信息传播速度非常快,网民对反感问题的反应比较强烈。

三、网络营销的特点

1. 跨时空

网络营销没有时间、空间、地域、国别的限制,企业通过网络可随时传递企业的形象、经营和产品等信息,直接面对全球大市场开展营销活动,可每周 7 天,每天 24 小时随时随地提供全球性营销服务。从客户来说,通过网络可以实时快捷查询、浏览到所需的各种产品及服务信息,并将自己的响应及时发送给企业。

2. 多媒体

互联网被设计成可以传输多种媒体信息,如文字、声音、图像等信息,使为达成交易进行的信息交换可以以多种形式存在和交换,可以充分发挥营销人员的创造性和能动性。

3. 个性化

由于互联网提供了收集信息、延长记忆的功能,它可以记录顾客个别的需要,并据此评估个别顾客未来的购买潜力。因此企业只要能将从网上收集到的信息及时地进行分析,并做出反馈,那么网络营销便可提供一对一的个性化服务。事实上,目前网上的很多企业已可以针对个别消费者的需求来设计网上所提供的信息。例如,当消费者进入一个虚拟购物中心时,先输入性别、年龄、个人喜好,下一页就会针对个人的资料生动地呈现出消费者所需要的信息。另外企业也会因为有了这些个人输入的资料,可以进一步提高服务质量,使消费者进入一个一对一的服务时代。

4. 成长性

互联网使用者成长速度快且遍及全球,使用者多属年轻、中产阶级、高学历人员,由于这部分群体购买力强且具有很强市场影响力,因此是一个极具开发潜力的市场。

5. 互动性

互联网在本质上和电视、报纸一样,是一种媒体。但由于因互联网可以提供商品信息、展示和交易的三合一服务,所以又是商品流通的渠道。这种特殊的媒体与流通渠道,能起到互动营销的作用,让消费者化被动为主动,自己通过网络媒体来查询信息。网络营销的互动性增进了企业与顾客的沟通,拉近了企业与顾客间的距离,让消费者从服务接受者变为服务监督者,从而增强了消费者的信心,间接地为企业创造了利益。

6. 经济性

通过互联网进行信息交换,代替以前的实物交换。一方面可以减少印刷与邮递成本,可以无店面销售、免交租金,节约水电与人工成本;另一方面也可以减少由于迂回多次交换带来的损耗。

7. 技术性

网络营销是建立在高技术支撑的互联网的基础上的,企业实施网络营销必须有一定的技术投入和技术支持,改变传统的组织形态,提升信息管理部门的功能,引进懂营销与计算机技术的复合型人才,这样才能具备市场的竞争优势。

四、网络营销与传统营销

1. 网络营销市场要素的改变

营销市场是指某种商品的现实购买者和潜在购买者需求的总和,对一切既定的商品来说,营销市场是由消费主体、购买力和购买欲望三个主要因素构成。

在网络信息时代,组成网络营销市场的三个主要因素已经改变。首先是消费主体,网络消费者的特点是年轻化、知识型、有主见、有较高的经济收入,其隐性特征表现为比较注重自我和具有个性化、遇事头脑冷静和思考理性化、兴趣爱好广泛和刻意追求新鲜事物。其次是购买力,随着人均收入水平的提高,人们的消费需求在满足了基本生活需要的基础上,会逐渐向满足发展体力、智力和娱乐等方面转变。最后是购买欲望,购买欲望是消费者购买商品的动机、愿望或需求,消费者购买动机受当前社会的政治、经济、科技、文化和宗教等因素的影响和制约。在网络信息时代,网上购物不同于到商场购物的方便性和优越性,使人们选择通过上网进行购物的现象将越来越普遍。

因此,企业必须正视网络消费者的特征,认清消费者购买力和购买欲望的改变,采取相应的营销方法和手段,以及正确合理的营销策略,才能在网络市场上取得发展。

2. 网络营销与传统营销的整合

随着互联网在全球的迅速发展,依托互联网环境及其优越特性而产生的网络营销,作为一种新的营销理念和策略,有许多令传统营销方式望尘莫及的优势,这对企业的传统经营方式形成了巨大的冲击。但是,由于种种实际的原因,网络营销不可能完全取代传统营销。事实上,网络营销与传统营销是一个整合的过程,即使在今后可预见的很长的一段时期,网络营销和传统营销将互相影响、互相补缺、互相促进,最后实现相互融合的内在统一。

整合营销包括了传播统一性、双向沟通和目标营销三个方面的内容。

(1)传播统一性。它指企业以统一的传播资讯向消费者传达,即用一个声音来说话(speak with one voice),消费者无论从哪种媒体获得的信息都是统一的、一致的。其目的是运用和协调各种不同的传播手段,使其发挥出最佳、最集中的作用,最终实现在企业与消费者之间建立长期的、双向的、维系不散的关系。

(2)双向沟通。与消费者的双向沟通是指消费者可与公司展开富有意义的交流,可以迅速、准确、个性化地获得信息并反馈信息。如果说传统营销理论的座右铭是"消费者请注意"的话,那么整合营销所倡导的格言即是"请消费者注意"。虽然只是两个词位置的交换,但消费者在营销过程中的地位发生了根本改变,营销策略已从消极、被动地适应消费者向积极、主动地与消费者沟通、交流转化。

(3)目标营销。它是指企业的一切营销活动都应该围绕企业的目标和企业整体战略进行。

第二节　网络市场

一、网络市场的特征

21 世纪是一个全新的市场网络化的时代,国内电子商务网站急剧增加,发展地域迅速从沿海到内地、从大城市向中小城市蔓延。因此,网络营销是每一个商家的必然选择,互联网上的网络市场是今天和未来最有潜力的新兴市场。从市场运作机制看,网络市场具有如下特征。

1. 无店铺

运作于网络市场上的是虚拟商店,它不需要店面、装潢、摆放的货品和服务人员等,它使用的媒体为互联网络。

2. 无存货

WWW 上的商店可以在接到顾客订单后,再向制造的厂家订货,而无须将商品陈列出来以供顾客选择,只需在网页上打出货物菜单即可。这样一来,店家不会因为存货而增加成本,因此售价比实体商店要低,有利于增加网络商家和"电子空间市场"的魅力和竞争力。

3. 成本低廉

网络市场上的虚拟商店,其成本主要涉及自设 Web 站成本、软硬件费用、网络使用费,以及以后的维持费用。它通常比实体商店的成本要低得多,这是因为实体商店需要昂贵的店面租金、装潢费用、水电费、营业税及人事管理费用等。EDI 的广泛使用及其标准化使企业与企业之间的交易走向无纸贸易。在无纸贸易的情况下,企业可将购物订单过程的成本缩减 80% 以上。

4. 全天候经营

虚拟商店不需要雇佣经营服务人员,也可避免因员工疲倦或缺乏训练而引起顾客反感所带来的麻烦。一天 24 小时、一年 365 天的持续营业,对于平时工作繁忙、无暇购物的人来说有很大的吸引力。

5. 无国界、无区域界限

联机网络创造了一个即时全球社区,消除了同其他国家客户做生意的时间和地域障碍。面对提供无限商机的互联网,国内的企业可以加入网络行业,开展全球性营销活动。如浙江省海宁市皮革服装城加入计算机互联网络,挤上通向世界的信息高速公路后,很快尝到了甜头。通过把男女皮大衣、皮夹克等 17 种商品的样式和价格信息输入互联网,不到两小时,就分别收到英国"威斯菲尔德有限公司"等十多家海外客商发来的电子邮件和传真,表示订货意向。服装城通过网上交易仅半年时间,就吸引了美国、意大利、日本、丹麦等 30 多个国家和地区的 5600 多个客户,仅雪豹集团一家就实现外贸供货额 1 亿多元。

6. 营销环节精简化

顾客不必等经理回复电话,可以自行查询信息。客户所需资讯可及时更新,企业和买家可快速交换信息。比如顾客需求不断增加,对欲购商品资料的了解,对产品本身要求有更多的发言权和售后服务要求,于是精明的营销人员能够借助联机通信所固有的互动功能,鼓励顾客参与产品的更新换代,让他们选择颜色、装运方式、自行下订单。在定制、销售产品的过程中,满足顾客的特殊要求,参与越多,售出产品的机会就越大。

总之,网络市场具有传统的实体化市场所不具有的特点,这些特点正是网络市场的优势。

二、网络消费者

(一)网络消费者购买动机

1. 网络消费者的需求动机

研究人们的网络购买行为,首先要研究人们的网络购买需求,传统需求层次理论在网络需求分析中的应用表现在传统的营销过程中。需求层次理论是研究人的需求结构的理论,它是由美国心理学家马斯洛在 1943 年出版的《人类动机的理论》一书中提出来的。马斯洛把人的需求划分为五个层次:生理的需求、安全的需求、社交的需求、尊重的需求和自我实现的需求。现代虚拟社会中消费者的新需求包括三种兴趣、聚集、交流。

2. 网络消费者的心理动机

网络消费者购买行为的心理动机主要体现在以下几方面。

(1)理智动机,具有客观性、周密性和控制性的特点。在理智购买动机驱使下的网络消费购买动机,首先注意的是商品的先进性、科学性和质量高低,其次才注意商品的经济性。

(2)感情动机,是由于人的情绪和感情所引起的购买动机。

(3)惠顾动机,是基于理智经验和感情之上的,对特定的网站、图标广告、商品产生特殊的信任与偏好而重复地、习惯性地前往访问并购买的一种动机。

(二)网络消费者的购买过程

网络消费者的购买过程,也就是网络消费者购买行为形成和实现的过程。网络消费者的购买过程可以粗略地分为五个阶段。

1. 购买动机产生

网络购买过程的起点是诱发需求。消费者的需求是在内外因素的刺激下产生的。当消费者对市场中出现的某种商品或某种服务发生兴趣后,才可能产生购买欲望。对于网络营销来说,诱发需求的动因只能局限于视觉和听觉。文字的表述、图片的设计、声音的配置是网络营销诱发消费者购买的直接动因。从这方面讲,网络营销对消费者的吸引具有相当大的难度。这要求从事网络营销的企业或中介商注意了解与自己产品有关的实际需求和潜在需求,了解这些需求是由哪些刺激因素诱发的,进而巧妙地设计促销手段去吸引更多的消费者浏览网页,诱导他们的需求欲望。

2. 收集信息

在购买过程中,收集信息的渠道主要有内部渠道和外部渠道。内部渠道是指消费者个人储存、保留的市场信息,包括购买商品的实际经验、对市场的观察以及个人购买活动的记忆等;外部渠道则是指消费者可以从外界收集信息的通道,包括个人渠道、商业渠道和公共渠道等。一般来说,在传统的购买过程中,消费者对于信息的收集大都处于被动进行的状况。网络购买的信息收集带有较大主动性,商品信息的收集主要是通过因特网进行的。一方面,上网消费者可以根据已经了解的信息,通过因特网跟踪查询;另一方面,上网消费者又不断地在网上浏览,寻找新的购买机会。由于消费层次的不同,上网消费者大都具有敏锐的购买意识,始终领导着消费潮流。

3. 比较选择

实际支付能力是满足消费者需求的条件。没有实际支付能力的购买欲望不可能导致实际的购买。为了使消费需求与自己的购买能力相匹配,比较选择是购买过程中必不可少的环节。消费者对各条渠道汇集而来的资料进行比较、分析、研究,了解各种商品的特点和性能,从中选择最为满意的一种。一般来说,消费者的综合评价主要考虑产品的功能、可靠性、性能、样式、价格和售后服务等。网络购物不直接接触实物。消费者对网上商品的比较依赖于厂商对商品的描述,网络营销商对自己的产品描述不充分,就不能吸引更多的顾客。如果对产品的描述过分夸张,甚至带有虚假的成分,则可能永久地失去顾客。

4. 购买决策

网络消费者在完成对商品的比较选择之后,便进入到购买决策阶段。与传统的购买方式相比,网络购买者的购买决策有许多独特的特点。首先,网络购买者理智动机所占比重较大,而情感动机的比重较小。其次,网络购买受外界影响较小,大部分购买决策是自己做出的或是与家人商量后做出的。最后,网上购物的决策行为较传统的购买决策要快得多。

5. 事后评价

消费者购买商品后,往往通过使用,才能进行检验和反省,重新考虑这种购买选择是否正确,效用是否理想,服务是否周到等问题。这种购后评价往往决定了消费者今后的购买动向。为了提高企业的竞争力,最大限度地占领市场,企业必须虚心倾听顾客反馈的意见和建议。

三、影响网络消费者购买决策的因素

1. 商品

在网络市场中,商品是否能促使消费者产生购买决策,最基本的前提是该商品是否适合在线销售。而一般适合在网上销售的商品应该具备新颖性、稀缺性、区域互补性的特征,以适应大多数网络消费者追求时尚化、个性化的特征。不过,随着人们对网络营销的接受度和认识度的提高,对商品自身的特点已经没有那么多的限制。

2. 价格

价格不是决定消费者购买的唯一因素,却是消费者购买商品时一个极其重要的影响因素。对于同品质的商品来说,消费者一般倾向于购买价格最低的商品。

3. 便捷性

购物便捷性是消费者选择购物的首要考虑因素之一。一般而言,消费者选择网上购物时考虑的便捷性,一方面是指时间上的便捷性,可以不受时间的限制并节省时间;另一方面是可以足不出户,在很大范围内选择商品。

4. 安全性

从技术上讲,网络营销发展的核心和关键问题是交易的安全性。由于互联网本身的开放性,使网上交易面临了种种风险。消费者害怕自己的信用卡号码被盗;企业害怕拿到的信用卡号码是盗用的,收款出问题;等等。如果没有妥善的安全体系,网上营销的发展终究会受到限制。因此,网上购物各个环节都应加强安全和控制措施,保护消费者购物过程的信息传输安全和个人隐私。

四、网络市场调研

市场调研是企业开展营销活动的重要内容,通过调研可以得到产品的供求、价格、渠道和促销等方面的信息,从而为目标市场的选择和定位创造条件。网络市场调研的目的是收集网上顾客和潜在顾客的信息。充分利用网络调研的优势,加强与消费者的沟通、理解并建立友谊,帮助企业改善营销状况,并更好地服务于顾客。与传统市场调研相比较,网络市场调研具有及时、客观、便捷、经济、高效率等特点。

(一) 网络市场调研的方法

在网上进行调查时,通常将调查问卷设计成网页,被调查对象可以在调查问卷上直接进行填写和选择,完成后提交调查表。为获取足够多的调查问卷数量,一般调查问卷网页都要与热门站点进行直接链接。网上调查具有很高的时效性和效率性,初步调查结果可从调查过程中得出,便于实时跟踪,分析深层次原因。

与一般调查方法相比,网上调查可以节省大量的调查费用和人力,它的费用主要集中在建立调查问卷网页的链接方面。不足之处是被调查对象难以控制和选择,有时甚至可能出

现样本重复、调查数据不真实,以及调查数据无法进行抽样核实等问题。因此,有效的、可靠的网上调查还需要进一步从技术上、方法上进行控制和完善。

按照调查者组织调查样本的方式,网上调查的方法可以分为主动调查法和被动调查法。主动调查法,即调查者主动组织调查样本,完成统计调查的方法。被动调查法,即调查者被动地等待调查样本,完成统计调查的方法。被动调查法的出现是统计调查的一种新情况。

按照网上调查采用的方法,网上调查可以分为以下几种。

1. 电子邮件法

电子邮件法即通过发送电子邮件的形式将调查问卷发给一些特定的网上用户,由用户填写后,再以电子邮件的形式反馈给调查者的调查方法。电子邮件法属于主动调查法,与传统邮件法相似。其优点是邮件发送的时效性得到了极大的提高。

2. 在线调查法

在线调查法属于被动调查法,是目前网上调查的基本方法。这种方法将调查问卷附在一个或几个网站上,由浏览这些网站的网上用户在网页上回答调查问题。

3. 随机 IP 法

随机 IP 法是以产生一批随机的 IP 地址作为抽样样本的调查方法。它属于主动调查法,其理论基础是随机抽样。利用该方法可以进行纯随机抽样,也可以依据一定的标志排队进行分层抽样和分段抽样。

4. 视频会议法

视频会议法是基于互联网的计算机辅助访问(computer assisted web interviewing,CAWI)。它是将分散在不同地域的被调查者通过互联网视频会议功能虚拟地组织起来,在主持人的指导下进行讨论的调查方法。这种调查方法属于主动调查法,其原理与传统调查法中的专家调查法相似,不同之处是参与调查的专家不必实际地聚集在一起,而是分散在任何可以连接互联网的地方,如家、办公室等。因此,网上视频调查会议的组织比传统的专家调查法简单得多。视频会议法适合于对调查问题的定性调查研究。

5. 网上搜索法

网上搜索法利用搜索引擎获得大量的资料,通过访问目标企业的网站查询相关信息。

6. 网站跟踪法

作为市场调研的日常资料收集工作,需要对一些提供信息的网站进行定期跟踪,对有价值的信息及时地进行收集记录。对于一个特定的市场调查项目,至少要在一定时期内对某些领域的信息进行跟踪。

(二)网络市场调研的步骤

1. 确定调研的目的和调研对象

在进行网络市场调研之前应当明确此次调研要达到的目的,获取的信息,等等。通常,网络市场调研都有如下目的:为新产品开发做准备,为新产品上市搜集信息,调查产品或企业的知名度,为调整营销策略搜集信息,以及上述几种情况的综合。

一般来说,网络市场调研的对象主要有三类:企业产品的消费者、企业的竞争者、公司的合作者以及行业内的中立者。

2. 制订调查计划

制订有效的调查计划包括资料来源、调查方法、调查手段、抽样方案和联系方法五部分内容。

(1)资料来源。市场调查首先须确定是收集一手资料(原始资料)还是二手资料,或者两者都要。在因特网上,利用搜索引擎、网上营销和网上市场调查网站可以方便地收集到各种一手和二手资料。

(2)调查方法。网络市场调查可以使用的方法有专题讨论法、问卷调查法和实验法。

(3)调查手段。网络市场调查可以采取在线问卷和软件系统两种方式进行。在线问卷制作简单,分发迅速,回收也方便,但须遵循一定的原则。

(4)抽样方案。即要确定抽样单位、样本规模和抽样程序。抽样单位是确定抽样的目标总体;样本规模的大小关系到调查结果的可靠性,样本需要很多,必须包括目标总体范围内所发现的各种类型样本;在抽样程序选择上,为了得到有代表性样本,应采用概率抽样的方法,这样可以计算出抽样误差的置信度,当概率抽样的成本过高或时间过长时,可以用非概率抽样方法替代。

(5)联系方法。是指以何种方式接触调查的主体,网络市场调查采取网上交流的形式,如 E-mail 传输问卷、BBS 等。

3. 收集信息

利用因特网做市场调查,不管是一手资料还是二手资料,可同时在全国或全球进行。收集的方法很简单。直接在网上递交或下载即可。这与受区域制约的传统调研方式有很大的不同。例如,某公司要了解各国对某一国际品牌的看法,只需在一些著名的全球性广告站点发布广告,把链接指向公司的调查表即可,无需像传统调查那样,在各国找不同的代理分别实施。

4. 分析信息

信息收集结束后的工作是信息分析。信息分析的能力相当重要,因为很多竞争者都可从一些知名的商业站点看到同样的信息。调查人员如何从收集的数据中提炼出与调查目标相关的信息,并在此基础上对有价值的信息迅速做出反应,是把握商机战胜竞争对手及取得经营成果的一个制胜法宝。利用互联网,企业在获取商情、处理商务的速度方面是传统商业无法比拟的。

5. 提交报告

调研报告的填写是整个调研活动的最后一个阶段。报告不是数据和资料的简单堆砌,调查员不能把大量的数字和复杂的统计技术扔到管理人员面前,而应把与市场营销关键决策有关的主要调查结果写出来,而且要用调查报告的正规格式书写。

第三节 网络广告

1998 年 4 月，联合国新闻委员会年会正式宣布互联网为继报刊、广播和电视三大媒体之外的第四大传播媒体。与报刊、广播、电视这三大传统媒体相比，互联网使信息在传播技术、传播效率及传播功能等方面产生了前所未有的变化。互联网正在成为重要的广告媒体市场。2012 年中国网络广告市场规模达到 753.1 亿元，逼近电视广告规模，2013 年中国互联网广告的市场规模突破千亿大关，达到 1 100 亿元，同比增长 46.1%。由此可见，网络广告市场保持高速增长的状态，在互联网上做广告意味着难以估量的商业机会。

一、网络广告概述

网络广告是指在因特网站点上发布和传播的以数字代码为载体的各种经营性广告。这些广告可以通过超级链接的形式连接到广告主的网站上，从而可以让受众了解广告的更多信息，更好地达到网络广告的目的。通俗地讲，网络广告是指广告主利用一些受众密集或有特征的网站以图片、文字、动画、视频或者与网站内容相结合的方式传播自身的商业信息，并设置链接到某目的网页的过程。

网络广告是新生代的广告媒介，它是随着国际互联网的发展而逐步兴起的，既具有传统媒介广告所有的优点，又具有传统媒介所无法比拟的优势。网络广告的主要特点表现在以下六个方面。

（1）交互性强。交互性是网络本身的最大特点，网络不同于传统媒体信息的单向传播，而是信息的双向互动传播。用户可以获取他们认为有用的信息，厂商也可以随时得到消费者的反馈信息。从营销传播的角度观察，网络上的互动式广告有两个基本特质：一是适应个人需求而发布信息，二是广告受众自由选择信息。它不同于在传统媒介上出现的广告，互动式广告允许不同的受众选择不同的广告信息，以此满足个人对信息的需求。

（2）传播范围广泛。网络广告的传递不受时空的限制，它通过国际互联网把广告信息全天不间断地传播到世界各地，在人类生活的地球上空虚拟一个全新的网上交流互动平台。只要具备浏览互联网的条件，任何人在任何时间、任何地点都可以随时随地阅读网络广告信息。这是传统媒介无法比拟的。

（3）针对性强。网络广告的受众是最年轻、最具活力、受教育程度最高、购买力最强的群体，网络广告可以是广告主直接面对目标消费群体中最具有可能产生购买行为的潜在消费者。

（4）精确性强。传统媒介发布广告，很难精确统计广告信息目标受众的数量，而在互联网上，可以通过权威公正的访问统计系统，精确统计出每条广告信息的接触量，更可以了解目标受众接触广告信息的时间和地区分布,从而为广告主科学地评估广告效果奠定坚实的基础。

(5)广告发布灵活,成本低。网络广告是一种实时、灵活、低成本的广告形式。广告在传统媒介上刊播后很难更改,即使可以更改也将支付极大的费用。在互联网上,广告刊播后,可以方便地根据市场的变化、营销策略的调整及时变更广告内容,使广告活动及时有效地服务于营销策略。

(6)表现形式多,实效性强。网络广告的载体基本上是多媒体,超文本格式文件,受众对感兴趣的商品可以了解得更为详细,使消费者能够亲身体验商品与服务,这种以图、文、声、像的形式传递多感官信息,使目标受众如身临其境感受商品与服务,并通过互联网进行订购、交易、结算,极大地增强了网络广告的实效。网络广告的局限性在于传播的效果比电视差,网络广告的发展依赖于当地科技的发展等。

二、网络广告的主要形式

最常见的网络广告多为旗帜广告和多媒体广告,另外还有一些其他类型的网络广告。

(一)旗帜广告

旗帜广告(banner)又称为横幅广告,是最早的网络广告形式。是以 GIF、JPG 等格式建立的图像文件,定位在网页中,大多用来表现广告内容,同时还可使用 Java 等语言使其产生交互性,用 Shockwave 等插件工具增强表现力。根据尺寸的大小,可将旗帜广告分为表 4-1 所示的几种形式。

表 4-1 旗帜广告的标准尺寸

旗帜型号	尺　寸(像素)
全幅旗帜	468×60
半幅旗帜	234×60
立式旗帜	120×240
1 型按钮	120×90
2 型按钮	120×60
四方按钮	125×125
微型按钮	88×31

在所有旗帜广告分类中,全幅旗帜是应用最广的类型,而四方按钮和微型按钮两种广告形式的应用呈上升趋势。

作为网络显示广告的主要形式,旗帜广告本身也有多种形式,例如播放式旗帜、擎天柱广告、互动式旗帜、浮动旗帜、全屏广告、微站点广告、巨型广告、通栏广告、按钮广告以及画中画广告等。下面就常见的几种广告形式做简单介绍。

（1）擎天柱广告（skyscrapers tower），是利用网站页面左右两侧的竖式广告位置而设计的广告形式，该广告的规格为 120×600 像素或 160×240 像素。这种广告形式可以直接对客户的产品和产品特点进行详细的说明，也可以进行特定的市场调查或举办有奖活动。这种广告位于页面左右两侧的狭长地带，不会产生换页盲区；同时，这种广告具有的位置独享性和排他性，可以降低其他广告的干扰，更好地传达广告信息。

（2）互动式旗帜广告（interactive banner），是新一代的旗帜广告，该广告表面上与普通的旗帜广告毫无差别，但它能够感知用户鼠标在网页上的位置。当鼠标移近时，该旗帜广告会发生变化，在吸引访问者注意力的同时，展示更多的广告信息。例如，网上有一种互动式旗帜广告，乍看起来，旗帜广告像是铺满了树叶的一块石碑，浏览者鼠标移近时，树叶就会被鼠标清扫掉，显露出写在石碑上的图案和广告文字。

（3）浮动旗帜广告（floating banners ads），大小一般为 120×60 像素。当访问者使用滚动条滚屏时，浮动旗帜会随之滚动，停留在显示屏右上方固定的位置上。通过浮动，广告可以停留在访问者的视野中，吸引更多的注意，但是会影响访问者的正常浏览。现在有一些浮动旗帜广告被设计成独立的窗口，访问者可以随时关闭或者最小化该窗口，这一设计目的是减少对访问者的侵犯感。

（4）全屏广告（full-screen ads），是根据广告创意的要求，充分利用整个页面能够容许的最大空间来传递信息的广告方式。它在尺寸上突破了传统旗帜广告的限制，用户打开一个页面后，首先出现一个全屏广告，它可以是静态画面，也可以是动态的 flash 效果。几秒钟后，广告自上而下逐渐缩小，最后停留在页面上方，成为一个大的旗帜广告。此广告能给访问者造成很强的视觉冲击，从而更完整地传达广告信息，给页面访问者留下深刻的印象。全屏广告最大的问题是下载时间较慢。

（5）巨幅网络广告，又叫巨型广告，该广告的尺寸是 360×300 像素，几乎是一般的旗帜广告的 4 倍，约占全屏幕 14% 的面积。它色彩鲜明，图案生动，一般位于网页偏中间的位置。巨幅网络广告一般都采用 flash 技术，具有更强的表现力且具备交互性。此外，多数巨型广告以绕排的形式出现在网页上的文字区域内，使得广告可以在用户视线中的停留时间更长。

（6）通栏广告，是一种尺寸超过两条标准旗帜广告的宽屏广告，它通常置于页面的中部，广告规格为 600×100 像素，可以在媒体网站的首页或频道页面刊登。这种广告由于被放置在网页的中间版位上，占据了上端页面与下端页面间的过渡地带，访客在浏览整个页面时无法错过广告，因而大大提高了广告的有效曝光率。

（7）按钮广告（button），又称标识广告。定位在网页中，尺寸偏小，表现手法较简单。

（二）多媒体广告

多媒体广告（multi-media advertisement）指不仅可以传递文本、图片、动画等内容，同时还可以传递声音、视频等多媒体信息的广告，下面介绍几种常见的类型。

（1）动画类广告。此种广告媒体的投放形式以动画表现为主，主要为 flash 格式。其最大的特点是形象、趣味俱佳,具有交互性和自主性,可吸引受众的注意力。动画类广告的应用有插页式广告、通栏广告和"浮层"广告等。插页式广告又名"弹跳广告",即当浏览网站或栏目时,在该网站或栏目打开之前插入一个新窗口显示广告。"浮层"广告具有极强的表现力,并且可以加入音效,其丰富的效果更能满足不同广告主的需求。

(2)视频类广告。视频广告是一种新兴的网络广告形式,主要有 flv 格式、wmv 格式、流媒体格式等,具有感官冲击力强、内容丰富、互动性强、实时信息更新等优点,比如在网络视频流媒体上投放的视频广告。这种广告媒体能以唯美的画面、鲜明的色彩、流畅的动作和悦耳的音效,使品牌价值得到出色的创意表现。

(3)虚拟现实类广告。这类广告通过三维技术建立一个虚拟现实的环境,让受众在逼真的广告场景中感受品牌魅力和商家的服务。如房地产营销网站制作出楼盘地图指示动画、装修效果图翻页动画、样板间三维展示模拟动画,全方位、立体、动态地展现出楼盘的特点。顾客可以通过鼠标的移动浏览虚拟现实场景,犹如身临其境,增强商品的说服力,提高楼盘的销售量。

(4)移动媒体类广告。这类广告从广义上来说也属于网络营销沟通的多媒体广告范畴。移动媒体广告形态是依靠移动媒体的发展而产生的一种广告形态,主要以手机为载体,具体形式为短信广告、彩信广告、彩铃广告、手机网站类广告。

(5)置入式多媒体广告。这类广告是随电影、电视等现代媒体发展起来的一种新的广告形式,指在影视节目、游戏、体育赛事中将产品或品牌的信息刻意插入,以达到潜移默化的宣传效果,被称为"秘密广告"。随着网络的普及和发展壮大,植入式广告又找到了一片新的土壤——互联网。如游戏《疯狂出租车》中的乘客会要求玩家把他们带往必胜客或是肯德基。

(三)其他类型网络广告

除了以上两种主流网络广告之外,还有一些其他形式的网络广告。

(1)文字链接广告,是一种对浏览者干扰最少,但却最有效果的网络广告形式。现在整个网络广告界都在寻找新的宽带广告形式,而有时候,最小带宽、最简单的广告形式效果却最好。

(2)电子邮件广告,又称许可邮件营销,是商业信函的网络延伸版,指通过电子邮件的方式,将企业产品、活动信息等各种推广信息向目标用户群发布。

(3)赞助式广告,目前还没有明确的定义,一般而言,赞助式广告可分为内容赞助、节目赞助、节日赞助三种赞助形式。内容赞助可以说是赞助式广告最基本的形式,表面上看这种赞助式广告更像网页上的内容而非广告,这种广告以网页内容的形式出现,所以它们的点击率往往会比普通的广告高。节目赞助是指广告主通过对自己感兴趣的网站内容或网站节目的赞助来达到做广告的目的。这些网站节目主要指一些特定的时效性网站。节日赞助则是广告商通过参与网站在特别节日所推出的网站推广活动的方式而推行和发布自己的广告。

(4)插播式广告,顾名思义就是穿插播放广告。它是指在网站中两个网页互换空隙插入的网页广告,类似于电视剧播放过程中夹杂于两集之间的广告一样,但是其延续时间相对较短。插播式广告的形式多种多样,主要有弹出式广告、过渡插入式广告等。

(5)关键词搜索广告,简称关键词广告,是著名搜索引擎百度、谷歌等常常采用的广告方式。它是显示在搜索结果页面右侧的网站链接广告,此类广告按点击次数收费。关键词广告由于排除了其他形式广告的干扰,使其视觉吸引力更为突出,营销效率也大大提高。关键词广告一般会时时显示,即每次在搜索引擎搜索关键词,广告都会出现在搜索引擎首页显著位置。可投放多种语言、多个国家,关键词一般也不受数量和热门程度的限制,可在线查看详细统计报告,如广告点击数、显示数、花费、平均点击费用、平均排名等。

三、网络广告的投放

随着网络广告功能的增强,形式的丰富,越来越多的企业在网上投放广告。从目前来看,广告投放一般有以下几种方式,企业可以根据自身的需求,从中选择一种或几种方式。

1. 建立企业网站

建立自己的网站,对于企业来说,是一种必然的趋势。这不但是一种企业形象的树立,也是宣传产品的良好工具。实际上,在互联网上做广告,归根结底要设立公司自己的主页。其他的网络广告形式,无论是黄页、工业名录、免费的互联网服务广告,还是网上报纸、新闻组,都提供了一种快速链接至企业主页的形式。在互联网上做广告,建立企业的主页是最根本的。主页形式是企业在互联网上进行广告宣传的主要形式,而且企业的主页地址也会像企业的地址、名称、电话、传真一样,是独有的,是企业的标识和无形资产。

2. 利用免费的互联网服务

由于网上的免费服务能吸引大量用户,因此企业可以在提供服务的同时,向用户发送网络广告。企业可提供的免费服务很多,比如免费电子邮箱、免费网络论坛等,这些服务一般都要求用户注册,企业可以利用这些资料有针对性地发送网络广告。

具体来说,此种方式有诸多特点:一是主动性强,所有的使用者都可以按照自己的喜好和兴趣选择订阅一些免费信息。一旦你选择订阅了有关的信息,就可以定期收到所订阅的信息,当然,其中包含着广告的内容。不过用户既可以随时增加订阅,也可以随时修改或停止订阅信息内容。二是可统计性,用户在第一次使用免费服务时,必须详细填写用户资料,这就使得提供免费服务的企业网站能详细地知道使用者的具体情况,企业可以根据消费者的特征(年龄、性别、职业、教育水平、兴趣爱好、婚姻状况等),有针对性地发布自己的广告。

3. 通过大型门户网站

企业自己的网站访问量可能有限,而大型门户网站的访问量大、用户多,企业可以利用这些网站来发布网络广告,如国内的新浪(http://www.sina.com.cn)、搜狐(http://www.sohu.com)、网易(http://www.163.com)就提供网络广告服务,甚至这些网站的主营收入大部分来自网络广告。这些门户网站提供的网络广告类型多样,效果各不相同,收费也不一样。

4. 通过专业网站

专业网站为用户提供某类专门服务,登录这些网站的访问者多数是相关领域的专业人士或爱好者,具备较强的专业知识水平和忠诚度。企业通过这类网站发布网络广告,具有相当强的针对性和良好的广告效果,但广告价格也比较高。比如太平洋汽车网(http://www.pcauto.com.cn)作为专业的汽车网络媒体,以资讯、导购、导用、社区为出发点,坚持原创风格,为网友提供汽车报价、导购、评测、用车、玩车等多方面的第一手资讯,并营造一个互动的车友交流空间。汽车类企业在这类网站发布专业产品的广告效果是比较好的。

5. 利用网络黄页

在互联网上有一些专门提供企业网址、联系方式等内容查询服务的网站,这些站点如同电话黄页一样,按类别划分,便于用户进行站点的查找。在其页面上,会留出一定的位置给企业做广告。在这些页面上做广告的好处:一是针对性好,在查询的过程中都是以关键字来区分;二是醒目,处于页面的显眼处,容易为正在查询相关问题的用户所注意,容易成为用户浏览的首选。

6. 列入企业名录

一些网络服务提供者(ISP)或政府机构会将一些企业信息加入他们的主页中,企业可以利用这样的机会列入相关企业名录,如河南省商务厅网站(http://www.hncom.gov.cn)的外贸企业名录,一些经济信息文章中也收录了很多相关成功企业的介绍。

7. 网上报纸或杂志

在互联网日益发展的今天,国内一些著名的报纸和杂志,如《大河报》(http://www.dahedaily.com)、《南方都市报》(http://epaper.nandu.com/)都在互联网上建立了自己的网站。而更有一些新兴的报纸与杂志,干脆脱离了传统的"纸"媒体,完全转变成"网上报纸或杂志",反响非常好,每天访问的人数不断上升。可以预计,网上报纸与杂志将如同今天的报纸与杂志一样,成为人们必不可少的生活"伴侣"。在这些网上杂志或报纸上做广告,也是一个较好的传播渠道。

8. 借助网络论坛

网络论坛是网上流行的沟通方式,任何用户只要注册ID(身份)就可以在网络论坛上浏览、发布信息。利用网络论坛做广告也有两种方式:一是企业可以选择与产品有关的网络论坛发布相应网络广告,会起到良好的宣传作用;二是企业可以建立自己的网络论坛系统,吸引用户来畅所欲言,以求起到宣传作用。如广西汉声音响公司就建立了自己的网络论坛(http://www.hs-audio.com/bbs/),来进行企业宣传。

四、网络广告投放过程中的注意事项

1. 预留一定的测试时间

由于网络广告技术含量高,相关环节较多,为避免广告投放中发生不应有的错误,应在广告投放前测试广告播放是否正常、广告链接是否正确、数据库是否正常运作、广告监测系统能否正常计数,以保证广告能够正常投放。

2. 广告创意的更换

同一广告创意投放久了,会造成网民疲劳,点击下降,建议两周更换一次创意。但如果是新品牌的推广,希望增强品牌记忆度,可以采取同一创意、固定广告位、长期投放,培养用户的浏览习惯。

3. 必要的投放管理与优化

(1)投放前对创意进行测试,尤其是大型投放更应重视。

(2)在广告投放之初建立必要的备份方案,以保证在投放效果出现波动时进行替换与弥补。

(3)对活动网站进行详细的流量检测,客观评估不同媒介组合所贡献的曝光与受众行动的质量。

五、网络广告效果测定的标准

网络广告投放后,投放效果可以由以下四个方面来进行测定。

(1)被动浏览,主要是以浏览者进入广告页面的次数为标准。

(2)主动点击,效果评估标准是指网络广告效果的好坏关键要看浏览者是否点击了该广告,点击的次数有多少。

(3)交互,是网络媒体与传统媒体的又一重要区别,网络广告很好地体现了交互这一特点。浏览者在浏览广告的同时还要与广告赞助商形成信息的交流,这样的网络广告才是有效的。该指标评价广告效果的好坏主要看目标受众主动与广告赞助商联系的次数的多少。

(4)销售收入。广告能引起销售收入,那么广告当然是有效的。问题在于销售收入在多大程度上依赖于网络广告。因为引起销售的因素是很多的,包括促销、公关、产品、价格、销售渠道、消费者的消费行为特性等。所以,用销售效果为标准来衡量网络广告效果是困难的。

一般来说,达到四种衡量标准的难易程度与广告衡量的准确程度是正相关的。即衡量广告效果的标准越易达到,这种衡量的准确程度就越低。所谓衡量效果的准确与否都是相对的概念,对于不同类型、不同目的的广告要选择不同的测量方法,如衡量企业形象广告效果,就应该用浏览率或点击率作为标准,采用销售效果为标准就不太适合。每种效果测定的标准都要通过具体的试验以及实践的经验来最终确定。试验是尤其重要的手段。比如,对于旗帜广告来说,研究点击率和广告的面积、文件类型、广告与页面内容的相关性的关系是非常有意义的。

第四节 常用的网络营销方法

一、电子邮件营销

电子邮件营销是指在用户事先许可的前提下,通过电子邮件的方式向目标用户传递有价值信息的一种网络营销手段。其营销过程有三个基本因素:用户许可、电子邮件传递信息、信息对用户有价值。三个因素缺一不可,否则都不能称之为有效的电子邮件营销。下面通过电子邮件营销提升企业知名度的案例来加深对电子邮件营销的理解。

拓展阅读

电商借阿里上市东风,邮件群发提升品牌

阿里巴巴赴美上市,发行价定在 68 美元,预计将募集资金超 2000 亿美金。这不仅是中国互联网企业也是世界 IT 界的大事,国内电商行业因此大受鼓舞,一些电商借阿里上市之东风,巧妙地开展邮件群发推广活动,在整体改善电商"高大上"形象的同时,也提升了自己的口碑,打响了品牌知名度,最近与 U-Mail 邮件群发平台合作的一位客户便是如此。

该客户在基于对消费者购买过程中的心理活动及系列行为分析的基础上,将邮件群发优势发挥得淋漓尽致。

一、购买前

该客户通过 QQ、微信、微博等社交工具或网站结合线下的海报、传单等渠道,广为宣传推广产品,不忘在醒目位置提醒消费者注意公司的邮箱地址,甚至开发了适用于移动端的 APP 应用,能利用的平台和资源都争取抢占。为吸引消费者来网站,对首次注册的消费者赠予积分或优惠券、折扣券等;群发邮件提醒已注册的消费者注意激活链接完成注册流程,同时鼓励消费者转发链接,这样能最大限度地获得有效地址;定期制作精美的商品海报,季末或节假日举行打折优惠等活动,图文并茂,甚至借助 GIF 动画,使群发邮件极富视觉冲击力,带给顾客审美享受,其中不乏一些时新的元素;而在每个购物季结束之际,公司会将当季热卖的各类商品、消费者口碑最佳的商品、与同行对比性价比最优的商品等一一总结出来,群发邮件给消费者。

二、购买中

该客户在消费者将商品放入购物车后,群发邮件提醒对方记得及时付款;在消费者付款达成交易后,马上群发邮件将商品信息包括购买时间、数量、价款以及收货人地址、联系电话等告诉消费者;商品出货后,会将出货时间、物流情况等告诉消费者,并且告诉消费者可以去网站输入单号查询商品去向。这一系列群发邮件,环环紧扣,服务到位,令消费者大呼受用。

三、购买后

该客户注重发掘"二次成交"商机,购买后不是对消费者不闻不问,而是一方面利用 U-Mail 邮件群发平台的跟踪统计功能再结合网站的后台统计数据,将很少打开邮件或一段时间内在网站成交量为零的消费者数据排除;另一方面是根据消费者的购买信息,判断出他的喜好及需求,如有消费者已购买奶粉,那判断其肯定需要纸尿片等婴幼儿产品,甚至能清晰把握小孩到哪个成长阶段,需要些什么? 然后分类,如分为"家居类、电子产品类、零食类"等,在群发邮件时,对各类消费者发送内容不同。其次,定期群发邮件开展调查问卷活动,详细了解消费者需要什么,希望网站做哪些改变? 获知一些顾客退订的原因是什么?

最近,该客户就阿里上市事件给其公司消费者群发一封邮件,邮件介绍了电商行业的蓬勃发展态势、现状以及未来规划,将各项服务流程再强调一遍,消除了一些消费者关于"网购有大量假货"的成见;同时公司做出郑重承诺:坚决不卖假货! 这封群发邮件的效果是很明显的,让消费者感觉电商也是"高大上"行业,是蒸蒸日上大有可为的朝阳产业! 阿里的效应和财富远景,一定程度上提升了该客户的公司品牌!

资料来源:http:/edmyingxiao. blog. ifeng. com/article/34125037. html

1. 邮件列表

开展电子邮件营销的基础之一是拥有潜在用户的电子邮件地址资源。这些资源可以是企业内部所有(内部列表),也可以是合作伙伴或者专业服务商所拥有(外部列表),因此电子邮件营销的重要内容之一就是用户邮件地址资源的获取和有效管理及应用。

常见的邮件列表形式有电子刊物、新闻邮件、注册会员通信、新产品通知、顾客服务/顾客关系邮件、顾客定制信息。

一般情况下,在采用内部列表开展电子邮件营销时,以电子刊物、新闻邮件等形式为主,是在为用户提供有价值的信息,同时附加一定的营销信息。但在采用外部列表时,作为广告客户的企业是利用第三方的邮件列表来发送产品服务信息、开展电子邮件营销的,并且邮件内容通常是纯粹的商业邮件广告。

2. 电子邮件营销的基本形式

按照电子邮件地址资源的所有权,电子邮件营销常用的方式有内部列表和外部列表两种基本形式,两者各有自己的优势。对网络营销比较重视的企业通常都拥有自己的内部列表,但内部列表与外部列表并不矛盾。如有必要,两种方式可以同时采用。表 10-1 对两种电子邮件营销形式的功能和特点进行了比较。

表 10-1　内部列表和外部列表电子邮件营销功能和特点的比较

比较项目	内部列表电子邮件营销	外部列表电子邮件营销
主要功能	顾客关系、顾客服务、品牌形象、产品推广、在线调查、资源合作	品牌形象、产品推广、在线调查
投入费用	相对固定,取决于日常经营和维护费用,与邮件发送数量无关,用户数量越多,平均费用越低	没有日常维护费用,营销费用由邮件发送数量、定位程度等决定,发送数量越多费用越高

比较项目	内部列表电子邮件营销	外部列表电子邮件营销
用户信任程度	用户主动加入,对邮件内容信任程度高	邮件为第三方发送,用户对邮件的信任程度取决于服务商的信用、企业自身的品牌、邮件内容等因素
用户定位程度	高	取决于服务商邮件列表的质量
获得新用户的能力	用户相对固定,对获得新用户效果不显著	可针对新领域的用户进行推广,吸引新用户能力强
用户资源规模	需要逐步积累,一般内部列表用户数量比较少,无法在很短时间内向大量用户发送信息	在预算许可的情况下,可同时向大量用户发送邮件,信息传播覆盖面广
邮件列表维护和内容设计	需要专业人员操作,无法获得专业人士的建议	服务商专业人员负责,可对邮件发送、内容设计等提供相应的建议
电子邮件营销效果分析	由于是长期活动,较难准确评价每次邮件发送的效果,需要长期跟踪分析	由服务商提供专业分析报告,可快速了解每次活动的效果

内部列表和外部列表在是否拥有用户资源方面有根本的区别,因此开展电子邮件营销的内容和方法也有很大差别。这两种电子邮件营销方式属于资源的不同应用和转化方式,内部列表以少量、连续的资源投入获得长期、稳定的营销资源,外部列表则是用资金换取临时性的营销资源。内部列表在顾客关系和顾客服务方面的功能比较显著,外部列表由于比较灵活,可以根据需要选择投放不同类型的潜在用户,因而在短期内即可获得明显的效果。

3. 开展电子邮件营销的一般过程

开展电子邮件营销的过程,也就是将有关营销信息通过电子邮件的方式传递给用户的过程。为了将信息发送到目标用户电子邮箱,首先应该明确,向哪些用户发送这些信息,发送什么信息,以及如何发送信息。开展电子邮件营销一般要经历下列几个主要步骤。

在电子邮件营销活动中,内部列表和外部列表电子邮件营销过程也存在一定的差异。为了进一步辨析两者的区别,表10-2对两种列表电子邮件营销的过程进行了简单的比较。

表10-2　内部列表和外部列表电子邮件营销过程比较

电子邮件营销的阶段	内部列表电子邮件营销	外部列表电子邮件营销
确定电子邮件营销目的	需要在网站规划阶段制订,主要包括邮件列表的类型、目标用户、功能等内容,一旦确定具有相对稳定性	在营销策略需要时确定营销活动目的和期望目标,每次电子邮件营销活动的目的、内容、形式、规模等可能各不相同

比较项目	内部列表电子邮件营销	外部列表电子邮件营销
建设或者选择邮件列表技术平台	邮件列表的主要功能需要在网站建设阶段完成,或者在必要的时候为网站增加邮件列表功能,也可以选择第三方的邮件列表发行平台	不需要自己的邮件发行系统
获取用户电子邮件地址资源	通过各种推广手段,吸引尽可能多的用户加入列表。邮件列表用户 E-mail 地址属于自己的营销资源,发送邮件不需要支付费用	不需要自己建立用户资源,而是通过选择合适的电子邮件营销服务商,在服务商的用户资源中按照一定条件选择潜在用户列表。一般来说,每次发送邮件均需要向服务商支付费用
电子邮件营销的内容设计	在总体方针的指导下来设计每期邮件的内容,一般为营销人员的长期工作	根据每次电子邮件营销活动需要制作邮件内容,或者委托专业服务商制作
邮件发送	利用自己的邮件发送系统(或者选定的第三方发行系统)根据设定的邮件列表发行周期按时发送	由服务商根据服务协议发送邮件
电子邮件营销效果跟踪评价	自行跟踪分析电子邮件营销的效果,可定期进行	由服务商提供专门的分析报告,可以是邮件发送后实时在线查询,也可能是一次活动结束后统一提供检测报告

由表 10 – 2 可以看出,由于外部列表电子邮件营销相当于投放广告,其过程相对简单一些,并且是与专业服务商合作,可以得到一些专业的建议,在营销活动中并不会觉得十分困难。而内部列表电子邮件营销的每一个步骤都比较复杂,并且依靠企业内部的营销人员自己来进行。由于企业资源状况、企业各部门之间的配合、营销人员知识和经验等因素的影响,在执行过程中会遇到大量新问题,其实施过程也比外部列表电子邮件营销复杂得多。但由于内部列表拥有巨大的长期价值,因此建立和维护内部列表成为电子邮件营销中最重要的内容。

二、搜索引擎营销

搜索引擎(search engine,SE)是指根据一定的策略、运用特定的计算机程序搜集互联网上的信息,对信息进行组织和处理,并将处理后的信息显示给用户,是为用户提供检索服务的系统。

(一)搜索引擎的分类

1. 全文搜索引擎

全文搜索引擎是名副其实的搜索引擎,国外代表有谷歌(Google),国内则有著名的百度搜索。它们从互联网提取各个网站的信息(以网页文字为主),建立起数据库,并能检索与用户查询条件相匹配的记录,按一定的排列顺序返回结果。

根据搜索结果来源的不同,全文搜索引擎可分为两类:一类拥有自己的检索程序(indexer),俗称"蜘蛛"(spider)程序或"机器人"(robot)程序,能自建网页数据库,搜索结果直接从自身的数据库中调用,上面提到的谷歌和百度就属于此类;另一类则是租用其他搜索引擎的数据库,并按自定义的格式排列搜索结果,如 Lycos 搜索引擎。

2. 目录式搜索引擎

目录索引虽然有搜索功能,但严格意义上不能称为真正的搜索引擎,只是按目录分类的网站链接列表而已。用户完全可以按照分类目录找到所需要的信息,不依靠关键词(keywords)进行查询。目录索引中最具代表性的莫过于雅虎与新浪的分类目录搜索。

3. 元搜索引擎

元搜索引擎(META search engine)接受用户查询请求后,同时在多个搜索引擎上搜索,并将结果返回给用户。著名的元搜索引擎有 InfoSpace、Dogpile 等,中文元搜索引擎中具有代表性的是 360 综合搜索引擎。

(二)搜索引擎营销简介

搜索引擎营销(search engine marketing,SEM)是一整套的技术和策略系统,用于引导更多的访问者从搜索引擎寻找商业网站,包括下面定义的各种实现方式。

(1)付费链接/竞价排名(paid placement)。通过诸如谷歌 AdWords 和百度竞价排名这类广告服务将内容广告在搜索引擎上通过关键词搜索显示出来,有时多指"付费搜索""点击付费"广告和"竞价排名"广告。

(2)内容定向广告(contextually targeted text ads)。显示在搜索联盟成员的内容站点而不是搜索站点的广告。例如通过诸如 Google Adsense 这类程序搜索到的新闻文章、博客等。

(3)付费收录(paid inclusion)。通过向搜索引擎和类似黄页站点付费的行为,使得某个网站和网页能够被收录到服务器的索引信息中,但是不需要被显示在搜索结果列表上的某个特殊位置,例如最早有雅虎搜索的"Site Match"。

(4)自然排名搜索引擎优化(organic search engine optimization,OSEO)。通过使用一些技术,包括网页代码放大、网页复制编辑、站点导航、竞价链接等来提高一个网站或网页在特定搜索主题中的自然搜索结果(非付费搜索,例如谷歌结果列表左侧)排名。

三、病毒性营销

病毒性营销是一种形象的说法,就是以病毒的深入肌体、繁殖快速、传播广泛和迅速为特征来比喻网上一种全新的营销活动。它是指用户通过网络媒体工具,如免费邮空间、免费域名、QQ 等即时交流软件、免费游戏或电子书籍等,使企业的产品信息在互联网上像病毒一样快速复制、传播和扩散到巨大的受众(消费者)群体,是一种与传统营销截然不同的营销理念和营销方式。

病毒性营销不是以传播病毒的方式开展营销,而是充分利用网络信息快速双向传播的特点,以类似于网络病毒快速蔓延的效应而得名。由于其快速而廉价的特性,自Hotmail.com率先使用该模式以来,病毒性营销为越来越多的企业网站所采用。当时,Hotmail为了给自己的免费邮件做推广,在邮件的结尾处附上:"PS. Get your free E-mail at Hotmail",由于接收者看到该信息后,可能会去申请自己的免费邮箱,然后使用该邮箱给其他人发邮件,其他人又会重复同样的过程。这样,Hotmail的每一个用户都不知不觉地成了推广者,使Hotmail的产品和服务信息迅速在网络用户中复制和扩散。这种滚雪球般的效果可以在几小时之内,使第一封邮件产生的营销效果传播到成千上万的受众那里。正是由于病毒性营销快速而廉价的传播方式,使Hotmail的收益获得了爆炸式的增长。

拓展阅读

穿纸尿裤宝宝滑旱冰成网络明星

一段视频广告曾经在网络上引起轰动,一群穿着纸尿裤的可爱宝宝竟然滑旱冰,还摆出各种酷酷的姿势,甚至大跳Hip-Hop。不少网友看过后觉得有意思并通过网络传阅,短短几天时间里这段视频已经被点击400多万次,甚至还出现在北京卫视的新闻中。这个现象被大家称为"病毒式营销"。

这段视频时长1分钟,主角们是清一色外国婴儿。尽管这些婴儿身上还裹着纸尿片,但片中的他们向观众展示出超群的滑旱冰技艺。旱冰鞋在他们脚下如风火轮一般自如。他们忽而跳跃,忽而跳上栅栏,忽而翻跟头,忽而又大跳Hip-Hop,这些镜头通常都只会出现在专业的溜冰手身上,而片中的婴儿却轻而易举地完成了一个个高难度动作。

短片发布后受到网发热捧。有网发表示:"这是我所见过的最可爱的视频!"网友纷纷通过网络传阅短片,使得这群旱冰宝宝人气飙升。

短片其实是法国依云(Evian)矿泉水公司的广告,体现依云矿泉水"保持年轻"系列的宗旨。这些高难度动作是制作人经过后期合成增加的特技效果。有网友表示知道是运用3D手法制作完成的,但依然觉得"确实很可爱"。该广告充分利用了病毒式营销与社交网络的力量,使客户仅用很少的预算就达到了超高的收视率和曝光率。

资料来源:编者整理

(一)病毒性营销的优点

病毒性营销具有以下优点。

1. 有吸引力的病源体

天下没有免费的午餐,任何信息的传播都要为渠道的使用付费。之所以说病毒营销是无成本的,主要指它利用了目标消费者的参与热情,但渠道使用的推广成本是依然存在的,只不过目标消费者受商家的信息刺激自愿参与到后续的传播过程中,原本应由商家承担的广告成本转嫁到了目标消费者身上,因此对于商家而言,病毒营销是无成本的。

目标消费者并不能从"为商家打工"中获利,他们为什么自愿提供传播渠道?原因在于第一传播者传递给目标群的信息不是赤裸裸的广告信息,而是经过加工的、具有很大吸引力的产品和品牌信息,而正是这一披在广告信息外面的漂亮外衣,突破了消费者戒备心理的"防火墙",促使其完成从纯粹受众到积极传播者的变化。

网络上盛极一时的"流氓兔"证明了"信息伪装"在病毒营销中的重要性。韩国动画新秀金在仁为儿童教育节目设计了一个新的卡通兔,这只兔子相貌猥琐、行为龌龊、思想简单、诡计多端、爱耍流氓、只占便宜不吃亏,然而正是这个充满缺点、活该被欺负的弱者成了反偶像明星,它挑战已有的价值观念,反映了大众渴望摆脱现实、逃脱制度限制所付出的努力与遭受的挫折。流氓兔的 flash 出现在各网络论坛、flash 站点和门户网站,私下里网民们还通过聊天工具、电子邮件进行传播。如今这个网络虚拟明星衍生出的商品已经达到 1 000 多种,成了病毒营销的经典案例。

2. 几何倍数的传播速度

大众媒体发布广告的营销方式是"一点对多点"的辐射状传播,实际上无法确定广告信息是否真正到达目标受众那里。病毒营销是自发的、扩张性的信息推广,它并非均衡地、同时地、无分别地传给社会上每一个人,而是通过类似于人际传播和群体传播的渠道,产品和品牌信息被消费者传递给那些与他们有着某种联系的个体。例如,目标受众读到一则有趣的 flash,他的第一反应或许就是将这则 flash 转发给好友、同事,无数参与的"转发大军"就构成了成几何倍数传播的主力。

3. 高效率的接收

大众媒体投放广告有一些难以克服的缺陷,如信息干扰强烈、接收环境复杂、受众戒备抵触心理严重。以电视广告为例,同一时段的电视有各种各样的广告同时投放,其中不乏同类产品"撞车"现象,大大减少了受众的接受效率。而对于那些可爱的"病毒",是受众从熟悉的人那里获得或是主动搜索而来的,在接受过程中自然会有积极的心态;接收渠道也比较私人化,如手机短信、电子邮件、封闭论坛等(存在几个人同时阅读的情况,这样反而扩大了传播效果)。

以上优势,使得病毒营销尽可能地克服了信息传播中的噪声影响,增强了传播的效果。

4. 更新速度快

网络产品有自己独特的生命周期,一般都是来得快去得也快,病毒营销的传播过程通常是呈 S 形曲线的,即开始时很慢,当其扩大至受众的一半时速度加快,而接近最大饱和点时又慢下来。针对病毒营销传播力的衰减,一定要在受众对信息产生免疫力之前,将传播力转化为购买力,方可达到最佳销售效果。

(二)病毒性营销的一般规律

1. 病毒性营销的"病毒"有一定的界限

超出界限的病毒性营销方案就成了真正的病毒,因为病毒性营销的本质是为用户提供免费的信息和服务。

2. 成功的病毒性营销离不开六个基本要素

有效的病毒性营销战略的基本要素有六个：①提供有价值的产品或服务；②提供无须努力的向他人传递信息的方式；③信息传递范围很容易从小向大规模扩散；④利用公众的积极性行为；⑤利用现有的通信网络；⑥利用别人的资源进行信息传播。

因此，在制订和实施病毒性营销计划时，应该进行必要的前期调研和针对性的检验，以确认自己的病毒性营销方案是否满足这六个基本要素。

3. 成功实施病毒性营销需要五个步骤

(1)病毒性营销方案的整体规划和设计。

(2)病毒性营销需要独特的创意，病毒性营销的吸引力就在于其创新性。

(3)对网络营销信息源和信息传播渠道进行合理的设计，以便利用有效的通信网络进行信息传播。

(4)对病毒性营销的原始信息在易于传播的小范围内进行发布和推广。

(5)对病毒性营销的效果进行跟踪和管理。

4. 病毒性营销的费用问题

病毒性营销的实施过程通常是无须费用的，但病毒性营销方案设计是需要成本的。

5. 网络营销信息不会自动传播，需要进行一定的推广

实践中发现，一些营销人员为采用病毒性营销而费尽心机，甚至以此作为目标，这无异于舍本逐末，任何一种营销手段都是为了一定的目标。同时，也出现了一些肤浅的认识，以为只要在邮件的底部写上"请访问我们的网站"或者"请将此邮件转发给你的同事和朋友"之类的语言就是病毒性营销。

其实，病毒性营销的实质是利用他人的传播渠道或行为，自愿将有价值的信息向更大范围传播。如果提供的信息或其他服务没有价值，无论如何哀求或者恐吓都不会产生真正的病毒性营销的效果。

（三）病毒性营销的传播途径

病毒性营销的传播途径很多，主要的有以下几类。

(1)即时通信工具。这是最易于传播的途径，通过 QQ 等即时通信工具可以实现快速传播。

(2)社区论坛。社区论坛已成为众多话题的源头，找相对应的论坛进行推广是比较常见的途径。

(3)个人博客。个人博客的用户数量已经非常庞大，通过博客也可以进行相关的传播。

(4)短信。有的网站推出免费的短信，但是在后面带有自己的网址，像谷歌在春节推出的免费短信、淘宝的"淘资讯"就是这种推广方式。

(5)电子邮件。电子邮件也是大家比较常用的网络工具，通过邮件的附加信息和签名，也可以进行有效的传播。

（6）视频网站。现在有许多新兴的视频类网站,通过上传视频也是效果不错的传播途径。

（7）微博与微信。如今的微博与微信用户数量众多,通过微博与微信可以迅速转发信息,如曾经在微博上盛行的"海底捞体",就是经典的病毒性营销案例。

四、博客营销

博客这种网络日记的内容通常是公开的,用户可以发表自己的网络日记,也可以阅读别人的网络日记,因此博客可以理解为一种个人思想、观点、知识等在互联网上的共享。由此可见,博客具有知识性、自主性、共享性等基本特征,正是博客这种性质决定了博客营销是一种基于个人知识资源(包括思想、体验等表现形式)的网络信息传递形式。

因此,开展博客营销的基础问题是对某个领域知识的掌握、学习和有效利用,并通过对知识的传播达到营销信息传递的目的。

从最初单纯的文字博客,到图片、视频、圈子等功能的推出,博客的功能在不断地丰富和完善,并逐渐向互联网个人门户靠拢。博客的好友、圈子等功能也使其成为朋友之间沟通交流的重要渠道,相当于一个私人化的社交网络。博客的草根性质,又使博客的内容包罗万象且更新及时,庞大的博客数量也对信息的传播扩散起到了重要作用,博客成为很多网民获取信息资讯的重要途径。博客强大的功能和它的便捷实用使网民愿意在博客上花更多的时间。

博客良好的发展势头也得到了运营商的重视,不管是门户网站、搜索引擎,还是博客专业网站、垂直类网站,都希望能在博客这个大市场上分得一杯羹,它们纷纷把博客与自己的优势资源进行捆绑营销,不断开发新功能提高用户体验,期望吸引并留住更多的用户。但是如何把具有高黏性和高活跃度的博客用户转化为网站的赢利是运营商们普遍面对的难题。

博客营销是利用博客这种网络应用形式开展网络营销的工具。公司、企业或者个人利用博客这种网络交互性平台,发布并更新企业、公司或个人的相关概况及信息,密切关注并及时回复平台上客户对于企业或个人的相关疑问以及咨询,并通过较强的博客平台帮助企业或公司零成本获得搜索引擎的较前排位,以达到宣传目的的营销手段。

（一）博客营销的常见形式

不同行业、不同规模的企业采用的博客营销模式也不尽相同,事实上博客营销可以有多种不同的模式,从目前企业博客的应用状况来看,企业博客营销有下列六种常见形式:①企业网站博客频道模式;②第三方博客托管服务商(BSP)公开平台模式;③建立在第三方企业博客平台的博客营销模式;④个人独立博客网站模式;⑤博客营销外包模式;⑥博客广告模式。

（二）博客营销的策略

1. 选择博客托管网站、注册博客账号

选择功能完善稳定、适合企业自身发展的博客系统或博客营销平台,并获得发布博客文章的资格。选择博客托管网站时应选择访问量比较大而且知名度较高的博客托管网站,可以根据全球网站排名系统等信息进行分析判断。对于某一领域的专业博客网站,不仅要考虑其访问量而且还要考虑其在该领域的影响力,影响力较高的博客托管网站,其博客内容的可信度也相应较高。

2. 选择优秀的博客

在营销的初始阶段,用博客来传播企业信息的首要条件是拥有具有良好写作能力的博主,博主在发布自己的生活经历、工作经历和某些热门话题的评论信息的同时,还可附带宣传企业,如企业文化、产品品牌等,特别是当发布文章的博客是在某领域有一定影响力的人物时,所发布的文章更容易引起关注,吸引大量潜在用户浏览,通过个人博客文章内容为读者提供了解企业信息的机会。

3. 坚持更新内容

企业应坚持长期利用博客,不断地更换其内容,这样才能发挥其长久的价值和应有的作用,吸引更多的读者。因此,进行博客营销的企业有必要创造良好的博客环境,采用合理的激励机制,激发博主的写作热情,促使企业博客们有持续的创造力和写作热情。同时应鼓励他们在正常工作之外的个人活动中坚持发布有益于公司的博客文章,这样经过长期的积累,企业在网络上的信息会越积越多,被潜在用户发现的机会也就大大增加了。

4. 协调个人观点与企业营销策略之间的分歧

从事博客写作的是个人,但网络营销活动是企业营销活动。因此博客营销必须正确处理两者之间的关系,如果博主所写的文章都代表公司的官方观点,那么博客文章就失去了其个性特色,也很难获得读者的关注,从而失去了信息传播的意义。但是,如果博客文章只代表个人观点,而与企业立场不一致,就会受到企业的制约。因此,企业应该培养一些有良好写作能力的员工进行写作,他们所写的东西既要反映企业,又要保持自己的观点性和信息传播性。这样才会获得潜在用户的关注。

5. 建立自己的博客系统

当企业在博客营销方面开展得比较成功时,则可以考虑使用自己的服务器,建立自己的博客系统,向员工、客户以及其他外来者开放,因为服务方是不承担任何责任的,所以服务是没有保障的,如果中断服务,企业通过博客积累的大量资源将可能毁于一旦。如果使用自己的博客系统,则可以由专人管理,定时备份,从而保障博客网站的稳定性和安全性。而且开放博客系统将引来更多同行、客户来申请和建立自己的博客,使更多的人加入到企业的博客宣传队伍中来,在更大的层面上扩大企业影响力。

以上有关博客营销的内容仅仅是初步的研究,还有很多方面需要深入探讨,如企业博客营销的规范和管理、博客营销中的用户行为、博客营销的效果分析等,这些领域的研究还有待在实践中进一步总结,毕竟博客和博客营销产生和发展的时间都非常短暂,其内容和方式也会不断变化更新。

五、微信营销

微信营销是网络经济时代企业营销模式的一种创新,是伴随着微信的火热而兴起的一种网络营销方式。微信不存在距离的限制,用户注册微信后,可与周围同样注册的"朋友"形成一种联系,用户订阅自己所需的信息,商家通过提供用户需要的信息,推广自己的产品,从而实现点对点的营销。

微信营销主要体现在以安卓系统、苹果系统的手机或者平板电脑中的移动客户端进行的区域定位营销,商家通过微信公众平台,结合转介率微信会员卡管理系统展示商家微官网、微会员、微推送、微支付、微活动,形成了一种主流的线上线下微信互动营销方式。

(一)微信营销的优势

1. 高到达率

营销效果很大程度上取决于信息的到达率,这也是所有营销工具最关注的地方。与手机短信群发和邮件群发被大量过滤不同,微信公众账号所群发的每一条信息都能完整无误地发送到终端手机,到达率高达100%。

2. 高曝光率

曝光率是衡量信息发布效果的另外一个指标,信息曝光率和到达率完全是两码事,与微博相比,微信信息拥有更高的曝光率。在微博营销过程中,除了少数一些技巧性非常强的文案和关注度比较高的事件被大量转发后获得较高曝光率之外,直接发布的广告微博很快就淹没在了微博滚动的动态中了,除非你是刷屏发广告或者用户刷屏看微博。

而微信由移动即时通信工具衍生而来,天生具有很强的提醒力度,如铃声、通知中心消息停驻、角标等,随时提醒用户收到未阅读的信息,曝光率高达100%。

3. 高接收率

数亿微信用户的庞大群体使微信已经成为或者超过类似手机短信和电子邮件的主流信息接收工具,其广泛性和普及性成为营销的基础,微信大号拥有动辄数万甚至十几万的粉丝。除此之外,由于公众账号的粉丝都是主动订阅,信息也是主动获取,完全不存在垃圾信息遭致抵触的情况。

4. 高精准度

事实上,那些拥有粉丝数量庞大且用户群体高度集中的垂直行业微信账号,才是真正炙手可热的营销资源和推广渠道。如酒类行业知名媒体佳酿网旗下的酒水招商公众账号,拥有近万名由酒厂、酒类营销机构和酒类经销商构成的粉丝,这些精准用户粉丝相当于一个盛大的在线糖酒会,每一个粉丝都是潜在客户。

5. 高便利性

移动终端的便利性再次增加了微信营销的高效性。相对于个人电脑而言,未来的智能手机不仅能够拥有个人电脑的所有功能,而且携带方便,用户可以随时随地获取信息,而这会给商家的营销带来极大的方便。

(二)微信营销的类型

1. 草根广告式——查看附近的人

产品描述:微信中基于位置的服务(LBS)的功能插件"查看附近的人"便可以使更多陌生人看到这种强制性广告。

功能模式:用户点击"查看附近的人"后,可以根据自己的地理位置查找到周围的微信用户。在这些附近的微信用户中,除了显示用户姓名等基本信息外,还会显示用户签名档的内容。所以,用户可以利用这个免费的广告位为自己的产品打广告。

营销方式:营销人员在人流最旺盛的地方后台 24 小时运行微信,如果"查看附近的人"使用者足够多,这个广告效果也会随着微信用户数量的上升而上升,这个简单的签名栏也许会变成移动的"黄金广告位"。

2. 品牌活动式——漂流瓶

产品描述:移植到微信上后,漂流瓶的功能基本保留了原始简单易上手的风格。

功能模式:漂流瓶有两个简单功能。

(1)"扔一个",用户可以选择发布语音或者文字然后投入大海中。

(2)"捡一个","捞"大海中无数个用户投放的漂流瓶,"捞"到后也可以和对方展开对话但每个用户每天只有 20 次机会。

营销方式:微信官方可以对漂流瓶的参数进行更改,使得合作商家推广的活动在某一时间段内抛出的"漂流瓶"数量大增,普通用户"捞"到的频率也会增加。加上"漂流瓶"模式本身可以发送不同的文字内容甚至语音小游戏等,如果营销得当,也能产生不错的营销效果。而这种语音的模式,也让用户觉得更加真实。但是如果只是纯粹的广告语,是会引起用户反感的。

3. O2O 折扣式——扫一扫

产品描述:二维码发展至今其商业用途越来越多,所以微信也顺应潮流结合 O2O 展开商业活动。

功能模式:将二维码图案置于取景框内,就可以获得成员折扣、商家优惠、新闻资讯等。

营销方式:移动应用中加入二维码扫描这种 O2O 方式早已普及开来,坐拥上亿用户且活跃度足够高的微信,价值不言而喻。

4. 互动营销式——微信公众平台

产品描述:对于大众化媒体、明星以及企业而言,如果微信开放平台 + 朋友圈的社交分享功能的开放,已经使得微信成为一种移动互联网上不可忽视的营销渠道,那么微信公众平台的上线,则使这种营销渠道更加细化和直接。

5. 微信开店

这里的微信开店(微信商城)并非微信"精选商品"频道升级后的腾讯自营平台,而是由商户申请获得微信支付权限并开设微信店铺的平台。商户申请了微信支付后,才能进一步利用微信的开放资源搭建微信店铺。

(三)微信营销步骤

微信营销一般可参照以下几个步骤展开。

(1)注册微信公众号,尽快获得微信官方认证。

(2)根据自己的定位,建立知识库。可以把某个定向领域的信息通过专业的知识管理手段整合起来,建成一个方便大家使用的知识检索库,同时将知识与最新的社会热点相结合,提供给目标客户,变成对目标客户的增值服务内容,提高目标客户的满意度。

(3)加强互动,每周感悟,竞猜送小礼物等。

(4)吸收会员,定制特权,开展优惠活动。

(5)微网站,更省流量,更快捷地打开网站。

(6)微商城,在微信上直接展示商家,并且支付。

(五)微信营销技巧

1. 主打官方大号,小号助推

很多商家在尝试做微信营销的时候都是采用小号,修改签名为广告语,然后再寻找附近的人进行推广。作为一种新兴的营销方式,商家完全可以借用微信打造自己的品牌和进行客户关系管理。因此,建议注册公众账号,在关注者达到500之后通过申请认证的方式进行营销更有利于商家品牌的建设,也方便商家推送信息和解答消费者的疑问;小号则可以通过主动寻找附近的消费者来推送大号的信息,以此将关注者导入到大号中统一管理。

2. 打造品牌公众账号

注册公众账号时首先要有一个QQ号码,然后登录公众平台网站注册。申请了公众账号之后,在设置页面对公众账号的头像进行更换,建议更换为店铺的招牌或者标志(LOGO),大小以不变形可正常辨认为准。此外,微信用户信息填写店铺的相关介绍,回复设置的添加分为被添加自动回复、用户消息回复、自定义回复三种,商家可以根据自身的需要进行添加。同时建议商家对每天群发的信息做一个安排,准备好文字素材和图片素材。如餐饮类商家一般推送的信息可以是最新的菜式推荐、饮食文化、优惠打折方面的内容。关注者的分类管理可以针对新老顾客推送不同的信息,同时也方便回复新老顾客的提问。一旦这种人性化的贴心服务受到顾客的欢迎,就会触发顾客使用微信分享自己的消费体验进而形成口碑效应,对提升商家品牌的知名度和美誉度效果极佳。

3. 实体店面同步营销

店面也是充分发挥微信营销优势的重要场地。在菜单的设计中添加二维码并采用会员制或者优惠的方式,鼓励到店消费的顾客使用手机扫描。一来可以为公众账号增加精准的粉丝,二来也积累了一大批实际消费群体,对后期微信营销的顺利开展至关重要。店面能够使用到的宣传推广材料都可以附上二维码,当然也可以独立制作展架、海报、直接邮寄广告等材料进行宣传。

4. 签到打折吸引目标消费者

微信营销比较常用的就是以活动的方式吸引目标消费者参与,从而达到预期的推广目的。如何根据自身情况策划一场成功的活动,前提在于商家愿不愿意为此投入一定的经费。当然,商家借助线下店面的平台优势开展活动,所需的广告耗材成本和人力成本相对来说并不是达到不可接受的地步,相反有了缜密的计划和预算之后完全可以以小成本打造一场效果显著的活动。以签到打折活动为例,商家只需制作附有二维码和微信号的宣传海报和展架,配置专门的营销人员现场指导到店消费者使用手机扫描二维码。消费者扫描二维码并关注商家公众账号即可收到一条确认信息,在此之前商家需要提前设置好被添加后自动回复。凭借信息在买单的时候享受优惠。为以防顾客消费之后就取消关注的情况出现,商家还可以在第一条确认信息中说明后续的优惠活动,使得顾客能够持续关注并且经常光顾。

关键词

网络营销　网络营销的特点　网络市场的特点　软营销　病毒性营销　旗帜广告
搜索引擎营销　病毒性营销　博客营销　微信营销

思考与讨论

1. 什么是网络营销,它产生的基础是什么?
2. 网络营销的主要特点是什么?
3. 如何做到网络营销和传统营销的整合?
4. 什么是网络市场调研? 网络市场调研对于企业开展网络营销的意义何在?
5. 网络市场具有哪些特征?
6. 分析网络消费者的购买动机和影响网络消费者购买决策的因素。
7. 网络营销的策略主要有哪些?
8. 什么是网络广告,它主要有哪些形式?

实践练习

了解百度推广。登录百度推广首页(http://e.baidu.com/),完成下列任务:
1. 了解什么是百度推广。
2. 百度推广是如何展现的?
3. 了解百度推广的计费方式。
4. 如何加入百度推广?

参考文献

［1］ADRIAN P, PENNIE F. A strategic framework for customer relationship management［J］. Journal of Marketing, 2005, 69（4）:167—176.

［2］BANG N, DILIP S M. A review of customer relationship management: successes, advances, pitfalls and futures［J］. Business Process Management Journal, 2012, 18（3）:400—419.

［3］陈进,聂林海.电子商务经济发展战略［M］.北京:化学工业出版社,2015.

［4］崔立标.电子商务运营实务［M］.北京:人民邮电出版社,2013.

［5］郝戊.网络营销:第2版［M］.北京:机械工业出版社,2013.

［6］邵晓峰,张存禄,李美燕.供应链管理［M］.北京:机械工业出版社,2006.

［7］沈颖.凡客微博营销策略分析［J］.中国商贸,2013(9):128—129.

［8］司林胜.电子商务案例分析:第2版［M］.重庆:重庆大学出版社,2012.

［9］汪群,韩翔,肖煜.企业商务电子化物流管理［M］.北京:科学出版社,2006.

［10］王飞,康晓博.基于第三方支付平台的银行卡网上支付模式研究［J］.华南金融电脑,2006(10):56—59.

［11］王相林.IPv6技术——新一代网络技术［M］.北京:机械工业出版社,2008.

［12］吴应良.电子商务概论［M］.广州:华南理工大学出版社,2006.

［13］肖德琴,祁明,彭丽芳.电子商务安全保密技术与应用［M］.广州:华南理工大学出版社,2003.

［14］谢家平.供应链管理［M］.上海:上海财经大学出版社,2008.

［15］谢希仁.计算机网络:第5版［M］.北京:电子工业出版社,2008.

［16］徐祥征,曹忠民.大学计算机网络公共基础教程［M］.北京:清华大学出版社,2006.

［17］杨坚争,赵雯,杨立钒.电子商务安全与电子支付［M］.北京:机械工业出版社,2007.

［18］于巧娥,王冬云.电子商务概论［M］.北京:北京大学出版社,2015.

［19］张宽海.网上支付与结算［M］.成都:西南财经大学出版社,2008.